慶應義塾大學
法學部教授
井上一明 著

慶應義塾大學
法學研究會叢書
(70)

ジンバブウェの政治力学

慶應義塾大學
法學研究會 刊

はじめに

「ある国民がこれまで他の国民に結びつけられていた政治的紐帯を解き、当然の権利として付与されている独立そして平等の地位を他の諸国のあいだに占めることが必要となるであろうことは、これまでの人類の歴史が教えるところである」。

これは一九六五年一一月一一日、南ローデシア首相イアン・スミスが「ローデシア」の独立を一方的に宣言した際に、アメリカ合衆国独立宣言の前文を模して語った言葉である。しかし彼の予想に反して南ローデシアの独立を承認する国家は一国も現れなかった。この事実は、普通選挙権にもとづく多数支配という民主主義の基本原則に反して、事実上白人にのみ統治権を認めた人種主義的な政治体制がもはや国際的に容認されないものであったことを示している。

「ローデシア」は、国内の少数派である白人の既得権益を保護するために制度化された国家であった。そしてこの国家は実質的にわずか一五年しか存続しなかった。そして現在、「ローデシア」における人種を基準とした制限選挙権にもとづく政治体制は過去の遺物となったが、ローデシアのあとをうけて誕生した「ジンバブウェ共和国」における多数支配体制のもとでの少数派に対する抑圧、あるいは少数派の利益に対する配慮の欠如といった問題が、普通選挙権にもとづく民主主義体制が実現したことによって新たに生み出されている。そしてこの問題は一九九〇年代にいわゆる「民主化」を達成した発展途上国に共通してみられる現象でもある。第三世界の「国民国家」における人種的、宗教的そしてエスニックの少数派の利益はいかにして保護されるべきか。「ローデシア」のケースはこれが極端なかたちで顕在化したものである。「ローデシア」は、多数派の専制に対する危機意識にもとづいて、みずからの既得権を守るために人種的少数派の白人が樹立した国家であった。「歴史とは現在と過去との絶え間のない対話である」というE・H・カーの有名な言葉を顧みるならば、現在の我々は、「ローデシア」からどのような歴史の教訓を学ぶことができるのであろうか。(1)

本書は、二つの部分から構成されている。第一章から第五章は、「ローデシア」という国家の誕生と崩壊を歴史的に再構成したものであり、後半の第六章から第一〇章は、「ジンバブウェ共和国」の独立から現在にいたる政治史を跡づけたものである。

本書の前半部全体に関して特徴的な点は、分析の力点が基本的に「ローデシア」という国家の存在を左右した三当事者、白人政権、アフリカ人解放組織、そしてイギリス政府の相互関係におかれ、個々のアクターが他のアクターにどのような影響をおよぼしてローデシアという国家の方向性を規定していったのかを分析の対象としているところにある。ちなみに本書においては、直接引用の箇所をのぞいて国家の名称として白人政権による独立宣言の際に使用された「ローデシア」を使用している。しかしながらこの独立宣言をイギリス政府は認めなかったためにイギリス政府はジンバブウェ共和国の独立にいたるまで「南ローデシア」という名称を使用した。他方、「アフリカ人解放組織」とは、本書においては、少数白人支配、および植民地からの解放・独立を主要な目標として、主としてアフリカ人によって構成された組織をいう。また「アフリカ人ナショナリズム組織」とは、ここ

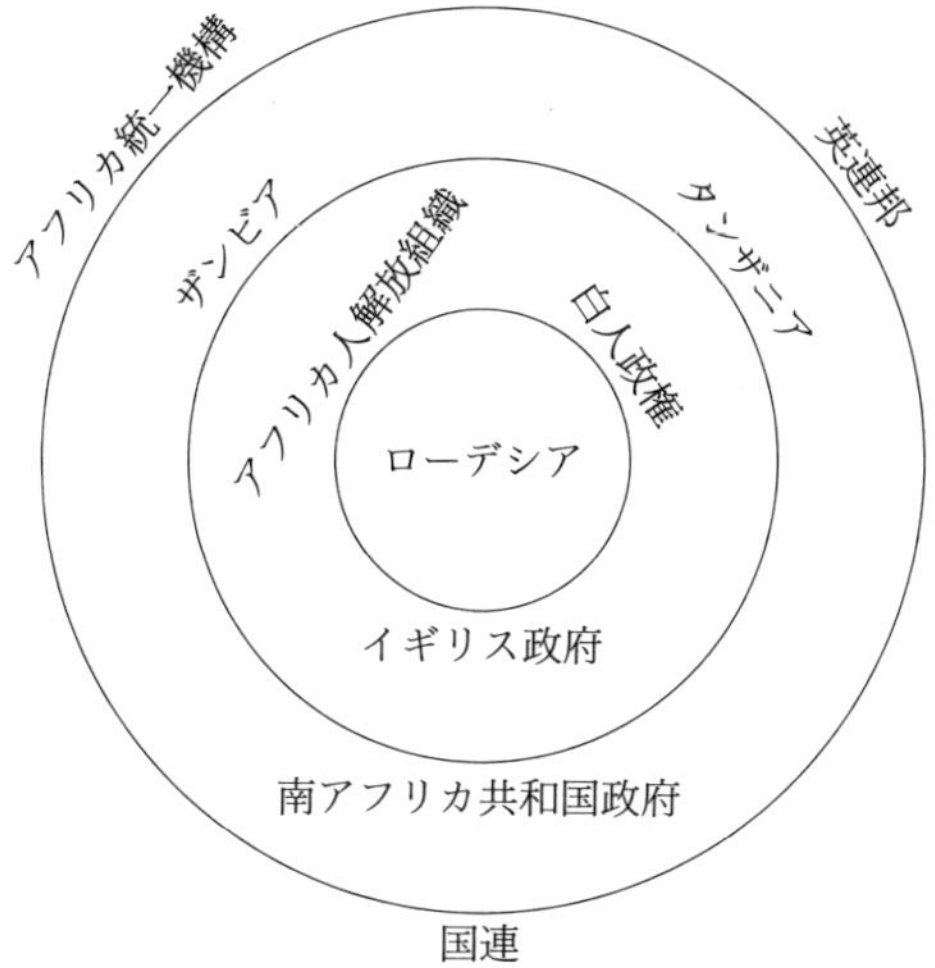

図1

では「アフリカ人解放組織」とほぼ同等な意味で用いているが、ローデシア情勢の文脈においては基本的に武力闘争に関与せず合法的な手段にもとづく運動を展開した組織の総称として使用している。

　ところでローデシアの存立は、国家を巡るあらゆる現象がそうであるように、上記の三当事者の相互作用によってのみ決定されたわけでは決していない。「ローデシア問題」、すなわち「ローデシア」という国家における白人支配とその独立に関する問題の準当事者として位置づけることが可能な周辺アフリカ諸国、アフリカ統一機構、英連邦、そしてアメリカ合衆国、ソ連、国連といった外部の諸アクターが同国家の存立に直接ないしは間接的な影響力を行使したのであった。たとえば六〇年代後半から七〇年代初頭の時期を例に取り、歴史軸の断面を描くならば、**図1**のようにローデシアの存立を左右する当事者と準当事者をそれぞれの持つ影響力を基準として複数の同心円上にさまざまなアクターを配置することが可能である。[2] ちなみにここでいう影響力とは、「あるアクターが他のアクターに対して彼らの意に反して何らかの形で

行動することを決意させるアクター間の関係」であり、顕在的および潜在的影響力の両方を意味している。(3)

いうまでもなくローデシアの独立宣言からジンバブウェの誕生まで、上記の三当事者が問題の中核に位置していたことに基本的な変化はなかったが、第二の同心円上にあって準当事者として問題の動向に影響をおよぼしたアクターには歴史の潮流のなかで変動がみられた。たとえば、七〇年代後半にはいるとモザンビーク政府、そしてアメリカ合衆国政府が問題の圏外から第二の同心円上に移動し、三当事者の動向に強い影響を与えるようになった。こうしたアクターの変動は、本文において分析したように個々のアクターのローデシア問題に対する態度の変化、そしてこうした態度の変化を促した地域ないしは国際的なレベルの政治・経済的な環境・構造変化にもとづいており、一律に変動の原因を論ずることは難しい。そしてこのような変動の分析は、時間軸に即して個々のアクターの行動を辿ることがもっとも適切であるように思われる。したがって図1のような方法は、特定の時期、あるいは特定の時点において、ある現象にどのようなアクターがどの程度、直接的ないしは間接的に関与したかを鳥瞰するにとどまるが、一つの現象が、複数の、そして影響力に差異があるさまざまなアクターによって構成されることを容易に把握することができるであろう。

以上のような本書の前半部に関する全般的な分析枠組みを踏まえて以下、簡単に各章の内容を紹介する。第一章は、白人極右政党である「ローデシア戦線」の政治的アリーナへの登場から政権の獲得、そして同政権によるローデシアの一方的な独立宣言へといたる主として六〇年代前半の時期の政治的潮流を分析している。六〇年代初頭のアフリカ大陸において、その政治的潮流があきらかに植民地の独立、そして多数支配へと向かうなかにあって、ローデシア（南ローデシア）の白人は急激に孤立感を深めていった。こうした白人の危機意識、「建国意識」、さらには「人種主義」に訴えて政権の座に就いたＲＦは、独立と多数支配を要求するアフリカ人組織、そして白人の既得権を保護しつつ植民地問題を平和的に解決しようとするイギリス政府という他の当事者と鋭く対立した。この時期、ローデシアという国家の方向性は、もっぱらRF政権によって決定された。合法的な枠内での国内・国外活動を展開していたアフリカ人ナショナリズム組織、そして経済制裁の発動を明言したイギリス政府は、結果的に白人政権の独立宣言を阻止するに足る影響力を行使できなかったのである。

六〇年代後半の時期を扱った第二章は、白人の既得権益を保護するために制度化された国家、すなわち「ローデシア共和国」の成立過程を主たる分析の対象としたものである。白人政権は、一方では共和政体への移行をめざしつつも他方においてイギリス政府との問題解決に向けての交渉を断続的に行なった。これは一方的独立宣言の結果としてイギリス、そして国連安全保障理事会による経済制裁が発動されたこと、そしてローデシアの独立を承認する国家が一カ国も現れなかったことに示されるように、ローデシアの問題が一植民地の問題から国際問題へと発展し、白人政権としても国家の存立を確保するうえで国際的な孤立を打開することがきわめて重大な課題となったことを示している。言葉をかえていうならば、問題の三当事者に加えて、これまで問題の圏外にあったアクターが次第にこれらの当事者に影響力を行使するようになったのである。

一九六〇年代、ローデシアという国家の方向性は基本的にRF政権、すなわち白人政権によって決定されていた。他の問題の当事者、アフリカ人解放組織、そしてイギリス政府は、RF政権に白人支配の堅持という軌道を修正させるに十分な影響力を行使することができなかった。とりわけアフリカ人ナショナリズム組織は六〇年代後半以降、武力闘争を開始したが、これも顕在的な影響力を行使するまでにはいたらなかった。しかしながら白人支配体制の堅持というローデシアの政治的潮流が多数支配の実現という方向へと次第に向きを変えていったのが七〇年代前半の時期であった。すなわちこの時期は白人政権が三当事者のあいだで優位に立っていた六〇年代の状況から、アフリカ人解放組織が武力闘争をつうじて白人政権そしてイギリス政府にその影響力を行使するようになる七〇年代後半への転換期であった。第三章では、「ピアース委員会」の活動を中心としてこうした政治変動がどのようなプロセスを経て引き起こされたのかを分析している。

第四章は、ローデシアにおける白人政権とアフリカ人解放勢力のあいだの内戦が激化し、最終的にはジンバブウェの独立が実現した一九七〇年代後半を扱っている。この時期は、白人支配体制の永続のために制度化されたローデシアが、その本来の目的ばかりではなく国家としての最小限度の役割である領土内の平和と秩序を次第に維持できなくなったところに最大の特徴がある。すなわち白人政権にとって白人の既得権益の保護を目的としてローデシアという国家を維持していくための費用がその目的から得られる利益を上回るようになったのである。一時的に「ジンバブウェ・ローデシア」と呼ばれる国家が「ローデシア」に取ってかわり、白人主導型の「多人種政権」が誕生したことは、このことを端的に物語るものといえよう。白人政権にこうした費用の負担を強いた要因は、アフリカ人の解放勢力による武力闘争ばかりではなく、南部アフリカそしてさらには国際的なレベルでいわゆる「デタント」が進行したこと、つまりローデシア問題をめぐる国際的な環境が大きく変化し、三当事者に強い影響力を行使するアクターの数が増大したことを指摘できる。言葉をかえていえば、これまでローデシア問題の圏外に位置したような諸アクターが、準当事者として問題の動向に直接的な影響力を行使するような位置に移動したということである。

第五章は、イギリス領南ローデシアの終焉からジンバブウェ共和国の誕生に至る暫定期間を扱っているが、ここでの主要な論点は、一般論としていうならば、ある肯定的な結果を生み出すためには、これに関与する個々のアクターが相互に影響力を行使するだけでは不十分であり、肯定的な結果を生み出そうとする個々のアクターの強い意思が不可欠である、ということにある。いうまでもなく、この暫定期間において英連邦諸国から派遣された停戦・選挙監視団は停戦を維持し、さらに自由かつ公平な独立選挙を実施するうえで重要な役割を果たしたが、基本的にはイギリス政府、アフリカ人解放勢力、そして旧政権の代表が協力関係を維持したことがジンバブウェ共和国を平和的に誕生させるうえでもっとも大きな原因となったといえよう。

本書の後半部分は、ジンバブウェ共和国独立後の政治的潮流を歴史的に検証したものである。しかし各章は、それぞれ特定の問題意識にもとづいて考察を試みた。すなわち第六章は、複数のエスニックグループが存在する環境における連立政権の果す積極的な役割とその本質的な脆弱性という観点から独立当初に樹立された連立政権の誕生と崩壊を分析した。第七章は、「解放組織」から「政党」への組織改革という一般論的な問題意識にもとづいて、政権党である「ジンバブウェアフリカ民族同盟・愛国戦線」がどのようなプロセスを経て政党への構造改革を行なったのかを検証した。第八章において設定された基本的な問題は、サブカルチャーにクリーヴィッジが存在し、そのうえあるエスニックグループが人口のうえで多数派を構成する状況を背景として、各エスニックグループを代表するエリート間の自発的な協調がきわめて困難な場合に、国家としての政治的安定を確保するためにはどのような方法があり得るのか、ということである。そして結論としては、小政党の大政党への併合による「一党優位制」の確立がジンバブウェの場合には、政治的安定に寄与したことを検証した。

第九章は、民主化そして市場経済への移行という現代の国際的な潮流において政権党および政府はこれにどのように対応し、どのような政策を施行したのかを論じている。そして分析の力点は、ジンバブウェの場合、複数政党制を明記した憲法を改正して合法的な一党制への移行をめざした政権党、「ジンバブウェ民族同盟・愛国戦線」がどのようなプロセスを経てこの目標を放棄するにいたったのか、という意思決定のプロセスにおかれている。

第一〇章は、国家の果たすべき役割に着目し、一党優位体制において政治的な安定が確保される条件とは何か、という問題意識にもとづいている。ここでは、都市部の住民と農村部の住民という二分法にもとづいて、両者のおかれた環境の違いから生ずる政治意識の違い、あるいは国家の役割に対する期待度の違いを総選挙における投票行動を踏まえて分析した。そして特に農村部の住民の政治意識を「生存経済」という概念を用いることによって明らかにすることを試みた。

本書は、基本的にローデシアとジンバブウェの政治史を分析したものである。しかしながら全体をつうじて、できうる限りたんなる叙述に偏らず政治学の視点からこれを検証することに努めたつもりである。本書がジンバブウェの政治研究にいくらかなりとも寄与することができれば幸いである。

（1） E. H. Carr, *What is history?* Second edition, London, Penguin Books, 1990, p. 30.

（2） この点に関しては，Brecher, Michael, "The middle East Subordinate System and Its Impact on Israel's Foreign Policy," *International Studies Quarterly*, Vol. 13, No. 2 (June 1969), pp. 117-139 から強い示唆を得た。

（3） Robert A. Dahl, *Modern Political Analysis*, Second Edition, New Jersey, Prentice-Hall, 1970, pp. 14-34.

目次

ジンバブウェの政治力学

第一章　白人右派政権の登場と一方的独立宣言

問題の所在

本章は、一九六二年末の白人右派政権の誕生から六五年一一月の一方的独立宣言（Unilateral Declaration of Independence, 以下ＵＤＩと略す）に至るまでの時期におけるローデシアの政治的ダイナミックスを、特に白人政権の動向に力点をおきつつ考察しようとするものである。

「変革の嵐」がアフリカ大陸を吹き抜け、大部分のアフリカ植民地が多数支配体制をもって独立を迎えていたちょうどその頃、南ローデシア（以下、ローデシアと呼ぶ）は、西欧植民地主義がその副産物として生みだした、白人対黒人、あるいはセトラー対アフリカ人という人種的対立状況へと加速度的に傾斜しつつあった。というのも、ローデシアで多数派を構成するアフリカ人に加えて、白人セトラーがみずからの主体性を主張しはじめたからである。(1) したがって、六〇年代そして七〇年代を通じて南部アフリカ問題の焦点として世界の耳目を集めたローデシア問題の原型は、まさにアフリカの非植民地化という歴史的趨勢に逆行して、白人セトラーが対英自立性を主張した一九六三年から六五年にかけての時期に形成されたとみてよいであろう。

ローデシア問題は、結果として単にローデシアという一植民地の枠を越えて、アフリカ大陸における自己管轄権追求の問題の一環として、アフリカ統一機構（ＯＡＵ）自体をもその当事者とするところにまで発展し、最終的にはアメリカ合衆国をはじめとする外部の大国の介入すら招くに至った。しかし、そうした事態を招来した原因は、ローデシア白人セトラーのＵＤＩに至る歴史逆行的な人種主義的行動にほかならなかったのであり、この意味においてローデシア問題の分析は、この時期の白人セトラーとその政権の動向に焦点を合わせることなしには十分なしえないであろう。しかしながらローデシアという国家の方向性を決める際に、白人政権だけがそれをなしえたと考えることは短絡的である。すなわちローデシア問題の当事者であるアフリカ人解放組織、そして宗主国であるイギリス政府の動向も併せて考える必要があるだろう。

（1）本書においては、セトラー（setter）というタームを白人プランターや初期の白人移民に限定せず、ローデシアの市民権を持つすべての白人移住者の総称として用いているが、日本語に適訳がないためにそのまま使用することにしたい。

一　連邦解体前後の政治的潮流

㈠　白人セトラーの右旋回

一九六二年一二月一四日、新憲法（一九六一年憲法）のもとで行なわれた初の総選挙は、白人セトラーに対して、人種協調主義（Partnership）か人種差別主義かの選択をせまるものであった[1]。というのも、同選挙が主として、ローデシア・ニヤサランド連邦（一九五三～六三年）当時のスローガンである「人種協調主義」を主唱する

「統一連邦党（the United Federal Party，以下ＵＦＰと略す）と「人種差別主義」を標榜する白人セトラー右派連合政党「ローデシア戦線（the Rhodesian Front，以下ＲＦと略す）」のあいだで争われたからである。そしてその結果、白人セトラーがみずからの将来をＲＦに託したことは、「ローデシア白人は、自発的にはその絶対的な政治的支配権を放棄しないであろう」という当時のアフリカ人ナショナリストの危惧の念を裏書するものとなった。(2)

しかしながら、白人セトラーのこうした歴史逆行的な選択も、連邦解体前後の時期における彼らの心理的状態や、彼らに対して巧みに働きかけたＲＦのイデオロギーを考察するならば、それが白人セトラーにとっては自己保存のための唯一の選択肢であるとともに、彼らの主体性を主張するものでもあったことが判明するであろう。

連邦解体前後の時期における白人セトラーの心理状態は、二つの要因によって規定されていた、と見なすことができる。一つは、アフリカの非植民地化という歴史的潮流のなかにおかれた白人セトラーの危機感と孤立感であり、もう一つは、ローデシアの歴史的背景から生みだされた白人セトラーの共同体意識である。これら二つの要因の相互関係をみると、周囲の状況に対する危機感や孤立感が強まれば強まるほど、白人セトラーの団結は強固なものとなって共同体意識は助長され、最終的にそれは対英独立要求という主体性の主張となって顕在化した、と、考えることができる。

白人セトラーの少数派としての危機感や孤立感それ自体は一九三八年、当時の首相ハギンズ（Sir Godfrey Huggins）の「この国におけるヨーロッパ人は、黒い海の中に浮ぶ白い島になぞらえることができる」という言葉にもあるように、(3)彼らにとっては過去を通じて程度の差こそあれ抱かれていた宿命的なものといえるであろう。しかし、六〇年前後の時期における彼らの危機感や孤立感が、それまでとは比べものにならないほどみずからの行動を規定するに至ったのは、彼らがアフリカの非植民地化という歴史的潮流に直面したからにほかならない。

というのも、仮に白人セトラーがこの潮流に身をまかせたまま時の経過を待つならば、彼らは一九二三年、植民地自治権を獲得して以来、さまざまな人種差別法により享受してきた特権的地位を、アフリカ人多数支配によって直ちに喪失することになるからである。

したがって、一九六一年八月にはニヤサランドが、また六二年一二月には北ローデシアがそれぞれ多数支配へと移行し、さらにはローデシア白人支配体制の外堀ともいうべきローデシア・ニヤサランド連邦の解体が具体的な日程表にのぼりはじめたことは、彼らの危機感や孤立感を高めるのに十分な事件であったといえよう。

しかしながら、こうした白人セトラーの危機感や孤立感は、単に心理的不安定状態を生みだしただけではなく、同時に彼らの結束を強め、共同体意識を助長させる役割を果たした。ガン（L. H. Gann）とディーナン（P. Duignan）は、白人セトラーの共同体意識に「原初的ナショナリズム（proto-nationalism）」という名称を与え、次のように分析している。「……多数の要因が共同体の強力な団結意識を造りだすために結合していた。それらは、インド人とアフリカ人に対する一様な鋭い人種差別意識、ヨーロッパの文化的優越性に対する強い信念、セトラー自身の経済的業績とその国家の迅速な発展に対する誇り……などを含んでいた[4]」。「原初的ナショナリズム」という名称の妥当性は別として、彼らが指摘した構成要因のなかで、連邦解体当時、白人セトラーにもっとも強く作用していたと思われる要因は、アフリカ人に対する鋭い人種差別意識とセトラー自身の経済的業績およびローデシアという国家の迅速な発展に対する誇りである。

主としてアフリカ人の人種的劣等性という意識から生じたとみられる人種差別意識は、当時次第に過激化していたアフリカ人ナショナリズム運動に対する不信感・警戒感によって増幅され、白人セトラーの心理に強く作用していた。そしてこうした彼らの人種差別意識が危機感や孤立感と相俟って、ナショナリズム運動に対する徹底した弾圧を行なう心理的要因となったのである。

他方、セトラー自身の経済的業績とローデシアの迅速な発展に対する誇りという、いわば白人セトラーの「建国意識」とでもいうべき要因は、彼らの自立意識を高め、イギリス政府に対してみずからの主体性を主張するうえでの心理的支柱となった。言葉をかえていえば、多数支配という歴史的潮流のなかにあって、セトラーが明らかに逆行的な白人支配体制による独立をためらうことなく主張しえたのは、彼らのこうした「建国意識」によって、みずからの要求を主観的に正当化することができたからにほかならなかったからである。

以上のように、アフリカ非植民地化の波に直面して助長された危機感や孤立感、そしてそれによって強められた共同体意識という二つの要因は、連邦解体前後の時期における白人セトラーの心理状態を規定していたのであり、RFはこうした白人入植者の心理に訴えることにより政権の座に就いたといえるであろう。そこで次に、RFのイデオロギーと総選挙における活動をみてみよう。

一九六二年三月、白人セトラー右派連合政党として誕生したRFは[5]、まさに人種差別主義に立脚した、白人セトラーによる白人セトラーのための政党であり、政策上のプライオリティーはあくまでも白人セトラーの既得権の保護におかれていた。すなわち、同綱領は「ローデシア政府が永久に責任ある人々の手（事実上、白人を指す―引用者）にゆだねられること」、そして「ローデシアにおけるヨーロッパ人の恒久的な既成支配権」を保証し、「強制的な（人種的―引用者）統合に反対する」という具合に、明確な表現をもってみずからの人種主義的性格を規定し、さらに白人支配を保証するような憲法下における独立を主張していたのである[6]。そして選挙期間中にあっては、党首フィールド（Winston Field）が、ケニヤで起こったような事件（おそらくは、マウマウ団によるテロ行為や、ケニヤ独立にともなう白人入植者の特権的地位の剝奪などを指すのであろう）をローデシアでは起こさせないことを白人セトラーに対して公約し、また他のRF候補もしばしば露骨な人種的偏見に訴えるなど、RFはみずからの人種差別主義を前面に押し出したのであった。(7)

このようなRFのイデオロギーやその活動を当時の白人セトラーの心理状態と考え合わせるならば、RFはまさに彼らの危機感や孤立感、そして共同体意識に訴えかけるとともに、白人セトラーの主体性の主張に具体的かつ現実的な処方箋を提供したということができるであろう。

これに対してUFPは、選挙公約として「ローデシアにおける人種差別の礎石」(8)ともいうべき「土地配分法(Land Apportionment Act)」を含むすべての人種差別法の撤廃を提唱し、(9)また党首ホワイトヘッド(Sir Edger Whitehead, 当時ローデシア首相)が国連信託統治委員会において、一五年以内の多数支配への移行を公言するなど、白人セトラーの心理を逆撫でするような活動を展開したのである。(10)

こうした両党の性格や政策目標をみれば、先に述べたような心理状態にある白人セトラーにとって、その選択は明らかであろう。総選挙の結果、RFは六五議席中三五議席(そのすべてがA名簿議席)(11)を獲得して政権の座につき、白人セトラーはみずからの右旋回をはっきりと示したのであった。

(二) アフリカ人ナショナリズム運動の展開

一九五七年九月、すでにガーナは独立を達成し、北ローデシア、ニヤサランドのナショナリズム運動も独立に向ってまさにその最終段階に入ろうとしていた時、ローデシアでは遅ればせながら、民衆に基盤をおいた初の全国的ナショナリズム組織である「アフリカ民族会議(the African National Congress, 以下ANCと略す)」が誕生した。

ローデシアにおけるナショナリズム運動の相対的な後発性は、前述のような白人支配体制に固執する白人セトラーと植民地自治権をもつ白人政権が存在したからにほかならず、彼らはこれまでにも再三にわたってナショナリズム運動が萌芽するやいなやその芽を摘み取り、運動の拡大を阻止してきた。したがって、ANCはこうした過去の経験を踏まえて、白人政府当局の警戒心をできるかぎり薄れさせるような比較的穏健な姿勢を示す必要があった。たとえば、ANCが当時のスローガンである「人種協調主義」をその組織理念として掲げ、人種を越えた「ローデシア全住民の国民的統一(national unity)」を目標とし、さらにそのメンバーシップは人種を問わないことなどを綱領に規定していたことは、白人政権に対するナショナリストたちの配慮の表われとしてみることができよう[12]。

しかしながら、ANCはその綱領が抱かせる穏健なイメージとは異なり、積極的な活動をローデシア全土にわたって展開し、その支部は最初の一年間に約五〇をかぞえるにいたった[13]。すなわち、それ以前のナショナリズム運動がおもに都市部に集中していたのに対し、同組織は都市部はもちろんのこと、その活動を農村部にまで拡大した。そしてANCは当時そこで高まっていた「土地耕作法(the Land Husbandry Act)」に対するアフリカ人農民の不満を結集し[14]、彼らを運動に動員することに成功したのであった。

かくしてANCの活動は、当時のナショナリストの一人、シャムヤリラ(Nathan M. Shamuyarira)の表現を借りれば「荒れ狂う炎」のように拡大していったのであるが[15]、それにも限界があったことは否めない。その限界の第一は、ANCがみずからを多人種組織として規定していたために、アフリカ人の主体性だけを訴えることができなかったことであり、第二は、同組織が地域を越えてアフリカ人民衆の不満を結集しながらも、その解消を白人政権に求めるといったいわば体制内の抗議運動の域を出ず、ローデシアの政治体制そのものを変革しようとする方向には向わなかったことである。

こうした限界が存在したにもかかわらず、ＡＮＣの活動は白人政権の警戒心を喚起させるに十分なものであり、当時の首相ホワイトヘッドは、一九五九年二月、同組織を非合法化するとともに指導的なナショナリストたちを拘禁し、さらに、これを契機に白人政権はナショナリズム運動に対する弾圧法を矢つぎばやに制定して、本格的に運動の弾圧に乗りだしたのであった。[16]

非合法化されたＡＮＣのあとを受けて一九六〇年一月に結成された「国民民主党（the National Democratic Party, 以下ＮＤＰと略す）」は、白人政権が農村部におけるナショナリズム運動を禁止したために、国内的活動範囲を縮小せざるをえなかったが、六一年中頃にはその党員数は二五万人に達したといわれており、[17]また、ＡＮＣを上回る民族組織としての特徴を有していた。すなわち、その特徴とは、(1)同組織が一人一票制の原則にもとづく多数支配への移行をその目標として前面に押し出していたこと、(2)アフリカ的な慣習、服装、宗教などを尊重するように訴えて、アフリカ人民衆の民族意識の覚醒につとめたこと、(3)それまでナショナリズム運動に参加していなかったアフリカ人知識人が同組織に参加したことにより、運動が質的に向上したこと、などである。[18]

いうまでもなく、ＮＤＰは多数支配への移行を最優先の課題として取り組み、イギリス政府に対して制憲会議の召集を求める請願活動を開始した。つまりナショナリストたちは、制憲会議において「一人一票制」の原則にもとづく憲法を起草し、それによって多数支配への移行を平和的かつ合法的に実現させようと考えたのであった。したがってＮＤＰの請願活動の結果、一九六一年一月から二月にかけてソールズベリにおいて制憲会議が実現したことは、多数支配をめざすナショナリストにとって、きわめて大きな成果であったといえるであろうし、事実、六〇年前後の時期におけるナショナリズム運動はここに至って頂点に達したのである。

しかし、制憲会議において討議の対象となった憲法草案（後の一九六一年憲法）は、白人セトラーによる支配継続という白人政府の思惑が強く働いた結果、多数支配の実現にはほど遠いものであった。そのためNDPはこれを拒否し、さらに同年一〇月に開かれた第二回党大会において、同憲法が公布された場合には、その後に行なわれるすべての選挙をボイコットすることを決議したのであった。

かくしてNDPは、イギリス政府に対して新たな制憲会議の召集を求めるべく請願活動を再開することになったが、同政府は白人政権の合意なしにはローデシアの国内問題に干渉できない（白人政権は当然のことながら制憲会議の召集に反対）としてこれにとりあわなかったために、結局、制憲会議の召集→一人一票の原則にもとづく憲法の起草→多数支配への移行、というNDPの基本戦略は完全に暗礁に乗り上げてしまったのである。

国内におけるナショナリズム運動も、こうした請願活動の行き詰りを反映して次第に過激化するようになり、その集会は白人政府当局の介入により、しばしば流血をともなう暴動へと発展していった。さらに六一年後半以降、アフリカ人穏健派あるいは体制派アフリカ人と称せられる人々に対するナショナリストの暴力行為が頻発しはじめたことは、ナショナリズム運動が国内においても停滞傾向にあったことを示すものといえよう。

一九六一年一二月にNDPは非合法化されたが、その後一カ月も経過しないうちに後継組織として「ジンバブウェ・アフリカ人民同盟（Zimbabwe African People's Union, 以下ZAPUと略す）が結成され、ナショナリストたちは運動の行き詰りを打開すべく、新たに国連への請願活動を開始した。

すなわち、ナショナリストたちは国連における活動を通じて国際世論を換起し、ひいては国連がイギリス政府に対して新たな制憲会議を召集するよう圧力をかけることを期待したのであった。しかし、彼らのこうした活動はローデシアの政治状況を世界中に知らしめ、白人政権を国際的孤立状態に追い込むことには成功したが、多数支配への移行というZAPU本来の目的は、イギリス政府が制憲会議の召集を求めた国連決議を無視したために達成されなかったのである。[19]

他方、ZAPUの国内活動について、シャムヤリラは、つぎのように語っている。「ZAPUのみじかい生涯における最大の特徴は、アフリカ人のあいだにみずからの闘争が流血や暴力をともなわねばならないであろう、という確信を深めさせたことであった」。[20] 彼の言葉は、いうまでもなく当事者心理に由来する誇張を含んでいるであろうが、ZAPUの活動がたび重なる白人政権の弾圧によって、いかに困難なものであったかを誤りなく伝えているといえよう。

ZAPUは、活動上の行き詰まりを克服できないまま、結成以来わずか九カ月で非合法化された。そして、その後ナショナリズム運動は、組織分裂、派閥対立という最悪の事態へと向っていくのである。

（1） 一九六一年憲法は有権者資格を学歴、資産などによりA名簿、B名簿に分け、前者には議会において五〇議席を、後者には一五議席を割り当てた。しかしA名簿に比べて資格がゆるやかなB名簿の有権者資格でさえそれを満たすアフリカ人はわずかであり、A名簿に登録されるアフリカ人にいたってはきわめて少なかった。逆に白人有権者のほとんどはA名簿に登録され、B名簿の有権者はほんのわずかであった。したがって、事実上、A名簿議席はもっぱら白人議席、そしてB名簿議席はアフリカ人議席ということになったのである。詳しくは、Palley, Claire, *The Constitutional History and Law of Southern Rhodesia 1888–1965: With Special Reference to Imperial Control*, Oxford, Clarendon Press, 1966, pp.416–424. を参照されたい。

（2） *The Central African Examiner* (Salisbury), Vol. 6, No. 9 (Feb.1963), p.3.

（3） Gray, Richard, *The Two Nations: Aspects of the Development of Race Relations in the Rhodesias and Nyasaland*, London, Oxford Univ. Press, 1960, p.152.

（4） Gann, L.H. and Peter Duignan, “Changing Patterns of a White Elite: Rhodesian and Other Settlers”, L. H.

Gann and Peter Duignan eds., *Colonialism in Africa 1870–1960, Vol. 2, The History and Politics of Colonialism,* Cambridge, Cambridge Univ. Press, 1970, p.124.

（5）RFは、the Dominion Party, the Southern Rhodesia Association, the United Group（スミス〔Ian D. Smith〕が土地配分法の廃止を決議したUDFを脱退後結成）などの白人セトラー右派諸組織の連合体として誕生した。

（6）Austin, Reginald, *Racism and Apartheid in Southern Africa, Rhodesia,* Paris, The Unesco Press, 1975, p.105, Bowman, Larry W., *Politics in Rhodesia: White Power in an African State,* Cambridge, Harvard Univ. Press, 1973, p.63.

（7）*The Times* (London), Dec. 17, 1962. たとえば、RFの候補者は白人有権者に次のように訴えかけている。「あなたがたは、産院においてあなたがたの夫人の隣のベッドにいる婦人がアフリカ人であることを望みますか。」

（8）Bowman, *op.cit.*, p.12.

（9）*Keesing's Contemporary Archives,* Vol.13, 1961–1962, London col. 19135A.

（10）*Ibid.*, col. 19134B.

（11）注（1）を参照。

（12）ANCの綱領は、Creighton, T. R. M., *The Anatomy of Partnership: Southern Rhodesia and The Central African Federation,* London, Faber and Faber, 1960, pp.235–247. に収録されている。また、ANCの党員総数は約一万七〇〇〇人（ベン・ウィッティカー編、伊藤正孝監修『第四世界』、一九七六年、すずさわ書店、六二ページ。ただし一説には六〇〇〇〜七〇〇〇人、O'miara, Patrick, *Rhodesia: Racial Conflict or Coexistence?* Ithaca, Cornell Univ. Press, 1975, p.100）であったが、そのうち白人党員は、シャムヤリラによれば、一〇〇人に達したといわれている（Shamuyarira, Nathan M., *Crisis in Rhodesia,* London, Andre Deutch, 1965, p.50）。

（13）Sanger, Clyde, *Central African Emergency,* London, Heinemann, 1960, p.212.

（14）土地耕作法に対してアフリカ人農民の不満が高まっていたのは、主として、同法が彼らの伝統的な生活様式を破壊するものであったからである。すなわち、それはアフリカ人農民による土地の集団的所有制を廃止し、彼らの地位と富の象徴である家畜の頭数を制限していたためであった。詳しくは、Bowman, *op.cit.*, p. 49を参照されたい。

(15) Shamuyarira, *op.cit.*, p.45.

(16) この時期に立法化された代表的な弾圧法としては、原住民関係修正法 (Native Affairs Amendment Act)、非合法組織法 (Unlawful Organization Act)、予防拘禁法 (Preventive Detention Act)、以上一九五九年制定、治安維持法 (law and Order Maintenance Act)、非常事態権限法 (Emergency Powers Act)、以上六〇年制定、などを挙げることができる。

(17) M'gabe, Davis, "Rhodesian's African Majority", *Africa Report*, Vol.12, No. 2 (Feb. 1967), p. 19.

(18) ムランボ (Eshmael Mlambo) によれば、ＮＤＰに知識人が参加したことにより、集会における演説の質は改善され、さらに運動の諸目標は以前に増して明確に規定されるようになったといわれる (Mlambo, Eshmael, *Rhodesia: The Struggle for a Birthright*, London, C. Hurst, 1972, p. 146)。また、シトレ (The Revd. Ndabaningi Sithole) やムガベ (Robert Gabriel Mugabe) は、この時期にナショナリズム運動に参加している。

(19) 国連におけるローデシア問題は、アジア・アフリカグループが中心となって討議され、調査委員会のイギリス派遣などが行なわれた。そして一九六二年の六月と一〇月に国連総会は一九六一年憲法の停止、新たな制憲会議の招集、人種差別の廃止などを骨子とする決議を採択した。

(20) Shamuyarira, *op.cit.*, p.72.

二　白人右派政権の登場

㈠　白人セトラーの対英独立要求

一九六二年総選挙から六五年のＵＤＩに至るまでの時期、新たに政権の座についたＲＦは、ローデシアの独立問題を最大かつ最優先の課題として取り組んだ。いうまでもなく、ＲＦ政権の主張する独立とは、白人支配体制におけるそれであったが、彼らが独立要求を前面におしだしてきた理由は、次の二点に求めることができよう。第一点は、それが前述したような白人セトラーの共同体意識、とりわけその構成要因の一つである「建国意識」ともいうべきものの発露であった、ということである。一例を挙げるならばそれは、RF政権初代首相フィールドが、イギリス政府に対し、一九二三年に自治を許されて以来、今日に至るまで宗主国の行政的、財政的援助に依存することなく、ローデシアが独力で発展することができたのは白人セトラーの業績によるものである、と述べてみずからの独立要求を正当化しようとしたことに見いだされよう。(1)

第二点は、それが白人支配体制の堅持というRFの基本方針から生まれたものであり、彼らは植民地という宗主国に従属する地位から脱却して、ローデシアの国内政治に対する外部からの干渉を遮断することにより、白人支配体制を堅持しようとしたのであった。たとえば、フィールドが議会において「独立を達成することによってのみ、われわれは不安定な状態を終焉させ、発展を継続し、さらには投下資本のために安全な下地を提供することができるであろう」と述べたり、「独立が達成されると同時に、わが国内問題に対してイギリスが干渉するように求めるアピールは、もはやなされないであろう」として独立の意義を強調していることは、こうしたRFの意向を端的に示しているといえよう。(2)

要するにRF政権の対英独立要求は、永続的にローデシアの支配権を掌握しようとする白人セトラーの歪んだ主体性の主張にほかならなかったのである。そして、RF政権が独立要求をはじめてから間もない一九六三年五月二三日に、マタボ選挙区で行なわれた補欠選挙において、同党がローデシア国民党（Rhodesia National Party, 旧UFP、以下RNPと略す）に圧勝したことは、白人セトラーがRFに対して独立問題に関する信任状を与えたことを意味したといえよう。(3)

こうした観点に立ってＲＦ政権は対英独立交渉に乗り出すのであるが、その経過をたどる前に、この問題に関する同政権とイギリス政府双方の基本的姿勢や、両政府の政策上の共通点を踏まえておく必要があろう。

ローデシアの独立問題に関する白人政権とイギリス政府の基本的認識は、⑴両者ともこの問題は、ローデシア政府とイギリス政府という二つの政府のあいだで解決さるべきものであるとしていたこと、⑵両者とも、独立に先立って多数支配への移行が実現するとは考えていなかったこと、の二点であり、また両政府の政策上の共通点は、一九六一年憲法をローデシア独立のための基本的枠組としてみなしていたことである。

言葉をかえていえば、両政府ともナショナリストを独立問題の当事者として認めず、さらに、彼らが主張していた一九六一年憲法に代わる新たな憲法草案を起草する制憲会議の召集、という問題をまったく念頭においていなかった、ということができよう。

しかし、イギリス政府はこうした立場をとりながらも、ナショナリスト、国連、英連邦アフリカ諸国などの多数支配への移行を求めるアピールや決議を前にして、白人支配体制における独立という白人政権の要求をそのまま承認することはできなかったのである。

一九六二年一二月一七日、フィールドの首相就任から六四年四月一三日の首相辞任にいたるまでのあいだ、独立問題に関するＲＦ政権の基本路線は、イギリス政府との交渉によって独立を達成するという、いわば対英協調主義路線であった。そしてフィールドの辞任は、こうした穏健な路線が行き詰りを迎えたことに帰因しているとみてよいだろう。

フィールド政権における独立問題の推移をみると、それは二つの時期に分けることができる。第一期は、同政権が独立要求をはじめた六三年三月から連邦解体に関するビクトリア・フォールズ会議が開かれた七月までであり、第二期は、当時の蔵相、スミス（Ian D. Smith）が訪英した同年一〇月からフィールドが失脚した翌年四月までである。そして全期間を通じて独立交渉における最大の争点は、選挙資格の問題であった。

第一期の特徴は、連邦解体問題に即して独立問題が展開していったことである。すなわちフィールドは、(1)連邦解体と同時に、ローデシアの独立をイギリス政府が承認すること、(2)仮に同政府がこれを承認しない場合には、ローデシア政府は連邦解体のための会議に出席しないこと、(3)会議の開催前に独立問題に関する会談が行なわれるべきこと、をイギリス政府に通告したのである。[4] これに対してイギリス政府は連邦解体問題とローデシアの独立問題を切り離して処理しようとしたが、結局、連邦解体を支障なく実現しようという政策上の配慮から、独立問題に関する会談を行なうことになった。

独立問題に関する両政府代表による会談は、五月二七日から六月四日にかけてロンドンにおいて、また六月二六、二七日の二日間、ビクトリア・フォールズにて行なわれた。そして両会談においてイギリス政府はできるかぎりローデシアの政治体制を多数支配へ近づけるべく、議会におけるアフリカ人議席数の増大と選挙資格の緩和を骨子とした独立条件を示したが、ＲＦ政権はこれを拒否して会談は決裂したのであった。[5]

他方、連邦解体に関する会議は、六月二八日から七月三日にかけてビクトリア・フォールズにおいて開かれたが、ＲＦ政権は、イギリス政府が連邦解体と同時にローデシアの独立を承認しないかぎり同会議には出席しないという従来の方針を変更してこれに出席した。同会議についてはここでは詳述しないが、看過しえないことは、ここにおいて連邦軍のローデシアへの移譲が決定されたことであり、これによって白人政権は、みずからの支配体制を軍事面から支えることが可能となったのである。

第二期は、一〇月二七日から一一月七日にかけて、スミスが独立問題に関するイギリス政府の方針を探るべく訪英したことにはじまった。この時期、イギリス政府は同問題の早期解決を計るために、新たに英連邦諸国の諮問を受けるべきことをRF政権に提案したが(6)、同提案は、連邦軍の移譲問題を契機に一段と批判の度を加えていたローデシアに対する国際世論を考慮したうえでなされたものといえよう。これに対してRF政権は、独立問題が両政府のあいだでのみ討議されるべきものとして真向から反対したために、イギリス政府もそれに抗することができず、結局、翌六四年一月二四日から二月二日まで、ロンドンにおいて首脳会談が行なわれることになった。しかしながら、同会談においても先の会談同様、両者の歩み寄りがみられぬまま、交渉は決裂し、暗礁に乗り上げてしまったのである。

独立交渉の行き詰まりは、単にそれだけにとどまらず、フィールド自身の政治生命をも奪うことになった。というのもロンドン会談の決裂以後、党内およびRFの支持者たちのあいだに、交渉による独立達成という彼の穏健な路線に対する不満や、交渉打ち切り、UDIを求める声が高まり、ついにそれは彼を辞任へと追い込む結末へ導いたからである。かくして、RF政権の対英協調主義路線は終わりを告げ、ローデシアはUDIに向って本格的に動きはじめたのである。

(二) ナショナリズム組織の分裂

先に述べたようにANCの誕生以来、急激な高まりをみせたアフリカ人ナショナリズム運動も、一九六一年の制憲会議以降、国外的にはイギリス政府の多数支配への移行問題に対する積極性を欠いた姿勢により、また国内的には白人政権の弾圧により次第に下降線をたどりはじめていた。そして一九六三年八月、ナショナリズム組織がンコモ (Joshua Mqabuko Nyongolo Nkomo) を議長とする人民暫定評議会 (People's Caretaker Council, 以下P

CCと略す。なお国外においてはZAPUの名称で活動）と、シトレ（Ndabaningi Sithole）を議長とするジンバブウェ・アフリカ民族同盟（Zimbabwe African National Union, 以下ZANUと略す）に分裂したことは、ナショナリズム運動をローデシアの政治的舞台から決定的に後退させる主たる要因となったのである。

組織分裂の原因について、PCC、ZANU両者の証言は、それぞれみずからの正当性を主張しているために鵜呑みにすることはできないが、結局のところこの分裂は、従来の穏健なナショナリズム運動の路線に反発した急進派のナショナリストたちによって引き起こされたものとみてよいだろう。(7) 言葉をかえていえば、ンコモのリーダーシップに対するシトレ派の不満が顕在化したことによって、組織運営における集団指導体制が崩壊したのである。

ANCからNDP、そしてZAPUへと続くナショナリズム運動は、常にンコモのリーダーシップのもとに展開されたのであるが、その基本方針は、合法的な枠組のなかで活動し、目標を達成するという、いわば穏健なものであった。(8) たとえば、ANCは前述のようにローデシアの政治的枠内で活動していたし、NDPとZAPUは政治体制そのものを変革することを目標にはしていたが、それもイギリス政府や国連に対する請願活動を通じて、あくまでも平和的かつ合法的な手段によって多数支配への移行を実現させようとしていたのである。またNDPが非合法化された直後、ナショナリストたちが組織の名称を変更しただけで活動を再開したことは、合法的な枠内にとどまろうとする彼らの、とりわけンコモの意思の現われとしてみることができよう。

しかし、請願活動が行き詰り、白人政権の弾圧が強化されるにつれて、ンコモの穏健な路線に対するシトレ、ムガベ（Robert G. Mugabe）を中心とした急進派の不満が顕在化しはじめた。そして彼らの不満は、NDP時代にムガベが組織した下部組織、「青年部」（Youth Wing）によって支援された「反ンコモ・キャンペーン」にまで発展し、ついに組織は分裂したのであった。[9]

こうしたナショナリズム組織の分裂の背景を探ってみると、そこには(1)ンコモのリーダーシップの脆弱性、(2)組織運営における集団指導体制、という二つの要因を見いだすことができる。そしてこれらの要因によって、ナショナリズム運動が一元的に指導されなかったことが、たとえば、基本的に議長の指導下にあるべき「青年部」に先に述べたような行動をとらせたのであった。

リーダーシップという側面において、ンコモを他のアフリカ諸地域おけるナショナリズム運動の指導者と比較した場合に特徴的なことは、彼のリーダーシップが、たとえばンクルマ（Kwame Nkurumah）、やトゥーレ（Sekou Toure）のように超人的、あるいはカリスマ的なものではなかったということである。

確かにンコモは、アフリカ人民衆のあいだや海外における知名度という点においては、ローデシアのナショナリストのなかにあってぬきんでたものを持っていたが、組織内における彼のリーダーシップは決して卓越したものではなく、むしろ流動的であり、彼の権威は彼をとりまく有力な同盟者の承認や協力にもとづくものだったのである。たとえば、ンコモのＡＮＣ議長への就任が、彼の知名度とともに「中立的」な人物としての資質を評価されたためと伝えられたり、[10]また当時のナショナリストの一人であるダンブチェナ（Enoch Dumbutshena）が、[11]ンコモは彼の同盟者の誠実さを非常に当てにしていた、と語っていたことなどは、こうした彼のリーダーシップの性格をうかがわせるものといえよう。

他方、ナショナリズム運動や組織運営における集団指導体制は、ＡＮＣ結成以来の特徴であった。すなわち、ＡＮＣの実質的な活動は「南ローデシアにおける近代的ナショナリズム運動の先駆者」として高く評価されてい[12]るチケレマ（James Robert Chikerema）とニャンドロ（George Nyandoro）の指導のもとに展開され、ＮＤＰからZAPUに至る時期においては、ンコモはもっぱら海外活動に従事し、シトレそしてムガベが国内活動の中心人物となり、マリアンガ（Morton Maliange）、シルンディカ（George Silundika）が政策立案にあたり、さらに拘禁中のチケレマ、ニャンドロ等も影響をおよぼすという指導体制をとっていたのである。[13]

要するにナショナリズム運動は、ンコモのリーダーシップの脆弱性と集団指導体制という二つの要因のために垂直的に組織化されておらず、また潜在的に多元化していたために、たえず分裂の可能性を内包していたといえよう。

したがって運動が順調に進み、各指導者間のコミュニケーションが計られ、ンコモのリーダーシップに対する承認や協力が確認されているあいだは問題がなかったが、白人政権による弾圧、ナショナリストの拘禁、海外活動の拡大、メンバーの増大などによってそれが困難なものになってくると、次第に集団指導制の不安定な側面が顕在化しはじめたのであった。

たとえば、一九六一年の制憲会議において示された憲法草案に対してNDPイギリス支部のタカウィラ（Leopold Takawira）が、指導部とは何ら関係なく同草案の拒否を発表したことや、同じ頃、マウェマ（Michael Andrew Mawema）がNDPを脱退してジムバブウェ民族党（Zimbabwe National Party, ZNP）を結成したことなどは、こうしたナショナリズム運動の体質が生みだしたものとしてとらえることができよう。

そして、ZAPUが非合法化され、従来の穏健な路線が完全に行き詰りを迎えた結果、急進派の不満は頂点に達し、ンコモのリーダーシップに対する彼らの承認や協力関係は終わりを告げ、かくて集団指導体制は崩壊するに至り、組織は分裂したのであった。

ナショナリズム組織の分裂に直面して、OAUは両組織の対立を調停し、組織を一本化すべく手をつくしたが実を結ばず、結局一九六三年一二月、OAUアフリカ解放委員会は両組織をローデシアにおける正統なる組織として承認することになった。

その後、PCCとZAPUは派閥闘争をくり返し、効果的な運動を行なわないうちに、一九六四年、ンコモ、シトレ、そしてムガベといった両組織の指導者が拘禁され、さらに同年八月、両組織は非合法化されたのである。

こうして、アフリカの非植民地化という波に乗って盛り上がりをみせた六〇年代前半のナショナリズム運動は幕を下ろし、一九七一年にアフリカ民族評議会（African National Council, ANC）が結成されるまで、国内における組織的なナショナリズム運動は再開されなかったのである。

（1）*Southern Rhodesia, Correspondence Between Her Majesty's Government and the Government of Southern Rhodesia, April-June, 1963*, Cmd. 2073 (London, HMSO, 1963), pp. 6-7.

（2）*Keesing's Contemporary Archives*, Vol.14, 1963-1964, col.19561B.

（3）同補欠選挙において、RFは、A名簿八二五票、B名簿二票、他方RNPは、A名簿三六二票、B名簿一九四票を獲得した。

（4）第一期におけるRFの対英基本姿勢は、Cmd. 2073, pp.3-4, および pp. 13-14 を参照されたい。

（5）同提案については、Young, Kenneth, *Rhodesia and Independence*, New York, James H. Heineman, 1967, p.88 を参照。

（6）同提案は、一九六三年一一月一五日、イギリス下院において中央アフリカ関係相サンズ（Duncan Sandys）によって発表された。*House of Commons Debates*, 684 (Nov. 15, 1963), 586.

（7）組織分裂に関する両者の主張については、*The Central African Examiner*, Vol. 7, No. 4 (Sep. 1963), pp.6-9.

（8）ここでは、穏健派と急進派というタームを、前者は平和的かつ合法的な活動に傾斜した集団を、また後者を武力闘争に傾斜した集団をさして用いている。

（9） *The Central African Examiner*, Vol.7, No.1 (June 1963), p.7. ムガベは、一九五六年から六〇年までガーナに滞在し、彼の結成した「青年部」は、ンクルマが会議人民党の下部組織として結成した「青年同盟」に影響を受けたものと思われる。
（10） M'gabe, *op.cit.*, p.17.
（11） Wason, Eugene, *Banned: The Story of the African Daily News, Southern Rhodesia, 1964*, London, Hamish Hamilton, 1976, p.54.
（12） Day, John, "Southern Rhodesian African Nationalists and the 1961 Constitution," *The Journal of Modern African Studies*, Vol.7, No.2 (July 1969), p.232.
（13） Rotberg, Robert, "From Moderate to Militant," *African Report*, Vol. 7, No.3 (Mar. 1963), p.3.

三　ＵＤＩへの潮流

先に述べたように、フィールドの失脚は彼の独立問題に対する穏健な姿勢と、ＲＦおよびその支持者たちの交渉打ち切り、ＵＤＩという主張が真向から対立したことに起因していた。したがって、フィールドの後を受けて首相に就任したスミスは、党内およびその支援団体の結束を固める意味においても、ＵＤＩを念頭においた積極的な政策を行なう必要にせまられていたのである。

要するに、フィールドからスミスへの首相交替は、単にそのことだけにとどまらず、これまでＲＦが行なってきた交渉による独立という穏健な路線から、ＵＤＩの可能性を十分踏まえた急進的な路線への政治的潮流の変化としてとらえることができるであろう。

スミスが首相の座についた一九六四年四月から六五年一一月のUDIに至るまでの時期において、彼は党およびその支援団体の間にわき起こったUDIへの気運を背景に、それに備えての国内的統一に政策の力点をおきつつ、イギリス政府と最終的な独立交渉を行なった。そこで以下、スミス政権がUDIに至るまで具体的にどのような道程をたどったのかをみてみよう。

(一) UDIに向っての国内統一

スミス政権はUDIに備えてRFの国内的支配体制を強固なものにすべく活動したが、それらは以下の四点に要約されるであろう。すなわち、(1)アフリカ人ナショナリズム運動に対する弾圧強化、(2)白人反政府分子に対する圧迫、(3)議会における絶対的地位の確立、そして(4)対英経済的独立への政策、である。反政府分子に対する弾圧の焦点は、なんといってもアフリカ人ナショナリズム運動に対するそれであった。この問題に関してスミス政権が本腰を入れていたことは、六二年六月二三日、司法相兼治安維持相デュポン(Cliford Dupont)に代わって、イギリス政府に「過激論者」のレッテルを貼られていたラードナー・バーク(Desmond Larder-Burke)が就任したことからもうかがうことができる。

スミス政権は、ナショナリズム運動を国内的に壊滅状態に追い込むべく、一連の弾圧政策を行なった。一連の政策とは、八月一一日に発表された治安維持法による拘禁期限の延長、八月二一日のハイフィールド・アフリカ人居住地区に対する非常事態宣言とPCCとZANUの非合法化、ナショナリズム系新聞『デイリー・ニュース』(Daily News)の発禁処分、一〇月七日のハラレ・アフリカ人居住地区に対する非常事態宣言、一一月七日のルサカで発行されている週刊紙『セントラル・アフリカン・メイル』(Central African Mail)の国内販売禁止、そして翌年二月のアフリカ人労働組合、ジンバブウェ・アフリカ人労働組合会議（The Zimbabwe African Congress of Unions）の非合法化、などである。そして、こうしたアフリカ人に対する一連の弾圧措置によって、スミス政権は組織的なナショナリズム運動を停止状態に追い込むことに成功したのであった。

なお、ここでは細述しないが、こうした動きの背景として、ＲＦが二〇世紀初頭以来、白人支配体制の中に組み込まれていたアフリカ人チーフ（Chief）やヘッドマン（Headman）などの伝統的指導者の復権を推進し、彼らを通じて間接的にアフリカ人を支配しようとしていたことを看過することはできないであろう。(1)

スミス政権の白人反政府分子に対する圧迫は主として二つのカテゴリーに分けて考えることができる。一方は、白人農園主が中核となったＲＦの熱狂的な支持者による白人反政府分子に対する物理的心理的な攻撃であり、他方は、スミス政権自身による国家権力を用いた白人反政府活動家に対する圧迫である。

ＲＦの熱狂的な支持者による活動は、すでに六二年総選挙の際に過激化の傾向がうかがわれたと指摘されているが、(2)こうした傾向が顕在化したのは、フィールド失脚前後の時期からと見てよいであろう。彼らはＲＦの政策に異議を唱える者を「売国奴」、「臆病者」、「共産主義者」として非難するとともに、保守系新聞社に対しても脅迫、そして凌辱を行なった。(3)さらに、とりわけ一九六四年一〇月一日に行なわれた補欠選挙において、彼らはローデシア党（Rhodesia Party, 旧ＲＮＰ、以下ＲＰ）から立候補した前ローデシア・ニヤサランド連邦首相ウェレンスキー（Sir Roy Welensky）を「売国奴」、「臆病者」、「共産主義者」、「血なまぐさいユダヤ人」と呼んで誹謗するとともに、ＲＰの集会に対して悪質な妨害をくり返し行なったのである。(4)つまり彼らは、スミス政権が大枠においてＲＦの支配体制を固めるなかにあって、政府当局としては公けになしえないような活動を行なうことにより、白人セトラーをＲＦのもとに結集させようとしたのであった。

他方、スミス政権による白人反政府分子に対する圧迫は、六四年一〇月二三日のローデシア陸軍総司令官アンダーソン少将（Maj. Gen. John Anderson）の解任、一一月二六日に発表された民間放送「ローデシア・テレビジョン」に対する政府の管理統制の開始、翌六五年一〇月一八日のローデシア前首相トッド（Garfield Todd）の拘禁と続き、一一月五日の国家非常事態宣言へと帰結するのである。このようにスミス政権は、民間レベルにおいてはRFの熱狂的な支持者を扇動し、また公的レベルにおいては国家権力を駆使して白人反政府分子に対して圧迫を加えたのであった。ところで、スミス政権は以上のような反政府分子に対する弾圧や圧迫を通じて国内的支配権を強化するとともに、六四年一〇月一日の補欠選挙、そして翌年五月七日の総選挙を経て議会における絶対的地位を確立した。

すなわち、補欠選挙は二議席をめぐって四人の候補（RF二人、RP二人）のあいだで争われ、RPからは先に触れたようにウェレンスキーが出馬したが、結果はRF候補デュポンが一〇七九票を獲得したのに対し、彼は六三三票にとどまり、また他の一議席も圧倒的な差をつけてRFが大勝した。(5) さらに六五年総選挙においては、RFはA名簿五〇議席のすべて（うち二二議席は対立候補なし）を獲得し、バーバー（James P. Barber）の言葉を借りれば「議会における難攻不落の地位」を確立したのであった。(6) そしてこのことは、RFが白人セトラーを代表する唯一の政党であることを明確に示したということができよう。

両選挙において、RPが白人セトラーのあいだで大敗を喫した原因は、およそ三点を指摘することができよう。まず第一点は、白人セトラー全体が右傾化していたことであろう。そして第二点は、RFの実績に起因しているように思われる。特に、スミス政権のアフリカ人ナショナリズム運動に対する弾圧政策や独立問題に関する積極的な姿勢は、白人セトラーに十分アピールしていたといえよう。第三点は、野党RPが選挙において争点を見いだすことができなかったことである。すなわち、両選挙における最大の焦点は、独立をどのような形で達成するかというところにあった。そしてRPは交渉による独立達成を主張して選挙戦に臨んだが、RFもまた決してUDIを前面に押しださず、交渉による独立を説いたのであった。(7) そのためRPは最大の争点を失い、みずからの独自性を白人セトラーに効果的にアピールすることができなかったのである。

スミス政権は、これまで述べてきたような反政府分子に対する弾圧や圧迫、そして議会における絶対的地位の確立といった国内的活動に加えて、UDIを行なった場合に予想される孤立的状況に備えるべく、アフリカにおけるもう一つの白人支配国家である南アフリカ共和国と、南部アフリカにアンゴラ、モザンビークという二つの植民地を持つポルトガルへと接近していった。

RF政権の南アフリカ共和国への接近は、一九六三年、連邦解体直前の時期においてフィールドが「南ローデシアは、南アフリカと政治的な紐帯ではなく、可能なかぎりもっとも密接な経済的紐帯を望んでいる」(8) と述べているように、ローデシアが次第に孤立的状況に追い込まれるにつれて予想されていたことであった。しかし、ローデシアが積極的に南アフリカ共和国やポルトガルに接近しはじめたのは、やはりスミス政権が誕生し、UDIが政治的日程表に上りはじめた、一九六四年四月以降とみてよいであろう。そしてその結果、南アフリカ共和国との関係については、同年一一月三〇日、相互に通商上の特権を認めた通商協定が調印され、さらに翌年三月三日、南アフリカ共和国蔵相デンヘス（T. E. Donges）が南アフリカ議会において、今後一五年間にわたって年額二五〇万ポンドの借款をローデシアに対し供与するであろうと述べたことによって明らかになった。南アフリカ共和国のローデシアに対する経済的「テコ入れ」が実現したのであった。

他方、ポルトガルとの関係は、一九六四年八月に、ローデシアがポルトガルと秘密交渉を行なっているという情報が流れたが、確実なところでは、同年一二月二二日、モザンビークのベイラ港とローデシアを結ぶ原油パイプ・ラインが完成し、また翌年二月二四日には新通商協定が締結された。こうした両国との関係に沿ってスミス政権は、同年六月に南アフリカ共和国駐在ローデシア外交代表（Diplomatic Representative）を、さらに七月にはポルトガル駐在外交代表をそれぞれ任命し、ここにローデシアは南アフリカ共和国、ポルトガル両国と密接な協力体制を確立したのである。そして後に「白い三角同盟」と呼ばれた三国の協力体制は、一九七五年四月、ポルトガルがクーデターによって政治体制を変えたことによって崩壊するまで、白人政権を支えるうえで重要な役割を果たしたのであった。

六五年八月七日、スミスはＲＦ党大会においてつぎのように語った。「もしもわれわれが一二カ月前にさまざまな問題をみずからの手で処理しようと決意したならば、悲惨な結果を招いたことであろう。……われわれがみずからの状況を改善しつつあった六カ月前においてさえ、それは疑わしいものであったろう。しかし今日、諸君らにつぎのように語ることができるのは、私にとって喜ばしいことである。すなわち、もしもわれわれがそのような行動（ＵＤＩ―引用者）に訴えなければならないとしても、われわれは完全かつ安全にローデシア国内においてこれをなし遂げられるばかりか、国外的状況に関してもわれわれは広範な賛意や支持を獲得しており、ある国（複数）からは公式な独立承認の保証さえも受けとっているのである」(9)。こうして、スミスはローデシアが今や、ＵＤＩへの準備をすべて整えたことを公式に宣言したのであった。

ところで、スミス政権のもう一つの重要な政策、すなわち対英独立交渉はどのような経過をたどったのであろうか。そこでつぎにこの点について述べてみたい。

(二) スミス政権の対英独立交渉

ＵＤＩに備えての国内的諸政策と表裏をなす対英独立交渉は、スミスが首相に就任してまもない六四年五月からイギリス首相ヒューム（Sir Alec Douglas-Home）とのあいだで書簡を往復するというかたちで開始された。[10]そして翌年一一月のＵＤＩに至るまでのあいだ、スミス政権の対英独立交渉における基本的姿勢は、(1)白人支配体制における独立達成、(2)アフリカ人の参政権に関する非妥協的態度、(3)交渉決裂の場合のＵＤＩ、という三点に要約されよう。したがって、この間、スミス政権から提案された独立条件も決してイギリス政府に対する妥協的なものではなく、さらに多数支配という観点からみれば、それを推進しようとするイギリスの提案からはまったくほど遠いものだったのである。

他方、イギリス政府の交渉姿勢をみると、この時期、保守党から労働党への政権交代があったが、交渉姿勢においては両者とも変わるところなく、むしろ後者は白人支配体制における独立承認に対し全面的に反対するという野党当時の路線から大きく後退し、ＵＤＩに対する危惧の念からスミス政権に対して妥協的な姿勢を示したのである。

こうしたなかにあって、アフリカ人ナショナリストたちはフィールド政権下と同様、独立交渉の席につくことを許されず、わずかにイギリス政府の閣僚がローデシアを訪問した際に、彼らと会見することだけを許されたにすぎなかった。要するにナショナリストたちは、六三年から六五年にかけての時期に行なわれた独立交渉において、白人政権からはもちろんのこと、イギリス政府からもその当事者としてみなされなかったのであり、その後も彼らは一九七六年一〇月にはじまるジュネーヴ会議においてローデシア問題の当事者として参加するまで、つねに独立交渉の背後へと追いやられたのである。

スミスの首相就任後、はじめて開かれた独立問題に関する両政府の首脳会談（六四年九月七日〜一〇日、ロンドン）においては、スミス政権の独立要求がローデシアの人々の総意にもとづくものか否かという点に議論が集中した。この問題に関してスミスは、ヨーロッパ人の独立に関する意向は、現行の選挙資格にもとづく国民投票によって、またアフリカ人の民意は、アフリカ人チーフおよびヘッドマンの合議体であるインダバ（Indaba）を召集することにより知ることができるであろうと主張したが、イギリス政府はチーフ、ヘッドマンをアフリカ人の代表として認めることに難色を示し、結局、両者の主張は平行線をたどったまま、会談は終了したのであった。(11)

その後スミス政権はみずからの独立要求を正当化すべく、一〇月二〇日から二六日にかけてインダバを召集し、さらに一一月五日、「一九六一年憲法にもとづく独立に賛成か」という問題に関する国民投票を行なった。その結果、インダバにおいては満場一致で現行憲法下におけるローデシアの即時独立を求める決議が採択され、また国民投票においては総投票数の九〇・五％が独立を支持したのである。しかし、こうしたスミス政権の一連の政策も、みずからの独立要求を主観的に正当化したにとどまり、イギリス政府を納得させるに至らなかったことはいうまでもない。

このようにスミス政権が独立に向けて一方的な政策を行なうなかで、イギリス政府は一〇月一五日の総選挙の結果、これまでの保守党政権から労働党政権へと移行していた。そして、新たに首相の座についたウィルソン（Harold Wilson）は、同二七日、白人政権の暴走を阻止すべく、スミス政権がＵＤＩに訴えた場合、イギリス政府は経済制裁をもってこれに対抗する旨を発表したのであった。この経済制裁措置の発表は、特にローデシアの白人企業のあいだに物議をかもしだし、さらにローデシア・タバコ協会（Rhodesia Tobacco Association）をはじめとする各種民間企業団体が、経済制裁による損失を強調した調査報告書を公表するにおよんで、ＵＤＩへの抑止力として働くかのように思われた。しかし六五年の総選挙において、ＲＰが経済制裁による損失を有権者に強く訴えたにもかかわらず大敗を喫し、ＵＤＩの可能性を十分に秘めたＲＦが白人セトラーの圧倒的支持を獲得したことは、もはや経済制裁という消極的手段では、ローデシアの時代逆行的な動きを押し止めることができないことをはっきりと示したのであった。

ところでスミス政権とイギリス労働党政権の独立交渉は、六五年一月三〇日、スミスがチャーチルの葬儀参列のために訪英した際に、ウィルソンと会見したことから本格的に開始された。この時、ウィルソンは独立交渉およびローデシアの各団体の代表と会談を行なうため、英連邦関係相ボトムリー（Arthur Bottomley）と大法官ガーディナー（Gerald Gardiner）の派遣を提案し、最終的に彼らは二月二一日から三月三日にかけて、ローデシアを訪問することになった。(12) 彼らはンコモ、タカウィラ等のアフリカ人ナショナリスト（当時軟禁中）、そしてアフリカ人チーフ等と会見するとともに、スミス政権に対してローデシアの独立条件として「五原則」を提示した。すなわち、

(1)すでに一九六一年憲法に盛り込まれていた多数支配への妨げることなき前進という原則と趣旨は支持され、かつ保証されるべきこと、(2)同憲法の逆行的な修正に反対する旨を保証すべきこと、(3)アフリカ人民衆の政治的地位は、ただちに改善されるべきこと、(4)人種差別の終焉に向って前進すべきこと、(5)イギリス政府は、独立のために提案されたあらゆる基礎がローデシア民衆全体に受け入れられていることに満足する必要があること、であった。(13)

こうしたイギリス政府の独立条件は、多数支配体制にもとづく独立というアフリカ人ナショナリストの主張からはほど遠いものであったし、また野党当時、白人支配体制にもとづく独立承認に真向から反対し、多数支配へ

の移行問題に積極的な姿勢を表明していた労働党にとっても、大きな譲歩といわざるをえないであろう[14]。要するにイギリス政府は、それが保守党政権であろうと労働党政権であろうと、ローデシア問題に関するかぎり政策上大きな違いはなかったのである。

しかしながら、「五原則」にもとづくボトムリーとガーディナーによるスミス政権との交渉は、ウィルソンによれば、ほとんど進展しなかった[15]。そしてその後、両者は書簡によって独立交渉を継続したが、それも進展しないままに一〇月の首脳会談を迎えることになったのである[16]。

ローデシアの独立問題に関するイギリス政府とスミス政権の首脳会談は、一〇月五日から一一日までロンドンにて行なわれた。しかしこの時すでにスミス政権は、先に引用した「UDIへの準備はすべて整った」というスミスの演説にも示されるように、交渉による独立達成に期待していなかったといえよう。また、同会談に先立つ一〇月一日、スミスが今回の交渉が最後のものとなるであろう、と言明したこともこうした同政権の意向を反映したものといえよう[17]。

同会談においてもこれまでの会談同様、両者の主張は真っ向から対立した。つまり、イギリス政府は「五原則」に固執し、他方スミス政権は一二人のチーフから成る上院の設置、B名簿資格の緩和などのアフリカ人に対する譲歩とは呼べないような提案を示した以外、全く妥協的姿勢をみせなかったのである[18]。その結果、共同コミュニケに明記されたように、「激しい討議にもかかわらず、対立した意見を調停する術は何ら見いだすことができず、今後の会談について何ら打合わせは行なわれなかった」[19]。

ロンドン会談の決裂後、ウィルソンはスミス政権のUDIが時間の問題であるとの危機感から、同二五日から三〇日にかけてローデシアを訪れ、再度、会談を重ねた。彼は新たに、(1)一九六一年憲法にもとづいた独立憲法草案の起草、⑵調査委員会の派遣を提案したが、[20]結局双方とも妥協点を見いだすことができないままに交渉は終わりを告げ、一一月一一日、スミス政権はローデシアの独立を宣言したのであった。スミスは次のように語っている。

「ある国民がこれまで他の国民に結びつけられていた政治的紐帯を解き、当然の権利として付与されている独立そして平等の地位を他の諸国のあいだに占めることが必要となるであろうことは、これまでの人類の歴史が教えるところである」。（ローデシア独立宣言前文）。

かくして白人セトラーによる時代逆行的な行動は、その頂点に達した。そして、スミス政権は白人支配体制を堅持すべく、みずから国際的孤立の道を歩みはじめたのである。[21]

（1）ローデシア当時のアフリカ人チーフとヘッドマンについてはGarbett, G. Kinsley, “The Rhodesian Chief's Dimenna: Government Officer or Tribal Leader?” *Race*, Vol. 8, No.2 (Oct. 1966), pp113-128: Mlambo, *op.cit.*, Chap. 3. などが参考になる。

（2）*The Central African Examiner*, Vol. 8, No.5 (Oct. 1964), p. 8.

（3）*Ibid.*, p. 9.

（4）*Ibid.*

（5）補欠選挙の投票結果は、以下の通りである。アルンダール選挙区：ＲＦ、一〇七九票、ＲＰ、六三三票。アヴォンデール選挙区：ＲＦ、一〇四二票、ＲＰ、四一六票。

（6）Barber, James P., “Rhodesia: The Constitutional Conflict”, *The Journal of Modern African Studies*, Vol. 4, No. 4 (Dec. 1966), p. 464.

（7）スミスは、総選挙を行なう理由について、それは何らＵＤＩと関係がなく、「交渉による独立」のために、政府のバーゲニング・ポジションを強化することを目的としている、と語った。*Africa Research Bulletin*, Vol. 2, No. 4

(May 15, 1965), p. 280.

(8) *Keesing's Contemporary Archives,* 1963-1964, col. 19376A.

(9) *Africa Research Bulletin,* Vol. 2, No. 9 (Oct. 15, 1965).

(10) この期間にローデシア政府とイギリス政府のあいだで取り交わされた書簡は，*Southern Rhodesia: Documents Relating to the Negotiations Between the United Kingdom and Southern Rhodesian Governments, November 1963-November 1965,* Cmd. 2807 (London, HMSO, 1965) に収録されている。

(11) *Ibid.,* pp. 22-29.

(12) Wilson, Harold, *The Labour Government 1964-1970: A Personal Record,* London, Weidenfold and Nicolson and Michael Joseph, 1971, p. 74.

(13) *Southern Rhodesia*......., Cmd. 2807, p. 66.

(14) ウィルソンは，六四年一〇月二日，ローデシアのアフリカ人ムタサ（E. C. Mutasa）に対して，「労働党は，南ローデシア政府が少数白人の支配下にある限り南ローデシアの独立承認に全面的に反対する」という書簡を送った（Young, *op.cit.,* p. 171）。しかし彼は，同年一二月二一日のスミスに宛てた書簡において，一九六一年憲法と現行の選挙資格にもとづく独立をすべてのローデシア人民が望んでいることをイギリス政府が確認できるならば，同政府は現行憲法下にもとづく独立を承認する用意がある旨を通告している（*Southern Rhodesia*........, Cmd. 2807, p. 49）。

(15) Wilson, *op.cit.,* p. 144.

(16) この間，七月二一日から二七日にかけて，閣外英連邦関係相ヒューズ（Cledwyn Hughes）がローデシアを訪問したが，独立交渉は進展しなかった。また六月一七日から二五日にかけて開かれた英連邦首脳会議において，ウィルソンはUDIの際にイギリスがローデシアに武力介入しないことを言明している（Wilson, *op.cit.,* p.116）。

(17) *Africa Research Bulletin,* Vol. 2, No. 9 (Oct. 15, 1965), p. 367.

(18) *Southern Rhodesia*........, Cmd. 2807, pp. 69-95.

(19) *Ibid.,* p. 90.

（20） *Ibid.*, p. 112.
（21） ＵＤＩに至るスミス自身の説明は、Ian Smith, *The Great Betrayal: The Memoirs of Ian Douglas Smith*, Lonodn, Blake Publishing Ltd, 1997, Chapter 7, 8 and 9を参照。

むすびにかえて

一九六二年末の白人右派政権の誕生から六五年一一月のＵＤＩに至るこの時期におけるローデシア問題の各当事者の基本的動向は、その後一〇数年間のローデシアにおける政治的ダイナミックスを規定することになった。すなわち、その基本的動向とは白人セトラーの人種主義を回転軸とした右旋回と少数白人政権の非妥協的態度であり、アフリカ人ナショナリズム組織の分裂と派閥対立であり、さらには多数支配への移行問題に対するイギリス政府の積極性を欠いた姿勢である。白人セトラーの人種主義的右旋回と少数白人政権の非妥協的態度は、アフリカ植民地における多数支配への移行という事態に直面した白人セトラーの歪んだ危機意識からすれば、当然考えられることであった。なぜならば、彼らにとってこの現実を肯定することは、彼らが一九二三年、植民地自治権を与えられて以来、約四〇年間にわたって享受してきた絶対的支配権の喪失を意味するからである。したがって、白人政権が多数支配への移行という政治的変動に対抗すべく、少数白人支配体制による独立を主張したことは、彼らの人種的自己保存本能が顕在化したものとしてみることができよう。

しかしながら、こうした白人政権の主張も、多数支配という歴史的潮流を前にしたイギリス政府にとっては、決してそのまま受け入れられるものではなかったために、白人政権は、合法的独立への道を摸索すべくイギリス政府と交渉を重ねながらも、独自に現体制の存続を計るための諸手段を講じ、最終的にＵＤＩという強硬手段に訴えたのであった。他方、アフリカの歴史的潮流からみて、当然ローデシア問題の主体たるべきアフリカ人ナショナリズム運動は、一九五〇年代後半よりアフリカ植民地独立という気運に乗じて活発な活動を開始したが、白人政権によるたび重なる弾圧の前にそれも長くは続かず、六二年前後から次第に運動量を減少させていった。それに加えて、ナショナリズム組織が分裂し、派閥対立が生じたことは、六三年から六五年というその後のローデシアの方向性を決定した重要な時期に、アフリカ人ナショナリストたちが積極的な役割を演ずるうえでの大きな阻害要因となったのである。

かかるローデシアの政治状況にあって、イギリス政府が多数支配への移行という歴史的要請をその政策に十分反映させることができず、また白人政権の動向を楽観的に観測していたことは、事態をより一層混迷させる一因となったこともあわせて考えてみなければならないであろう。一九六四年四月、首相就任にあたってスミスは、「私が生きているあいだに、アフリカ人ナショナリストの政府が実現するとしたら、わが政府の政策は失敗したことになるであろう」と語った。事実、彼は六〇年代前半の「変革の嵐」を強引に乗り切り、白人支配体制を堅持することにひとまず「成功」した。そしてその後一九八〇年のジンバブウェの独立に至るまでの一六年間、彼は白人支配体制の堅持に向けて活動を展開したのであった。

第二章　少数白人支配の制度化過程とその国際的影響

問題の所在

本章は、一九六五年一一月の一方的独立宣言（Unilateral Declaration of Independence, 以下ＵＤＩと略す）から七〇年三月の共和国宣言に至る時期におけるローデシアの政治的潮流を南部アフリカの政治情勢を踏まえつつ考察しようとするものである。しかしながらここでは力点が、ローデシア問題の本来の当時者である少数白人政権、アフリカ人解放組織、そしてイギリス政府という三者の動向に置かれるために、「国連におけるローデシア問題」「アフリカ諸国の対応」といった側面は背後に押しやられることになる。したがって、こうしたいわば外部の諸勢力の問題は、三当事者の動向に影響を及ぼした範囲内において触れられるであろう。

ところで本章で扱う一九六五年から七〇年という時期は、二つの点で重要な意義を有している。その第一点は、前述した三当事者が、ＵＤＩを契機におのおの独自に問題解決のための方策を模索しはじめたことである。すなわち、白人セトラー(1)の政治的、経済的既得権を堅持しようとする白人政権は、対英交渉をまとめて名実ともに独立を獲得しようとする一方で、与党ローデシア戦線（Rhodesian Front, 以下ＲＦと略す）の党綱領に即して白人支配体制を制度化する方向をめざした。他方、多数支配の実現をめざすアフリカ人解放組織は、従来のイギリス政府や国連に対する請願活動を中心とした路線から武力解放闘争を主軸とした路線へと戦術を転換したが、この時期における武力闘争は十分な成果を上げるに至らなかった。同様に、イギリス政府も多数支配という歴史的潮流に逆行した白人政権の暴走に歯止めをかけることができなかった。同政府は、UDIに対する制裁措置として経済制裁を課す一方で、白人政権と問題解決のための交渉を行なったが、結局それは実を結ばず、さらにその積極性を欠いた姿勢は国際世論の非難をあびることになったのである。

第二点は、UDIを契機に外部の諸勢力が、以前にも増してローデシア問題に積極的にコミットし、三当事者の動向に影響を及ぼすようになったことである。この外部情勢の変化は、UDIの持つ意義と密接に関連しており、バーバー(James P. Barber)はその意義について次のように指摘している。「それ以来、ローデシアが大きな国際論議の的となったのは、単にUDIが違法であったからではなく、大多数の諸国がそれを人種主義の一行動、多数派黒人に対する支配を恒久化しようとする少数派白人の企てとして解釈したためである」[2]。敷衍していえば、UDIは白人セトラーの人種主義あるいは白人優越主義(White Supremacy)を回転軸とした右旋回の帰結であり、それが多数支配というアフリカの歴史的潮流に対する明白な逆流現象であったがために国際世論を喚起し、さらにはローデシア問題への外部勢の積極的な介入を生みだしたのであった。この時期の外部諸勢力は、一方ではブラック・アフリカ諸国、アフリカ統一機構(OAU)、英連邦、国連などの活動に代表されるような多数支配という歴史の流れに即して問題を解決しようとする形をとり、他方では南アフリカ共和国、ポルトガルなどの活動に代表されるような歴史的潮流に逆行して少数白人支配体制を擁護しようとする形をとって顕在化した。そしてこれらの外部勢力の介入は、とりわけ白人政権とイギリス政府の動向に少なからぬ影響を及ぼすこととなったのである。

七〇年代のローデシア問題は白人政権と穏健派解放勢力による暫定政府の樹立、急進派解放勢力による武力闘争のエスカレート、問題解決のための英米の共同活動、さらに南部アフリカ周辺五カ国（front line states）の急進派解放勢力に対する積極的支援など、一層複雑化の様相を呈した。こうした七〇年代の諸状況を踏まえて一九六五年から七〇年にいたる時期をみるならば、それは三当事者が各々独自に問題解決への方策を模索し、さらに外部勢力が以前にも増してローデシア問題に積極的に介入することによって三当事者の動向に影響を及ぼすようになったという点で、まさにローデシア問題の形成期として位置づけることができるであろう。

（1）本稿においては、セトラー（settler）というタームを白人プランターや初期の白人移民に限定せず、ローデシアの市民権を持つすべての白人移住者の総称として用いるが適訳がないためにそのまま使用することにしたい。

（2）Barber, James P., "Rhodesia and Interstate Relationships in Southern African", in Christian P. Potholem and Richard Dale eds., *Southern Africa in Perspective: Essays in Regional Politics*, New York, The Free Press, 1974, p. 219.

一　ＵＤＩとその波紋

一九六五年一一月一一日、少数白人政権のスミス（Ian D. Smith）首相は、六三年三月以来続けられていた対英独立交渉に終止符を打ち、一方的にローデシアの独立を宣言した。ＵＤＩの普遍的な意義を考えた場合、それが多数支配というアフリカの歴史的潮流に逆行してみずからの政治的、経済的既得権を堅持すべく、白人支配体制を恒久化しようとした白人セトラーの歪んだ主体性の主張であったことは明らかである。そのためここにいたってローデシアの情勢は、新たな、しかしながら多数支配という歴史的な潮流に即した解決にとってはより困難な局面を迎えることになった。

白人政権によるＵＤＩは、アフリカ人解放勢力、そしてイギリス政府にとどまらず、ＯＡＵ、英連邦、国連などの動向にも大きなインパクトを与えたが、その波紋は六六年の末頃まで続いたとみてよいであろう。

㈠　スミス政権の基本政策

ＵＤＩ以後のスミス政権の基本政策は、独立という既成事実を踏まえた対英関係の改善と、白人支配体制を永続的に保証するような国内的秩序の確立であった。しかし同政権は一九六六年一二月二日から四日にかけて開かれたローデシア、イギリス両政府の首脳会談が失敗に終わるまで政策上の力点を前者におき、[1]さらに六七年以降、二つの政策を同時に平行して押し進めたのであった。

スミス政権が対英関係の改善という政策に積極的に取り組んだ究極的な理由は、両政府間の関係を改善することによって、ローデシアの独立に対する承認をイギリス政府から獲得しようとしたからにほかならない。そして後に述べるように、ＵＤＩを承認する国家が同政権の期待に反して一国も現われなかったことや、対ローデシア経済制裁のインパクトが、こうした政策を促進する要因として作用したとみることができよう。

スミス政権が、ＵＤＩ当初から対英関係の改善という政策に力点をおいていたことは、その直後に発表された一九六五年憲法の内容をみれば明らかである。同憲法は一九六一年憲法に修正を加えたものであったが、その主たる修正点は次の三点に要約されよう。第一は、イギリスの主権が排除されたこと。第二は、憲法のあらゆる改正が、六一年憲法に規定されたような人種別の国民投票や、あるいはイギリス政府の承認を経ることなく議会の権限において行ないうるようになったこと。第三は、イギリス枢密院司法委員会への控訴権が廃止されたこと、等である。つまり、六五年憲法は、ローデシアの独立を主張するのに必要な最小限の基本的修正を六一年憲法に加えたものであった。またポーレイ（Claire Palley）の指摘するところによれば、同憲法が六一年憲法の規定を一部残し、一部削除したことは、「積極的な側面と消極的な側面の双方をそなえていたことを意味するものであった。すなわち、『ローデシア』の独立を主張する点においては積極的であり、イギリスの権限を否定する点においては消極的であった(2)」。こうした条文上の特徴に加えて、さらに注目すべきことは、同憲法が六一年憲法に修正を加えたものであったために、後者にもり込まれていたローデシアにおける究極的な多数支配の実現という原則と非人種主義的性格を前者がそのまま受けついでいた、ということである。

それではなぜスミス政権は、ＵＤＩを行なって白人セトラーの主体性を主張したにもかかわらず、法務大臣ラードナー・バーク（Desmond Lardner-Burke）の言葉を借りれば「独立憲法」を「暫定的なもの(3)」にとどめたのであろうか。おそらくその理由は、スミス政権が、イギリス政府に対してＵＤＩはイギリスとの決別を意味するものではないし、さらに同政権がそれによって六一年憲法にもり込まれた多数支配の最終的な実現という原則と非人種主義的社会の建設という基本路線を放棄したわけではない、ということを示そうとしたためであったと思われる。そしてこうした姿勢を「独立憲法」のなかに明確化することによって、同政権は両政府間の関係を改善し、最終的にローデシアに対する独立承認をイギリスから獲得しようとしたとみることができよう。

スミス政権の対英関係の改善という基本政策は、ＵＤＩを承認する国が一国も現われず、ローデシアが国際的な孤立状態に陥ったことによって、より一層促進されたにちがいない。たとえば、ＵＤＩ以前の一九六五年八月のＲＦ党大会においてスミスは、同政権がＵＤＩに対する国外からの広範な賛意や支持を獲得しており、ある諸国からは公式な承認の保証さえも受け取っている、と言明した。(4) つまりスミス政権は、たとえ直ちにイギリスから独立承認が得られなかったとしても、諸外国からの承認によってＵＤＩを客観的、国際的に正当化しうると考えていたとみてよいであろう。しかしこうした白人政権の期待に反して、白人セトラーの逆流現象に公式な承認を与える国は現われなかったのである。

かくしてスミス政権は、国際的な孤立状態を脱するべく、独立という既成事実を踏まえた対英関係の改善に積極的に取り組んだのであった。

(二) アフリカ人解放勢力の戦術的転換

ローデシア問題の真の当事者であるアフリカ人解放勢力は、ＵＤＩに対してこれを阻止しうる何ら有効な手段を講ずることができなかった。解放勢力が白人政権の暴走を結果的に許してしまった原因は、ローデシアにおけるアフリカ人解放組織であるジンバブウェ・アフリカ人民同盟（Zimbabwe African People's Union: 以下ＺＡＰＵと略す）およびジンバブウェ・アフリカ民族同盟（Zimbabwe African National Union: 以下ＺＡＮＵと略す）が、ＵＤＩに先立つ一九六四年八月にすでに非合法化されており、またンコモ（Joshua Mqabuko Nyongolo Nkomo）、シトレ（Ndabaningi Sithole）といった両組織の主だった指導者たちも拘禁され、さらにローデシア全土が白人当局の厳重な統制下におかれていたために、国内における解放運動は組織的な活動ができず、事実上停止状態にあったことに求められよう。(5) したがって、たとえばアフリカ人民衆によるサボタージュや一斉蜂起など、ＵＤＩの際に実行に移されるべき行動を規定したＺＡＮＵの計画書『クラリオン・コール』が、すでに六四年六月に同執行委員会によって作成されていたにもかかわらず、ＵＤＩ直後には、わずかに地方都市において散発的な暴動とストライキが発生したにすぎなかった。[6]

こうして国内に拠点をおいた解放運動は、白人当局の徹底的な弾圧によって活動停止状態に追い込まれたために、彼らは隣国ザンビアや同運動に積極的な支援を与えていたタンザニアへその拠点を移し、ＵＤＩ以降、新たな闘争を開始したのであった。[7] かくして「ジンバブウェ」の独立にいたるまでアフリカ人解放組織は、その本拠地を国外に置くことになった。そしてこのことは同時に、拠点の置かれた南部アフリカ周辺諸国をより一層、ローデシア問題にコミットさせることになったのである。

国内における拠点の消滅により、国外支部（たとえばルサカやダルエスサラーム）が、活動拠点として重要な役割を担うべきであったにもかかわらず、国外のナショナリストたちは、ザンビア大統領カウンダ（Kenneth D. Kaunda）が「おろか者」と形容しているように、ＵＤＩに対して効果的に対抗することがまったくできなかった。つまり、ＺＡＰＵの議長代理チケレマ（James Robert Chikerema）はルサカにおいて、「現在、亡命政権を樹立することは、『反乱行為』となるであろう」と述べ、イギリスが行動を起こさなかった場合にはそうした措置を考慮すると発表し、他方、ＺＡＮＵもダルエスサラームにおいて、ローデシア国内の同幹部が拘禁されている地域に「人民政府」が樹立されたと発表するなど、消極的かつ非現実的な対応策に終始したのであった。[8]

しかしながらＵＤＩは、解放組織にとって大きな戦略的、戦術的転換点となった。当時ガーナ駐在のＺＡＮＵ代表、Ｄ・ムガベ（Davis M'gabe）は、後日次のように語った。「一九六五年一一月一一日は、自由への闘争を合法的、政治的なものから、主として武力闘争へと変える転換点となった」。[9] いうまでもなく、解放組織は白人当局の弾圧によって合法的な枠内における政治活動の道が閉ざされたために、ＵＤＩを契機として武力闘争へと力点を移行させたのであったが、彼らは決してローデシアを武力によって解放しようと計画していたわけではないと見ることができる。彼らの戦略は、「総督が法と秩序の回復のために、イギリス政府に対して軍隊、警察、その他のあらゆる援助を要請した場合には、我々はそれに応えるであろう」というイギリス政府の方針にもとづいていた。[10] つまり彼らは、ゲリラ活動によって国内の法と秩序を破壊し、社会的な混乱を引き起こすことによってイギリスの軍事介入を招来し、さらにこの軍事介入によって「白人政権の反乱」を鎮圧させようとしたのであった。たとえばZANUの兵士、チムテングウェンデ（Hassan Chimutengwende）は、次のように語っている。「私は村人たちに次のように説明した。イギリス政府は、ローデシアにおける『法と秩序』が破壊された場合に限り軍事的に介入するであろう、と。このために私は、彼らに多くの放火と作物の伐採を行なうように促し、さらにそのやり方についてアドバイスを与えることができた。私が説いた『活動の福音』は、村人たちによって広められた」。[11] 要するに、アフリカ人解放勢力は、制憲会議の招集→一人一票制の原則にもとづく憲法の起草→多数支配への移行、を最終的な目標として設定しながらも、UDIを契機として従来の合法的な枠内における政治闘争、すなわち国内における政治集会やイギリス、国連などへの請願活動から、ゲリラ活動→国内の社会的混乱→イギリスの軍事介入→「白人政権の反乱」鎮圧、という武力闘争に主眼をおいた戦略へと路線を転換したのであった。

以上のような戦略にもとづいて組み立てられた解放組織の戦術は、大きく二つに分けてみることができよう。一つは、UDI直後の時期からはじめられた、アフリカ人民衆に法と秩序の破壊を呼びかけるラジオ放送である。これはザンビア、タンザニア、カイロから放送され、その内容はアフリカ人民衆に対して白人政権の活動の妨害、コミュニケーション施設の破壊、そして一斉蜂起などを呼びかけた。[12] こうしたマスメディアを駆使した戦術が、どの程度民衆の意識を喚起させたのかは明らかではないが、一九六五年一一月中に発生した散発的な暴動に部分的な影響を与えたことは確かであるように思われる。そしてローデシア国内のアフリカ人向けラジオ放送は、ジンバブウェの独立に至るまで解放組織の重要な一戦術となったのである。

もう一つの戦術は、いうまでもなく解放組織の武力闘争である。これは一九六九年に至るまでのあいだを二つの時期に分けることができる。第一期は、UDIから六七年半ば頃までであり、第二期はそれ以後の時期である。まず第一期の武力闘争を侵入地域、兵力、活動目的といった諸点から見てみたいが、この時期、ZAPUそしてZANUの戦略、戦術上の差違は、ほとんど見いだすことができない。なおZAPUの軍事組織は、ジンバブウェ人民革命軍（Zimbabwe People's Revolutionary Army, ZIPRA）、そしてZANUの軍事組織は、ジンバブウェ・アフリカ民族解放軍（Zimbabwe National Liberation Army, ZANLA）と呼ばれていた。[13]

ゲリラ兵の侵入は、ほとんどすべてローデシア北部のザンビア国境から行なわれた。この侵入経路は、モザンビークのテテ州が、一九七二年にモザンビーク解放戦線（Frente de libertaçion de Moçambique, 以下FRELIMOと略す）によって解放され、ZANUが同地域から侵入できるようになるまでは、唯一のものであった。

侵入ゲリラ兵の兵力は、ほぼ一〇名程度であり、彼らは国内に入ると同時に五名前後の小グループに分かれ、各グループごとに目的地へ向かった。このわずか数名という兵力の構成がこの時期の第一の特徴であり、このことは六九年以降、特にZAPUにおいて大いに再評価されることになった。彼らの活動目的は、全体としては石油パイプラインや高圧線橋塔の爆破、アフリカ人村民の政治教育、兵士の徴募などであったが、兵士の大部分が目的地に到達する以前に戦死したり、逮捕されているために、その詳細については不明な点が多い。

このようなゲリラ活動からみて、この時期における武力闘争は、チムテングェンデが「われわれは、ローデシア『防衛』軍との全面衝突を回避することになっていた」と語っているように、[14] 白人政府軍との遊撃戦を主たる目的としたものではなく、主要公共施設の破壊と社会的秩序の撹乱に力点がおかれていたとみてよいであろう。しかしながらそれは、白人政府軍および警察によって容易に制圧されたために、白人政権やイギリス政府の動向に影響を及ぼすことができなかったのである。

(三) イギリス政府と国際的環境

「……イギリス政府は、ローデシア政府により主張された独立宣言を違法行為として非難する。……それは女王と制定された法としての憲法に対する反乱行為である。……イギリス政府は、反乱政府と何ら関係を持たないであろう」[15]。一一月一二日、イギリス首相ウィルソン(Harold Wilson)は、英下院における演説でこのように述べ、同政府がスミス政権に対して強い姿勢で臨むことを明らかにするとともに、予定通り対ローデシア経済制裁を実施した。しかしこの目的は、多数支配の実現を促進することにあったのではなく、「できる限り早い時期にローデシアを合法政府の路線へ戻す」[16]というきわめて限定的、消極的なものであった。

ところで、イギリス政府のローデシアに関する基本的な姿勢は、ローデシアがイギリス自治領の一部であり、議会と政府はローデシアに対して引き続き責任を持っているために、UDIによって生じた事態を制することは、イギリス政府の義務である、というものであった。しかしながらUDIを契機として、同政府は対ローデシア政策を行なううえで、より一層ローデシア問題を取り巻く国際的環境に気を配らざるを得ない状況におかれたのである。そこで以下、同問題の解決に積極的に取り組んだ国連、OAUといった国際機関および英連邦を、そしてUDIの影響をもっとも受けた隣国ザンビアを取り上げて、一九六六年末までの時期におけるイギリス政府とそれらのアクターの相互関係をみてみたい。

ウィルソンによれば、イギリス政府がローデシアに対する政策を決定するうえで考慮しなければならなかった四つの「選挙区（Constituencies）」が、存在したという。この点について彼は次のように語っている。「私を悩ませている問題を説明するために、我々が行なおうとしていることは、四次元的状況にある道の真ん中を直進することである。つまり……ローデシアの世論の次元、……イギリスの世論の次元、英連邦の同僚が持つ見解、そして特に国連において表明されるような国際世論の次元である」(17)。

ここで彼が、国連を四つの「選挙区」の中に加えていたことは、特に注目する必要があろう。というのもイギリス政府は、国連においてローデシア問題がはじめて討議の対象となった一九六二年以来、ローデシアが国連憲章第七三条にいうところの非自治地域ではなく、自治植民地であるために、国連は同問題を論ずる資格を有しない、としてローデシア問題の討議に一貫して反対してきたからである。しかしながらＵＤＩを契機として同政府は、ザクリン（Ralph Zacklin）の言葉を借りれば「一八〇度の方向転換」を行ない(18)、一一月一一日、外務大臣スチュワート（Michael Stewart）を国連に派遣して安保理の開催を要請し、翌日、安保理はイギリスの提案に即して、(1)スミス政権を承認しないこと、(2)ローデシアに対する援助を控えること、を決議したのであった。ちなみに安保理は、同月二〇日に選択的任意制裁（selective optional sanctions）、六六年一二月には選択的強制制裁（selective mandatory sanctions）、さらに六八年五月には包括的強制制裁（comprehensive mandatory sanctions）という三段階にわたる対ローデシア経済制裁を決議したのである(19)。

こうしたイギリス政府の国連における率先した活動は、それ以前の同政府の姿勢から考えて、国連を重視するというよりはむしろ、そこにおけるローデシア問題の討議の展開に関するイニシャティヴを握ろうとする意図から生まれたものとみることができよう。ウィルソンは、一九六五年一二月一六日、国連総会に赴き次のように演説した。「われわれは、責任をもってこの問題を処理することを引き受けた。なぜならば、そうすることがわれわれの義務だからである。……我々は、かつて例をみないほどの一連の苛酷な措置に踏み切ったのであるから、総会のメンバーもわれわれに最大限の支援を与えるように要請する資格が、われわれにはある[20]」と。しかし彼は、回顧録のなかでこうもいっている。イギリス政府に対して「反乱」鎮圧のために軍隊を使用することなどを求めた「決議が、国連総会において通過されたが、それは何の拘束力ももたないものであった。われわれは、安保理において同様の趣旨の強制的決議を通過させようとする試みが、われわれの抵抗、そして必要ならば拒否権にあうであろうことを明らかにした[21]」。要するにイギリス政府の国連に対する基本的な姿勢は、同政府の対ローデシア政策を国連諸国が支持することは要求するけれども、それに対する干渉は許さないというものであった。事実、南アフリカ、モザンビークに対する経済制裁の拡大など、イギリス政府の政策方針に反するような安保理における試みは、すべて同政府の「抵抗」と「拒否権」にあい、実現しなかった。したがって、国連においてローデシア問題解決のための積極的な活動をイギリス政府に訴えた、アフリカ諸国を中心とした非同盟諸国の努力は、同政府の政策に直接的な影響を及ぼすにいたらなかったのである。

ウィルソンは、イギリス政府の対国連政策におけるこうした「一八〇度の方向転換」を次のように説明している。彼はUDIの翌日、議会において、ローデシア問題がもはやイギリスだけの問題ではなくなり、国際的なものとなっていることを指摘し、そして特に問題視されねばならないことは、「大国がアフリカ大陸に足場を築きつつあることの危険性である」と主張した。彼によれば、現在、中国がアフリカに浸透しつつあることは、「誰もが口にすること」であるが、この中国の活動に刺激されている「別の諸国」が存在する。つまり、「アフリカ大陸に足場を、それも多分、軍事的な足場を求め、国連決議のもつ権威によってその足場を築く機会を喜ばしい」と考えている「別の諸国」が存在する、というのである。したがってイギリスが、「国際世論、そして軍事行動を思いのままに行なうことができる諸国に対して、われわれは真剣であり、効果的な措置を講じつつあることを示すことができないならば」、それは「ブルー・ベレーを被った赤軍という予想を招来することになるであろう」と、彼は訴えた。(22)

ウィルソンは、この議会演説では「別の諸国」という表現で直接その国名に言及することを避けているが、彼の回顧録ではこれをはっきりとソビエト・ブロックであると指摘している。(23)要するに彼は、イギリス政府が従来どおり、ローデシア問題に関して国連を無視する姿勢をとり続けるならば、最悪の場合には「ソビエト・ブロックに支援され、アフリカ諸国に率いられた非同盟諸国」の武力による反乱の鎮圧という要求にしたがって、(24)安保理がローデシアへの国連軍の派遣を決議し、それに正当化されてソビエト・ブロックが軍事的介入を行なう可能性がある、と訴えたのであった。そして「ブルー・ベレーを被った赤軍」という彼の表現は、タンドン（Yashpal Tandon）によればソビエト軍兵士で編成された国連平和維持軍を指すものであった。(25)このように、イギリス政府は、たとえ国連平和維持軍の構想が客観的な情勢からみて実現不可能なものであったとしても、UDIを契機に急速に国際的関心が高まりつつあるローデシア問題をまえにして、同問題のイニシャティヴを握り、みずからの手でこれを解決するために対国連政策を変更したとみることができよう。

OAUの活動に関してみてみると、その決議に示された積極的な姿勢にもかかわらず、それはイギリスの対ローデシア政策に直接、政治的影響力を及ぼすことができなかった。というのも、イギリス政府がOAUの諸決議を「非現実的なもの」あるいは「無意味なもの」として一蹴したためである。(26)

OAUは一九六三年五月の創設以来、ローデシア問題に対して二つの戦略によってこれに取り組んできた。その第一は、イギリスに対してローデシアに多数支配を実現するように決議を通じて圧力をかけること。第二は、アフリカ解放委員会を通じて解放勢力に物理的・心理的支援を与えること、であった。そしてここでUDI直後の時期に、OAUが具体的にどのような活動を行なったのかということについて、特に第一の戦略に焦点をあわせて簡単に述べてみたい。というのもこの時期のOAUの活動は、この戦略により大きなウェイトを置いていたからである。

OAUがその目標としてアフリカの自己管轄権の確立（パックス・アフリカーナ）を掲げているとすれば、この目標にとっての大きな阻害要因であるUDIに対して、なぜOAUはイギリスに圧力をかけるという間接的な戦略で対処したのであろうか。この点に関して、タンドンは次のように指摘している。「アフリカ諸国は、イギリスがいまだに法制度上、ローデシアに対して責任があるために、白人の反乱を鎮圧することと、早晩その国の多数派アフリカ人に権力を移譲するようなしかるべき法的プロセスを回復することが、イギリスの義務であるとの立場をとった。これは、法律的な観点において意味をなすものであった」[27]。かくしてOAUは、決議によるイギリスへの圧力→イギリスの武力介入を含む白人政権の反乱鎮圧→多数支配の実現、という戦略を設定して活動を開始したのである。そして一九六五年一二月三日から五日にかけてアジスアベバで開かれた第六回特別閣僚理事会では、一二月一五日までにイギリス政府によってローデシアの反乱が鎮圧されず、法と秩序が回復されない場合には、OAU諸国はイギリスとの外交関係を断絶する、という強硬な決議が採択された。しかしこの決議は、イギリス政府の対ローデシア政策に直接的な影響を及ぼすことができなかったばかりか、一二月一五日以降、それにしたがって外交関係を断絶した国がわずか九カ国であったことは、はからずもローデシア問題に対するアフリカ諸国の歩調の乱れを露呈してしまったのである[28]。

以上のように、国連とＯＡＵはイギリス政府の対ローデシア政策に、直接、影響を及ぼすことができなかった。しかしながら、一時的ではあるが同政府の政策に明白な影響力を行使することができた国際組織が存在した。それは英連邦である。

英連邦首脳会議は、一九六六年の一月一一、一二日の両日、ナイジェリアのラゴスにおいて、また九月六日から一五日にかけてロンドンにおいて開かれた。ラゴス会議は、ロンドン以外の場所で開かれた初の首脳会議であり、またバーバーが指摘するように、すべてのアフリカ諸国が憤慨しているローデシア問題の処理に関する問責に答えるために、ウィルソンが呼び出された、という色彩の濃い会議であった。[29] 討議の過程ではイギリス非難演説が、アフリカ、アジア、カリブの諸地域における新興英連邦諸国によってくり返し行なわれたが、最終日に発表されたコミュニケの内容は同時期の国連総会やＯＡＵの諸決議に比べればひかえめなものであった。[30] たとえばイギリスの軍事介入の問題に関しても「これが、法と秩序の回復に必要であると判明した場合には、その使用を排除することはできない」とするにとどまった。ウィルソンは、「この会議は、団結、そして幸福感さえも与えるような雰囲気の中で終了した」と彼の回顧録の中で語っている。[31] 彼の言葉は、もちろん当事者心理から生ずる誇張を含んでいるであろうが、それは、イギリス政府の対ローデシア政策を再確認するような内容のコミュニケが採択されたことに対するウィルソンの満足感を端的に示すものといえよう。

しかしながら九月に開かれたロンドン会議は、ウィルソンがラゴス会議で感じたような幸福感を決して彼に味わわせるものではなかった。そのうえ彼は、英連邦の「団結」という問題のために懸命な努力をしなければならなかったのである。

すでにこの時点において経済制裁は、できるかぎり早い時期にローデシアを合法的な路線へ戻すという当初の目的を達成することが困難となっていた。というのは後に述べるようにスミス政権に対する南アフリカ、ポルトガルの援助が開始されていたからである。したがってロンドン会議において、アフリカ諸国を中心とする新興英連邦諸国は、こうした情勢を踏まえて、より一層強硬な対ローデシア政策を行なうようにイギリス政府に迫ったのである。同諸国は、会議の開催中、共同歩調をとるべく頻繁に討議を重ね、最終的に次の二点をただちに履行するように要求した。その第一点は、イギリス政府は武力を用いるか、あるいは国連安保理に対して対ローデシア包括的強制制裁を要請すること。第二点は、多数支配が実現するまでは、ローデシアの独立を承認しないこと(No Independence Before Majority Rule、略してＮＩＢＭＲあるいはAfricanというタームを挿入してＮＩＢＭＡＲと呼ばれた)、であった。[32] これに対してイギリス政府は、ローデシアを合法的な路線に戻すべく当時行なわれていた白人政権との交渉を継続すること、そしてそれが失敗した場合には、年内に国連に対して石油の禁輸措置を含む強制制裁案を提出すること、という立場に固執して両者は鋭く対立したのである。そして中立的な立場をとり続けていたカナダ首相ピアソン(Lester Pearson)に最終的な調停が依頼された結果、会議は共同コミュニケの発表にこぎつけることができた。

このコミュニケのなかで特に注目すべき点は、イギリス政府が白人政権との交渉に失敗した場合には、同政府は年内に国連安保理に対ローデシア選択的強制制裁の実施を要請すること、そしてさらに多数支配実現以前にローデシアが独立するような「解決のための提案」を、今後行なわないという方針が明記されたことである。要するにイギリス政府は、新興英連邦諸国の圧力に屈して執行猶予期間付きではあるがＮＩＢＭＲの原則を受け入れたのであった。そして同年一二月のウィルソン・スミス首脳会談が決裂した結果、イギリス政府はこのコミュニケにしたがって、安保理に選択的強制制裁の実施を要請するとともに、ＮＩＢＭＲの原則を政府の対ローデシア基本方針として採用することになったのである。[33]

それではなぜイギリス政府は、新興英連邦諸国の圧力に屈したのであろうか。その理由の一つは、ローデシア問題に関して、イギリス政府が英連邦諸国に対して抱いていた思惑に関連があるとみられる。バーバーによれば同政府は、ローデシア問題が植民地の問題であると主張しながらも、国連の場合と異なり、UDI以前から英連邦諸国首脳会議において同問題が討議されることに、以下の理由から同意してきた。すなわちそれは、第一に、同政府の政策に対する英連邦諸国の支持を獲得しようとしたこと、第二に、同問題の討議を拒絶するならば、英連邦内部に深刻な分裂を生みだすであろうと懸念したこと、第三は、英連邦の団結が、白人政権に対する圧力源となるであろうと考えたこと、であった。[34]

とりわけローデシア問題に由来する英連邦の「団結の危機」は、すでに一九六三年、当時の英連邦関係相サンズ（Duncan Sandys）が、「もしもわれわれが、わがメンバー諸国にとって受け入れることができないような条件で南ローデシアに独立を与えたならば、われわれは英連邦の団結をひどく傷つけることになろう」と語っているように、UDI以前から深く懸念されていた問題であった。[35] したがってそれは、UDIを契機に、より一層深刻化してきたとみてよいであろう。そしてこの点についてウィルソンは、回顧録の中で「……もしもイギリス政府がUDIに強く反対しないならば、英連邦は解体するか、あるいは少数の旧自治領の他に多分マレーシアとマラウイを加えたものにまで縮小してしまうであろうことは、明白な事実であった」と当時の状況を語っている。[36] つまりイギリス政府は、同政府の対ローデシア政策に対する英連邦諸国の支持の獲得、同問題を起爆剤とした連邦内部の分裂の回避、さらに白人政権に対する圧力源としての英連邦、という観点から新興英連邦諸国の要求を受け入れ、英連邦の一体性を保持する必要があったのである。[37]

イギリスの対ローデシア政策をめぐる国際的環境として、最後に若干触れておきたいのがザンビアの状況である。しかしながらここでは、ザンビアの、特にその経済システムがＵＤＩを契機にどのように変化したのか、といったザンビアを主体とした問題ではなく、イギリス政府がローデシア政策との関係でザンビアをどのように位置づけていたのか、という点に限定してみていきたい。

ローデシアに対して経済制裁が行なわれた場合、ザンビアが経済的に苦境に陥るであろうことは、すでにＵＤＩ以前からザンビア政府はもちろんのこと、イギリス政府も予想していた。というのも、ザンビアが電力、石油、石炭、日常消費物資、食料、そして輸送機関などの面においてほとんど全面的にローデシアに依存していたからである。[38]したがって経済制裁が行なわれた場合には、ローデシア白人政権が対抗措置として、たとえばザンビアへの石油供給の停止などを実施することは予想されており、イギリス政府としてもこうした状況下にあるザンビアが、経済制裁に積極的な役割を果たすことを期待しえなかったのであった。[39]しかし、イギリス政府はＵＤＩ以後、ザンビア大統領カウンダの要請に対して次の二点において応えざるをえなかった。第一は、ザンベジ川南岸のローデシア領内に設置された、ザンビア国内の電力消費量の六八％を供給するカリバ・ダム発電所について、その管理のために軍隊を派遣して欲しいという要請に対するもので、実際にはそれへの直接の対応ではなかったけれども、とにかく空軍を派遣したこと。第二に、経済援助の要請に対して一九六五年一二月一九日に協定を締結し、さらに同一八日に開始されたローデシアの対ザンビア石油供給停止措置に対して、アメリカ合衆国、カナダの支援をえて空輸による大規模な石油の緊急援助を行なったこと、である。

イギリス政府が以上のような活動を展開した理由として、ここでは次の点を指摘しておきたい。まず経済的な理由として、イギリス政府が銅の安定供給地としてのザンビアの安全保障を確保しておく必要があったことが挙げられよう。すなわち、ザンビア政府がイギリスへの銅の輸出を停止した場合には、イギリスは「数カ月以内に二〇〇万人の失業者をかかえることになったであろう」、という危険性をウィルソンは強く意識していた。[40] 他方、政治的な理由としては、特に軍隊の派遣問題に関してイギリス政府がザンビアの要求に対し積極性を欠いた姿勢をとるならば、たとえば一九六五年一二月にカウンダがこの問題についてモスクワへ閣僚使節団を送り込んだように、[41] ザンビアが他の諸国に軍隊の派遣を要請する可能性があったことである。こうしたカウンダの行動が、UDIを契機に急速に国際化したローデシア問題に直面して、なんとかみずからの手で同問題を解決しようとするイギリス政府の危機感を助長したことは明らかであろう。ウィルソンは、議会において次のような強い姿勢を示した。「実際、ローデシア問題はわれわれに責任がある、という立場に固執しなければならないとすれば、われわれはそれがどこからこようとも、ザンビアに他国の空軍が配置されるのを阻止すべく、なしうるすべてのことをしなければならない」。[42]

以上、UDI直後の時期を中心にイギリス政府の対ローデシア政策をとりまく国際的環境として国連、OAU、英連邦、そしてザンビアに焦点をあわせ、それらとイギリス政府との相互関係をみてきた。そこで次にこうした国際的環境を踏まえつつ、同政府とスミス政権による問題解決のための交渉の推移をたどってみたい。

(四)　首脳会談への潮流

ラゴスで開かれた英連邦首脳会議においてウィルソンは、白人政権の反乱が「数カ月というよりはむしろ数週間以内」に解決されるであろう、と言明した。[43] こうした発言の背景には、経済制裁の効果に対する彼の期待を読みとることができよう。経済制裁は、先に述べたように、できるかぎり早い時期にローデシアを合法的な路線へと復帰させるための一手段であった。つまりその目的は、収入、雇用、そして経済全般を悪化させることによって、白人セトラー社会内部にそうした状況に対する不満を生みだし、白人政権に対して合法的路線への復帰を要求するような圧力を醸成することにあったのである。[44] 一九六六年一月二五日、ウィルソンは議会において、制裁の効果に関する目算を踏まえながら、今後のローデシアの方向性についての青写真を発表した。彼によれば、その第一段階はいうまでもなく「合法的路線への無条件の復帰」であり、その具体的な手続きとしては、六五年一一月一一日にUDIを行なったことによってスミス政権が非合法化された現在、イギリス政府にとってローデシアにおける唯一の合法的代表である総督に対して、スミス政権から反乱を終結に導くようなあらゆる提案を受ける権限を与えることであった。第二段階は、合法的路線へと復帰した後に、総督によって暫定政府が組織されること、そして第三段階は、従来の対ローデシア独立条件である「五原則」に加えて、「人種を問わず、少数派による多数派の、あるいは多数派による少数派の抑圧が存在しないように保証する必要があること」という第六番目の原則がもり込まれた独立憲法を起草すること、であった。[45]

この時点においてウィルソンは、一九六五年一二月一五日に発表された石油禁輸措置を含むイギリスの経済制裁と、国連安保理の選択的任意制裁によってスミス政権を十分に屈服させうると考えていた、とみることができよう。しかし彼のこうした青写真は、スミス政権に対する南アフリカ共和国とポルトガルの援助活動によって挫折してしまった。とりわけ、正確な日付は不明であるが六六年二月頃から開始されたローデシア・南アフリカ国境のベイブリッジを経た南アフリカ共和国からの石油輸送や、モザンビークからの石油供給は、ローデシア問題の早期解決を意図したウイルソンに大きな衝撃を与えたにちがいない。というのもイギリス政府は、モザンビークのベイラ港とローデシアのウムタリ付近の精油所を結ぶ石油パイプラインの閉鎖を、経済制裁の帰趨を決するカギとみなし、ポルトガルが安保理の決議を遵奉してこれを行なうであろうと、確信していたからである。[46] そのため同政府は対抗措置として、ローデシア向けの石油を積んだタンカーのベイラ港への接近を阻止する権限を、同国に与えるよう安保理に要請し、四月七日、それは可決された。

しかし、こうした事態を契機として経済制裁の効果が疑問符付きのものとなり、さらにより強硬な措置を求める国際世論の動きに直面して、イギリス政府は問題の早期解決を図るべく、これまでの「反乱政府とは何ら関係をもたない」という姿勢から、スミス政権と事実上の「交渉」を行なう方向へと政策を転換したのであった。

他方スミス政権は、UDI以降、独立という既成事実を踏まえた対英関係の改善をその基本政策として打ちだした。これは、UDIを承認する国家が一国も現われなかったこと、さらにこれから述べるような経済制裁の影響によって促進されたとみることができよう。

スミス政権は、経済制裁が発動されると同時に、国内経済システムの再編成を実施した。しかしながら、本稿の目的は、経済制裁によってローデシアの経済システムがどのような影響を受け、どのように調整され、その結果、それがどのように変化したのか、ということを分析するのではなく、経済制裁の影響がスミス政権の政治的動向、特に対英政策にどのような影響を及ぼしたのかを論ずるところにある。

経済制裁の影響についてマッキンネル（Robert Mckinnell）は、次のように分析している。すなわちそれは、輸出を大幅に後退させ、輸入の削減、および特に経済制裁によって輸出ができなくなったタバコなどの農産物の蓄蔵、そして農業の多様化と工業基盤の拡大を伴う輸入製品の国内代替などを強いることになったこと。またスミス政権は、石油の禁輸措置を克服し、国際収支の危機を防ぎ、初期的なインフレ傾向を抑制することはできたが、雇用、利潤、投資の側面における後退に対しては満足のいく成果を上げることができなかったこと、などである。[47]

以上のような経済制裁の及ぼしたインパクトの結果、スミス政権がとりわけ投資の側面において満足のいく成果が上げられなかったことは、同政権を対英関係の改善へと駆り立てた大きな要因となったとみてよいであろう。なぜならば、一九六三年以来、白人政権がローデシアの独立を主張した主たる経済的理由も、またスミス政権がUDIを行なった主たる経済的理由も、独立を達成すればローデシアに対する外国資本の投下が促進されるであろう、と白人政権が考えていたことにあったからである。[48] たとえば六五年四月に発表された「独立宣言の経済的諸側面」と題された政府白書は、この点について次のように指摘している。「イギリス政府も英連邦も他の諸外国の私企業も、制裁プログラムに耐えうるスタミナを有していないであろう。……ローデシアが事実上の独立を達成するやいなや、外国資本が流れ込むであろう」。[49] つまり同政権は、UDIを行なっても安定した白人支配体制を堅持できるならば、外国資本がローデシアに投下されるであろうと予測していたのである。[50] したがって、スミス政権は、こうした経済的目標を達成するためにも、対英関係の改善を積極的に推進して、イギリス政府に経済制裁を停止させる必要があったのである。

ローデシア問題の解決に関する両政府の実質的な交渉は、まず事務レベルにおいて一九六六年五月上旬から八月下旬までのあいだに、ロンドンとソールズベリにおいて三回行なわれ、その後、九月の英連邦首脳会議をはさんで、九月下旬から一二月下旬までのあいだに、英連邦関係相ボウデン（Herbert Bowden）がソールズベリに赴いて二回行なわれ、最後に一二月二日から四日にかけて、ジブラルタルのイギリス軍艦「タイガー」においてウイルソン・スミス首脳会談が行なわれた。

首脳会談に先立つ一連の交渉において、両者の議論はほとんど噛み合わなかったといっても過言ではなかろう。

強いて両者の共通点を挙げるならば、それはローデシアが多数支配の実現以前に独立を達成すること、独立憲法は一九六一年憲法にもとづいて起草されること、などである。そして最大の争点となったのが、イギリス側の主張する「合法的路線への復帰」とそれに続く「暫定政府」の構想であった。イギリス政府の基本方針は、先に紹介したように三段階に分けられていた。すなわち第一段階は、独立交渉が開始される以前にローデシアが合法的な路線へ復帰することであり、言葉をかえていえば、スミス政権はＵＤＩを放棄せよ、ということであった。第二段階は、ローデシアが合法的路線へ復帰した後、総督は、アフリカ人代表を含む暫定政府を組織するとともに、軍と警察を直接統括し、この暫定期間中、議会は停止する、というものである。そして第三段階は、暫定政府とイギリス政府が「六原則」に即して独立憲法を起草することが予定されていた。これに対してスミス政権は、独立憲法の起草が第一であり、それが実現するまでは合法的路線への復帰は考えられず、またイギリス政府の主張する「暫定政府」の構想も受け入れられないという方針を貫いた。要するに両者は、合法的路線への復帰が先か、独立憲法の起草が先かという交渉の第一歩であると同時に、双方にとって最も重要な問題において正面から対立したのであった。

この問題と平行して討議された独立憲法の内容に関しても、両者は大きく隔たるものがあった。スミス政権は、「六原則」に即して独立憲法を起草することについては応ずる姿勢をみせながらも、イギリス政府の主張するアフリカ人議席数の増加や憲法の改正手続きについては、非妥協的な態度をとり続けた。たとえばイギリス政府が、議席数に関する憲法規定の修正に関しては、イギリス枢密院特別委員会が審査権をもつべきであると主張したのに対して、スミス政権は、それでは「二流の独立」(51)と同じことであると反駁して、実質的には白人議員があらゆる憲法改正の実権を握ることを主張したのである。

以上のように両者のあいだには決定的な対立点が数多く存在したにもかかわらず、イギリス政府は英連邦首脳会議において、年内にローデシア問題を解決するという言質を英連邦諸国に与えていたために、こうした対立点を首脳会談で一挙に解決することを目指したのであった。しかしながら、首脳会談においても両者の主張は平行線をたどり、結局両者は合意に至ることなく、イギリス政府が従来の基本方針に即した「解決のための提案」いわゆる「タイガー提案」を、スミス政権に示して会談は終了した。この提案に対してスミス政権は一二月五日、それに盛り込まれた「合法的路線への復帰」および「暫定政府」の構想などを不満として同提案の受諾拒否を発表し、他方イギリス政府は、この拒否通告に応えて、英連邦首脳会議のコミュニケにしたがって安保理に対ローデシア選択的強制制裁を要請するとともに（一二月一六日採択）、NIBMRを対ローデシア政策の新たな原則として受け入れたのであった。

（1）この時期におけるスミス政権の対英基本姿勢については、*Relations between the Rhodesian Government and the United Kingdom Government, November 1965–December 1966* (CSR-49, 1966) Salisbury, Prime Minister's Department, N.D. を、またイギリス政府の基本姿勢については、*The Secretary of State for Commonwealth Affairs, Rhodesia: Documunts Relating to Proposals for a Settlement 1966* (Cmnd. 3171), London, HMSO, 1966 を参照。

（2）Palley, Claire, *The Constitutional History and Law of Southern Rhodesia, 1888–1965: with Special Reference to Imperial Control*, Oxford, Clarendon Press, 1966, p. 751.

（3）*Africa Research Bulletin*（以下 ARB）, *Political Social and Cultural Series*, Vol.2, No.11（Dec. 15, 1965）. p. 405.

（4）*Ibid.*, vol.2, No.9（Oct. 15, 1965）, p.367.

（5）UDI直前の国内状況をムランボ（Eshmael Mlambo）は次のように伝えている。「……四万人以上の武装した部隊が、国内の配置につき、特にザンビア国境とカリパ・ダムに重点的に配置された。アフリカ人タウンシップは、あたかも駐屯地のようであり、主要幹線道路は厳重にパトロールされた。……容疑者およびンコモやシトレ、そして彼らの組織とかつて関係のあったすべての人びとは検挙され、投獄された。アフリカ人タウンシップは、夜間、一戸ごとに捜査された。……UDI直前の六日間は、主要なタウンシップのアフリカ人にとって最悪の状態であった。夜間、人びとは、警察所にほど近い有刺鉄線のはられたキャンプに集められた」。Mlambo, Eshmael, *Rhodesia: the Struggle for a Birthright*, London, C. Hurst and Company, 1972, p.211.

（6）たとえば、ブラワヨでは一一月二二日から二三日にかけて投石、ストライキなどを含む暴動が、そしてクェクェ、グウェロなどでも投石、ストライキなどが発生した。また、六六年三月の公判における白人警察官の証言によれば、ガトーマ地区で発生した鉄道サボタージュ、投石、放火、強迫もUDIの結果として生じたものであった。*ARB, Political Social and Cultural Series*, Vol. 2, No.11 (Dec. 15, 1965), p.411, and Vol.3 (Apr. 15, 1966), p. 496.

（7）ディ（John Day）によれば、ZAPUは一九六四年の中頃からルサカに支局を設置した。そしてZAPUがルサカ支局を重視していたことは、副議長チケレマ、財務局長モヨ（Jason Ziyapapa Moyo）、情報局長シルンディカ（George Silundika）などの同支局のスタッフの顔ぶれからみても明らかである。しかしながら、UDIまでは拘禁中のンコモが、組織全体のリーダーシップを握っていたといわれている。他方、ZANUは、ZAPUのルサカ支局に匹敵するような支局をもっておらず、ZANUの幹部が六四年に逮捕された後は、公務局長ムコノ（Noel Mukono）が、ダルエスサラームにおいてゲリラ訓練を計画していたといわれる。しかし六六年チテポ（Herbert Chitepo）がZANUを指導するようになって以降、同組織もルサカに本拠地を構えることになった。Day, John, *International Nationalism: the Extra-territorial Relation of Southern Rhodesian African Nationalists*, London, Routledge and Kegan Paul, 1967, pp.86-87, and "The Rhodesian African Nationalists and the Commonwealth African States", *Journal of Commonwealth Political Studies*, Vol.7, No. 2 (July 1969), p. 197.

（8）*ARB, Political Social and Cultural Series*, Vol.2, No.11 (Dec. 15, 1965), p. 412.

（9）M'gabe, Davis, "The Beginning of Guerrilla Warfare", W. Cartey and M. Kilson eds., *The African Reader:*

Independent Africa, New York, Vintage Books, 1970, p. 286. しかしながら、ＵＤＩ以前の時期に解放勢力が、ゲリラ活動を行なっていなかったわけではない。たとえば六四年七月に、白人農園主を殺害したＺＡＮＵクロコダイル・グループ（Crocodile Group）の活動などがあげられよう。さらにＺＡＮＵに関しては、六四年九月から六五年三月にかけて、四〇名のゲリラ兵がガーナで訓練を受けた後、白人農園に対する攻撃と六五年五月の総選挙の実施を阻止すべく同年四月に国内へ侵入したこと、他方、ＺＡＰＵに関しては、五二名のゲリラ兵が六四年三月から六五年一〇月にかけて、ソビエト、中国、北朝鮮などで訓練を受けた後に、国内へ侵入したことが報告されている。Day, *International Nationalism*......., p. 107.

(10) *Parliamentary Debates* (*Hansard*), *House of Commons*（以下 H.C.D.), 720 (Nov. 12, 1965), 538.

(11) Chimutengwende, Hassan, "My Guerrilla Fight against Simith", *The Sunday Times* (London), 24 Mar, 1968.

(12) Young, Kenneth, *Rhodesia and Independence*, New York, James H. Heineman, 1967, pp.538-539.

(13) この時期における武力闘争の詳細は、Maxey, Kees, *The Fight for Zimbabwe: the Armed Conflict in Southern Rhodesia since UDI*, London, Rex Collings, 1975, pp. 54-64. を参照。

(14) Chimutengwende, *op.cit*.

(15) *H. C. D.* ,720 (Nov. 11, 1965), 353.

(16) *Ibid*. (Dec. 10, 1965), 769.

(17) Wilson, Harold, *The Labour Government 1964-1970: A Personal Record*, London, Weidenfeld and Nicolson, 1971, p.180.

(18) Zacklin, Ralph, "Challenge of Rhodesia: toward and International Public Policy", *International Conciliation*, No. 575 (Nov. 1969), p. 180.

(19) 国連におけるローデシア問題の展開についてはザクリンの論文を参照されたい。

(20) Windrich, Elaine, *The Rhodesian Problem: A Documentary Record 1923-1973*, London, Routledge and Kegan Paul, 1975, p. 238.

（21）Wilson, *op.cit.*, p. 180.
（22）*H. C. D.*720（Nov. 12, 1965）, 636-637.
（23）Wilson, *op.cit.*, p. 181.
（24）*Ibid.*, p. 180.
（25）Tandon, Yashpal, "The Organization of African Unity as an Instrument and Forum of Protest", Rotberg, Robert I. and Ali A. Mazrui eds., *Protest and Power in Black Africa*, New York, Oxford Univ. Press, 1970, p. 1172.
（26）*H. C. D.* 720（Nov. 12, 1965）, 636.
（27）Tandon, *op.cit.*, pp. 1164-1165.
（28）九カ国の内訳は、アルジェリア、コンゴ（ブラザビル）、ガーナ、ギニア、マリ、モーリタニア、スーダン、タンザニア、そしてアラブ連合共和国である。
（29）Barber, James, "The Impact of the Rhodesian Crisis on the Commonwealth", Windrich, *op.cit.*, p. 253.
（30）このコミュニケは、*Relations between the Rhodesian Government*..., pp.5-7 に収録されている。
（31）Wilson, *op.cit.*, p. 196.
（32）Good, Robert C., *U. D. I: The Inernational Politics of the Rhodesian Rebellion*, London, Faber and Faber, 1973, p. 175.
（33）*H. C. D.* 738（Dec.20）, 1180.
（34）Barber, "The Impact of the Rhodesian.....", p.252.
（35）*H. C. D.* 684（Nov. 15, 1963）, 586.
（36）Wilson, *op. cit.*, p. 181.
（37）この点について、ホール（Richard Hall）は次のように指摘している。「……英連邦は、その会議のあいだに崩壊寸前のところまできていた。したがって、主催者ウィルソンは、英連邦を解体した首相として歴史に名をとどめることを避けるべく決意したのであった」。Hall, Richard, *The High Price of Principles: Kaunda and the White*

South, New York, Africana Publishing Corporation, 1969. p. 152.

(38) UDIのザンビアへの影響については、Sklar, Richard L., "Zambia's Response to the Rhodesian Unilateral Declaration of Independence", Tordoff, William, ed., *Politics in Zambia*, Manchester, Manchester Univ. Press, 1974, pp. 320-362. を参照。

(39) Good, *op. cit*., p.86 以下を参照。

(40) Wilson, *op. cit*., p.183.

(41) *ARB, Political Social and Cultural Series,* Vol.2, No. 12 (Jan. 15, 1966), p. 432.

(42) *H. C. D.* 721 (Dec. 1, 1965), 1433.

(43) *Relations between the Rhodesian Government*......, p. 6.

(44) Mckinnell, Robert, "Sanctions and the Rhodesian Economy", *The Journal of Modern African Studies*, Vol. 7, No. 4 (Dec. 1969), p. 559.

(45) *H. C. D.* 723 (Jan. 25, 1966), 39-42.

(46) Wilson, *op.cit*., p. 196.

(47) Mckinnell, *op.cit*., p. 572.

(48) たとえば、一九六三年、当時の首相フィールド(Winston Field)は次のように語っている。「独立を達成することによってのみ、われわれは不安定な状態を終焉させ、発展を継続し、さらには投下資本のために安全な素地を提供することができるであろう」。*Keesing's Contemporary Archives*, Vol. 14, 1963-64, col. 19561B, その他、Smith, Ian D., "Southern Rhodesia and its Future", *African Affairs*, Vol. 63, No. 250, pp. 14-16; "Rhodesia: a Personal View", *Punch*, Vol. 250, No. 6542 (Jan. 26, 1966), p.112 を参照。

(49) Joyce, Peter, *Anatomy of a Rebel: Smith of Rhodesia, a Biography*, Salisbury, Graham Publishing, 1974, pp. 257-258.

(50) Murray, David, "Two-edged Swords", *The Central African Examiner* (Salisbury), Vol. 8, No. 1(June 1965),

p. 8.

(51) *Relations between the Rhodesian Government*……, p.46.

二　アフリカ人解放勢力と南アフリカの介入

(一)　ZAPUとANCの軍事同盟

一九六七年半ばから六九年までの時期における、アフリカ人解放勢力の武力闘争を特徴づけたのは、ZAPUと南アフリカ・アフリカ民族会議（African National Congress, 以下ANC）の軍事同盟であった。ZAPUとANCの連合ゲリラ部隊と白人政府軍との衝突は、確認されているものでも三回起こっており、第一回は六七年七月から九月にかけてローデシア西部のワンキー地区において、第二回は六七年一二月から六八年四月にかけて北部地域において、そして第三回は六八年七月から八月にかけて同じく北部地域においてである(1)。

これら一連の共同活動におけるZAPUの戦術的特徴は、以下の二点を挙げることができよう。第一に、それ以前の侵入ゲリラの兵力が、先に述べたように一〇人前後であったのに対し、この時期のそれは、総勢八〇人から一五〇人が一回の作戦に動員されていること。第二は、それ以前の時期の戦術目的が主として、公共施設の破壊などの後方攪乱活動にあったのに対して、この時期のそれは、ローデシア国内にゲリラ基地を設営することにあったことである。また、戦闘状況の推移、たとえば白人政府軍キャンプの攻撃や待伏せ攻撃などからみて、政府軍との遊撃戦も彼らの戦術目的の一つであったとみてよいであろう。

ZAPUとANCの軍事同盟が、どのような過程を経て締結されたのかについては定かでないが、公式にはそれは、一九六七年八月一九日にZAPU議長代理チケレマとANC副議長タンボ（Oliver Tambo）によって発表された。ANCの共同活動における戦術目的は、ZAPUの活動に協力するとともにローデシアを経て南アフリカに侵入することにあったといわれているが、なぜ両者が軍事同盟を結んだのか、という点については明らかでない。しかし強いてその原因をあげるとすれば、それは両者が主たる援助をソビエトから受けていたことに関連があるとみられる。

ZAPUが、ゲリラ兵の訓練、武器の供与などの物理的支援を主としてソビエトから受けていたことは、同組織のゲリラ兵の証言や政府軍に押収された武器などによってUDI前後の時期から明らかにされていた。マクシー（Kees Maxey）によれば、ZAPUのゲリラ訓練は、ソビエト、キューバ、アルジェリア、ブルガリア、北朝鮮、そしてザイール（カタンガ州―現シャバ州）などで行なわれた。ちなみにZANUは、主として中国から物理的支援を受け、そのゲリラ訓練は中国、キューバ、ガーナ（六六年二月のエンクルマ失脚まで）、そしてエジプトなどで行なわれていた。(2) 他方ANCは、南アフリカ共産党とソビエトの長年にわたる紐帯を通じて、ソビエトから物理的な支援を獲得していた。(3)

一九六八年八月一九日、ZAPUとANCは、その軍事協力活動の一周年を記念して記者会見を開き、席上、ZAPU代表ノコ（Molaoa Noko）は、ソビエトの支援を受けているといわれるFRELIMO、アンゴラ解放人民運動（Moviment Popular de Libertaçao de Angola, 以下MPLA）、南西アフリカ人民機構（South West African People's Organization, 以下SWAPO）の各組織に対して、政治および軍事活動を調整する必要性を説くとともに、さらに南部アフリカにおける解放組織の連帯を訴えた。(4) そして翌年一月一八日から二〇日にかけてスーダンのハルツームにおいてソビエトの後援により開かれた、ポルトガル植民地および南部アフリカにおける解放運動の支援に関する「第一回国際連帯会議」（ハルツーム会議）は、ZAPU、ANC、FRELIMO、MPLA、SWAPO、そしてギニア・カボベルデ・アフリカ人独立党（Partido Africano da Independençia da Guine e Cabo Verde, PAIGC）を、各地域を代表する「唯一の公式かつ正当な機関」として承認する、という決議を採択したのであった。(5) 以上のような、いわゆる「親ソ派」と呼ばれる解放組織による連帯への試みからみて、ZAPU－ANCの同盟関係は、一つにはソビエトの支援という共通分母を媒介として生まれたものと考えることができよう。

ZAPUとANCの共同活動は、当初、白人政府軍を苦境に立たせ、白人セトラーの危機感を煽ったが、その結果、六七年八月頃から行なわれたとみられる南アフリカの軍事介入を誘発することになった。ZANUは、ZAPUとANCの軍事同盟を次のように批判している。「ゲリラ戦争においては、われわれは敵軍を各個ごとに一掃するために、敵軍を分散させようと努力しなければならない。……ANCとPCC（ZAPU）の同盟は、スミスとフォルスターがジンバブウェ人を虐殺するために、彼らの軍隊を統合し、集結させることをかえって容易にしてしまった」(6)。こうしたZANUの批判の当否は別としても、ZAPUとANCの共同活動は、最終的に南アフリカ、ローデシア両政府軍の反撃によって戦術目標を達成できないまま終了し、さらにこの失敗は、ZAPU幹部に戦術的な再検討をせまることになったのである。

(二)　南アフリカの軍事介入とスミス政権

一九六七年九月二三日、南アフリカ首相フォルスター（J. B. Vorster）は、国民党の党大会において、海外で訓練を受けたテロリストに対する戦闘は、「南アフリカが戦うことを許されるあらゆる地域で続けられ」、またローデシアと南アフリカ双方の滅亡を目的とするテロリストと戦いつつあるローデシアを支援しようという決定は、すでに以前から討議の対象となっていた、と語った。さらに彼は、「われわれの行動が必要とされるかぎり、この決定は支持されるであろう」(7)し、この点に関するいかなる命令にも南アフリカは承服しない、という強い意思を表明した。イギリス政府は南アフリカの軍事介入を、自国の植民地への外国軍隊の一方的な侵入として抗議したが、南アフリカ軍の活動を何ら阻止することができなかった。

スミス政権は、すでにUDI以前の時期から南アフリカおよびポルトガルとの紐帯を強める方向へと進んでいた。そしてこれら三者の関係は、南アフリカ前首相フルヴールト (H. F. Verwoerd) が、南アフリカは「ローデシアと通常の関係を保ち続けるであろう」(8)と語っていたようにUDI以後も変化せず、むしろその紐帯は一層強められたのであった。このことは、ローデシアに対する石油の禁輸という国連安保理の決議を無視して、同国がそれを供給したことからも明らかであろうし、またサトクリフ (R. B. Sutcliffe) の分析によれば、ローデシアの南アフリカとモザンビークに対する輸出は、一九六五年にはその全輸出の二六%であったのに対し、六六年には三五%、六七年には六五%、六八年には八五%を占めるに至ったのである。(9)そしてこうした経済的紐帯に加えて、ローデシアと南アフリカは、南アフリカ警察軍の介入という明白な形で、軍事的な紐帯をも強めることになった。したがって、こうした両者の結び付きからみて、ローデシアとポルトガルのあいだにも軍事的な協力関係が存在していたとみることは、一概に否定しえないであろう。

それではなぜ南アフリカは、国連安保理の対ローデシア経済制裁を無視し、さらに軍事介入によって国際世論の非難をあびながらもスミス政権を支援したのであろうか。おそらくその理由の一つは、アフリカにおける多数支配、非植民地化という歴史的潮流に直面した共通の危機感と孤立感にあった、とみることができよう。敷衍していうならば、それはローデシアの白人政権が、多数支配を要求するアフリカ人解放勢力や外部の諸勢力の圧力、たとえば国連の経済制裁などに屈するとすれば、次は南アフリカがその目標になるであろう、という危機感および孤立感である。しかしながら、南アフリカ政府は、決してスミス政権に対して無制限に支援を行なうことを意図していたわけではなかったし、また南部アフリカに排他的な白人ブロックを形成しようとしていたわけでもなかった。たとえばヒル（Christopher R. Hill）によれば、当時、南アフリカ政府は、ブラック・アフリカ諸国とのあいだに友好・通商関係を結ぶことを目的とした「外向政策（outward policy あるいは forward policy）」を積極的に推進しつつあったが、スミス政権を支援することによってこの政策がその方向性を変えることはまったくなかったのである。[10]

それでは、南アフリカ政府は、どのような方針でスミス政権を支援したのであろうか。この点についてのノルツング（Sam C. Nolutsungu）の指摘は、まさに的を射たものといえよう。すなわち彼によれば、スミス政権が白己の地位を守り、また南アフリカの物質的な利益がローデシアとの共謀によって危機にさらされないかぎり、南アフリカはイギリスとの関係を傷つけないようにベストを尽す一方で、ローデシアを支援し続けるであろう。しかしローデシアが、あまりにも脆弱であり、また南アフリカ自身の経済および安全という見地において、南アフリカがあまりにも高い代償を支払わねばならないとすれば、ローデシアの「白人の大義」は見捨てられ、南アフリカはローデシア問題にとり返しのつかないほどには巻き込まれていなかったという弁明を用意するであろう、というのが南アフリカ政府のスミス政権に対する基本姿勢であった。[11] 要するに南アフリカの対ローデシア政策は、多数支配、非植民地化という歴史的潮流に直面した共通の危機感や孤立感、そして少数白人支配地域としての一体感がその根底にあったにせよ、南アフリカのいわゆる「国益」という現実的な要請に即して展開されたのである。それゆえに南アフリカ政府は、ＵＤＩに際してもおそらくはスミスの期待に反してそれに公式の承認を与えず、同国は「ローデシア問題」に関与しない、という中立的な姿勢を打ちだしたのであろう。南アフリカ政府は、ローデシア問題がスミス政権とイギリス政府の交渉により解決されるべきことをたえず主張した。しかし六〇年代後半の時期、同国は経済的・軍事的側面においてスミス政権に対する潜在的な影響力をもちながらも、スミスを交渉の席につかせるためにこれを行使したとは考えにくい。イギリス政府との交渉に関しては、先に述べたように、スミスは主体的に行動したとみるべきであろう。南アフリカ政府が、ローデシア問題の解決に積極的な役割を演ずるようになるのは七〇年代に入ってからである。

（1） この時期におけるゲリラ闘争の詳細は Maxey, *op.cit.*, pp.64-88. を参照。

（2） *Ibid.*, p. 8 and 27.

（3） Gibson, Richard, *African Liberation Movements: Contemporary Struggles against White Rule*, London, Oxford Univ. Press, 1972, p. 65.

（4） *ARB, Political Social and Cultural Series*, Vol.4, No. 8 (Sep. 15, 1968).

（5） Legum, Colin and John Drysdale eds., *Africa Contemporary Record; Annual Survey and Documents, 1969–1970*, London, Rex Collings, 1971, C156. なおＺＡＮＵは、南アフリカのパン・アフリカニスト会議（ＰＡＣ）、アンゴラのアンゴラ全面独立民族同盟（ＵＮＩＴＡ）、およびモザンビークのモザンビーク革命委員会（ＣＯＲＥＭＯ）などのいわゆる「親中派」組織とともに、次のような声明を発表して同会議を非難した。同会議は、「ソビエトが、世界の共同支配に向かって合衆国との協力関係を一層深めるために、ポルトガル植民地と南部アフリカの解放運動を支配すべくもくろまれたもの」である。Larkin, Bruce D., *China and Africa 1949–1970: The Foreign Policy of the People's Republic of China*, Berkeley, Univ. of California Press, 1971, p 187. なお東ドイツの南部アフリカにおける解放組織に対する支援については、Hans Georg Schleicher and Illona Schleicher, *Special Flights: The GDR and Liberation movements in Southern Africa*, Harare, SAPES Books, 1998. を参照されたい。

(6) Wilkinson, Anthony R., *Insurgency in Rhodesia, 1957-1973: An Account and Assessment* (Adelphi Papers, No. 100), London, The International Institute for Strategic Studies, 1973, p. 10.

(7) *ARB, Political Social and Cultural Series*, Vol.4, No.9 (Oct. 15, 1967), p. 869.

(8) *Ibid.*, Vol. 2, No.10 (Nov. 30, 1965), p. 869.

(9) Sutcliffe, R. B., "The Political Economy of Rhodesia", *Journal of Commonwealth Plitical Studies*, Vol. 7, No. 2 (July 1969), p. 124.

(10) Hill, Christopher R., "UDI and South African Foreign Policy", *Ibid.*, p. 96.

(11) Nolutshungu, Sam C., *South Africa in Africa: A Study in Ideology and Foregn Policy*, Manchester, Manchester Univ. Press, 1975, p. 177.

三　共和国の成立——少数白人支配の最終段階——

(一) スミス政権の「分離発展」政策とＲＦの制憲論争

先に述べたように、ＵＤＩ以後のスミス政権の基本政策は、対英関係の改善と白人支配体制を永続的に保証するような国内制度の確立であった。そして同政権は、六五年憲法を暫定的なものにとどめ、イギリス政府による独立承認を獲得すべく前者の政策を積極的に推進した。しかし一九六六年一二月の首脳会談が失敗に終わるとともに、スミス政権は、対英関係の改善→イギリス政府による独立承認、という基本戦略を継続しながらも、国内制度を与党ローデシア戦線（Rhodesian Front, ＲＦ）のイデオロギーに即して再編成すべく、白人支配体制の新たな制度化、すなわち新憲法の起草という作業を開始したのであった。

スミス政権が、RFのイデオロギーに即した新憲法の起草という方向へと歩みはじめた理由は、次の三点を挙げることができよう。その第一は、長期的な理由であり、それはRFが一九六二年三月の結成以来、ローデシアにおける多数支配の実現を究極的な目標として掲げ、さらに非人種主義的な性格を有する六一年憲法に対してたえず批判的であったこと[1]。第二は、短期的な理由であり、それは、対英関係の改善を積極的に推進したスミス政権に対する党内右派勢力の不満が、六六年一二月の首脳会談以後、顕在化してきたことである。というのも彼らは、UDIをイギリスとの訣別と独自の方向性を模索する出発点とみなしていたからであった[2]。第三は、これが最大の理由であったと思われるが、UDIのもつ普遍的な意味とのかかわりである。すなわち、UDIは多数支配というアフリカの歴史的潮流に逆行して、みずからの政治的・経済的既得権を堅持すべくローデシアの支配権を永続的に掌握しようとする白人セトラーの主体性の主張であった。したがってスミス政権は、UDIを行なった以上、こうした彼らの主張を制度として具現化する必要があった。言葉をかえていえば、RFの綱領に記された「ローデシア政府が永久に責任ある人々の手〔事実上、白人を指す──引用者〕に委ねられること」、「ローデシアにおけるヨーロッパ人の既成支配権の恒久的保証」といった「白人優越主義」のイデオロギーに即した国内的秩序の再編成は、白人セトラーの逆流現象の必然的な帰結としてみることができるであろう。

一九六七年一月二七日の新憲法に関する調査委員会設置の発表から、六九年六月二〇日の共和制への移行と新憲法に関する国民投票にいたるプロセスにおいて、次の点が明らかとなった。その第一は、スミス政権の国内政治に対する基本的な方針が明確に規定されたこと。第二は、新憲法の起草をめぐって党内の穏健派と急進派の対立が顕在化したこと、である。

スミスは、新憲法の起草作業を開始するとともに、今後の国内的秩序のあり方、そして新憲法に盛り込まれるべきローデシアの制度上の理念を明らかにした。彼は議会において、次のように語っている。「政府の政策は、ローデシアの伝統的な方針を継続することである。……諸君はそれを分離発展（separate development）と呼ぶことができよう。……われわれは、連邦当時の政策をパートナーシップと呼ぶか、あるいは協力と呼ぶかで議論したものである。しかしどのように呼ぼうとも、それは誤った政策であった。幸いなことにわれわれの本来の政策は、それを何と呼ぼうと正しかった。すなわち、急激な変革を行なうことなく、人種的に分離されたコミュニティーが、それ自身のアイデンティティー、伝統、慣習を保つ機会をもちながら、部族信託地の人びとを含むすべてのローデシア国民の十分な経済発展を促進すること、これがわれわれの政策である」[3]。

いうまでもなくスミスの語る「分離発展」政策とは、RFの綱領に明記された「党は強制的な統合に反対し、人びとの平和的な共存はコミュニティーが自らのアイデンティティー、伝統、慣習を保持する権利と機会をもつ時にのみ達成されうると信ずるものである」という理念を、国家の基本方針として提示したものであった。さらにそれは一九三〇年代に、当時の首相ハギンズ（Godfrey Huggins）が提唱した「二つのピラミッド政策」（two pyramid policy）への回帰にほかならなかったのである[4]。

かくしてスミス政権は、「分離発展」という基本方針に即して、たとえば一九六七年九月には、公共施設ならびに娯楽施設の使用を人種的に分離する権限を地方自治体に与えた「地方自治修正法」を、また六九年一〇月には従来の「土地配分法」にかわって、約二五万人の白人と約五〇〇万人のアフリカ人に国土を「均等」に分けることを規定した「土地保有法」を導入したのであった[5]。さらにこの「分離発展」政策を遂行するうえで重要なポイントとなったのが、アフリカ人チーフ（chief）の地位である。つまり白人政権はチーフを白人支配体制に組み込み、彼らを通じてアフリカ人民衆を把握すべく、彼らの権限を強化したのであった[6]。そしてスミスは、アフリカ人民衆の真の代表は、ナショナリストたちではなく伝統的支配者たるチーフであり、彼らが民衆によって「賢明な行政官」として受け入れられているために、政府は彼らを通じてアフリカ人民衆と「緊密な接触」を保つことができる、と主張してその政策を正当化したのである。(7)

ところで人種の恒久的分離、そしてアフリカ人に対する白人セトラーの支配権の確立を目的とした「分離発展」政策が、アフリカ人民衆のあいだよりもRF党内に激しい論議を呼び起こしたことは、スミス政権にとって皮肉なことであった。つまり党内の論議においては、新憲法にこのイデオロギーをどの程度反映させるか、ということが最大の論点となった。敷衍していえば、「分離発展」のイデオロギーは、それが制度として具現化される段階において、白人支配体制の堅持という枠内での白人セトラー右派勢力と極右勢力、あるいは右派勢力のなかの穏健派と急進派の対立を引き起こした、ということである。そして両者の対立は、新憲法の起草作業が進むにつれて、次第にエスカレートしたのであった。

RF党員であり、ローデシア放送サービス (Rhodesia Broadcasting Services) の副会長ならびにタバコ協同組合 (the Tobacco Corporation) の議長でもあるウォーレイ (William R. Whaley) を中心とした新憲法に関する調査委員会、いわゆるウォーレイ委員会は、一九六七年三月一日からその活動を開始し、翌年四月九日にその報告書を発表した。同報告書は、調査委員会の目的の一つに明記されたように「分離発展」のイデオロギーを踏まえたものであったが、その最大の特徴は、「満足のいく唯一の解決策は、政治的代表の究極的な人種的均衡に実質的にもとづいたものでなければならない」ということ、(8)つまり議会における白人とアフリカ人の議席数を、最終的には同数にしようという「人種的均衡」の原則が謳われていたことにあった。

ウォーレイ報告書は、白人セトラー極右組織から激しく攻撃され、たとえばキャンダー・リーグ (Candour

Leage）は、それを「白人に対する裏切り」として非難し、またRFの極右党員が脱退して六八年三月に結成したローデシア国民党（Rhodesian National Party）も、「ローデシアにおける人種的統合と黒人支配を強要する」ものとして酷評した。(9) こうした同報告書に対する批判は、RF党内においても顕在化したのであった。

ウォーレイ報告書が発表されると同時に、二つの小委員会が同報告書に関する党内の反響を調査すべく設置された。すなわち、一方は法務大臣ラードナー・バークに率いられ、RF議員の見解を査定するための議員コーカスの小委員会であり、他方は、六名のRF地区議長により構成され、もっぱら一般党員の反響を調査することを目的としたものであった。二つの委員会の調査活動が進むにつれて明らかになった党内の反響は、次の二点にまとめることができる。一つは、RF議員も一般党員も、「人種的均衡」の原則に対して強い懸念を抱いていたこと、(10) もう一つは、議会における代表権をアフリカ人に与えるべきではないと主張する国務大臣ハーパー（William Harper）と外務大臣グラハム（Lord Angus Graham）を中心とする党内急進派が台頭してきたこと、である。そして彼らは、議会を人種別に設置するところまで「分離発展」を押し進め、さらに人種別議会の上位に、アフリカ人の代表権を認めない最高議会を置くことを提案したのであった。

以上のようなウォーレイ報告書に関する党内の反響を踏まえて、同年七月に両委員会が勧告した憲法草案、いわゆる「黄書」はウォーレイ報告書に謳われた議会における究極的な「人種的均衡」を考慮しながら、党内急進派の主張をも取り入れた折衷案であった。すなわちそれは二段階を設定し、その第一段階は暫定期間として少なくとも五年間続くものとされ、表面的には議会における「人種的均衡」が謳われていたが、実質的には白人支配が保証されていた。第二段階においては「人種的均衡」の原則が放棄され、それに代わって三つの人種別の州評議会がヨーロッパ人とローデシアの主要なエスニック集団であるショナ人とンデベレ人のために設置され、さらにそれらの上位に各州から支払われる個人所得税の総額に応じた数の代表によって構成される多人種的な国会が置かれることになっていた。しかし、この国会は多人種的とはいいながらもボウマン（Larry W. Bowman）の指摘するところによれば、当時のアフリカ人はわずか一議席しか獲得できないというものであった。[11]

「黄書」のもう一つの特徴は、ウォーレイ報告書ではあいまいな形で処理されていた共和制の問題に関して、それが「共和国憲法」のための草案である旨を明記していたことである。共和制への移行問題は、すでに一九六七年の初頭から一般党員のあいだに、それへの移行を求める動きが顕在化していた。彼らの主張は、UDIによってイギリスとの関係を断絶した以上、イギリス女王を国家元首として仰ぐ必要はない、という党内急進派の考え方を反映したものであった。スミスは、当初こうした要求に反対する姿勢を示していたが、「黄書」発表後、彼は急進派に影響されたというよりはむしろ、現実的な認識から共和制への移行を政府方針として取り上げることになった。彼によれば、共和制への移行の理由は、たとえイギリスとの交渉が実を結び、ローデシアの独立が認められたとしても、白人政権を非難する新興諸国が多数を占める英連邦の枠内にとどまることは不可能であり、したがって「こうした状況においては、ローデシアは共和国となる以外に選択の道がない」からであった。[12]

「黄書」は、その第二段階に明記されているように、人種別の州評議会を設置するなど「分離発展」のイデオロギーを大幅にとり入れたものであったにもかかわらず、党内急進派の批判をかわすことができなかった。そのためスミスは、九月に開かれたRF特別党大会に至る過程において、「黄書」に対する政府内の支持を固めるべく急進派のハーパーを解任し、他方、党執行部からはみずからの政権への信任状を獲得することによって、それへの支持をとりつけたのであった。彼が「黄書」を積極的に支持した理由は、次のように考えることができる。すなわち、急進派が主張するように、議会におけるアフリカ人の代表権を否定することによって、白人セトラーに対するアフリカ人の従属関係を明白な形で規定することは、「私の政府は、その政策に対する多大の支持をアフリカ人から享受している」という再三にわたる彼の主張の正当性を著しく損うことになるし、[13] さらに制憲問題と平行して彼が取り組んでいた対英関係の改善を、より一層困難なものにするためであった。

一九六八年九月五日から七日にかけて開かれた特別党大会においてスミスは、黒人であるというまさにそれだけの理由で、アフリカ人を「二流の市民」と呼ぶことはできないこと、そして新憲法の採決は、感情ではなく理性によって導かれるべきことを強調したが、急進派を納得させるに至らなかった。[14] 彼らは、その第一段階に「人種的均衡」を謳っている「黄書」に反対し、それに代えて三つの人種別評議会の上位に、白人の五〇議席、アフリカ人の四議席、そしてアジア人、カラードの各々一議席から構成される議会の設置を規定した修正案を提出した。[15] しかし最終的に「黄書」は、二一七対二〇六、棄権七〇という少差で採択され、スミスは党内急進派を抑えて勝利をおさめ、他方、急進派の中心的人物であるグラハムは、スミスのリーダーシップに反対して内閣を辞任したのであった。

㈡　首脳会談から共和国宣言へ

一九六六年一二月のスミス・ウイルソン首脳会談の決裂以来、実質的には膠着状態にあったスミス政権とイギリス政府の交渉は、六八年六月頃から進展をみせはじめた。というのも、イギリス政府が先の首脳会談の失敗以来、ローデシア問題解決のための基本原則としていたNIBMRを放棄して、「六原則」に即した路線へと立ち戻ったためである。同政府が政策を変更した理由は、以下の三点を挙げることができよう。第一点は、NIBMRの原則に即した問題解決に、スミス政権がまったく応じなかったことである。つまり、少数白人支配体制の堅持こそがその存在理由であったスミス政権に対して、同政府がこの原則に固執するかぎり両政府の交渉による問題の解決は不可能であった。第二点は、スミス政権により起草されつつあった白人支配体制を恒久化するような憲法が公布されたならば、究極的な目標としての多数支配を踏まえた問題の解決は、より一層困難なものになるであろうと同政府が判断したこと。第三点は、来るべき総選挙に勝利をおさめるために、労働党政権がローデシア問題を解決してより多くの支持票を獲得しようとしたこと、などである。[16] こうしたイギリス政府の方向転換は、新憲法の起草作業を行ないながらも、対英関係の改善を一方の基本政策としていたスミス政権にとっては、歓迎すべきものであったろう。そして同年八月中に、ウイルソンの特使としてアトキン（Sir Max Aitken）とグッドマン卿（Lord Goodman）が、ソールズベリに派遣され、スミスと秘密会談を行なって首脳会談への準備作業を開始し、さらに九月には英連邦関係省次官補ボトムリー（James Bottomley）が派遣された。その結果、一〇月九日から一三日にかけてジブラルタルのイギリス軍艦「フィアレス」艦上においてウイルソン、スミスの首脳会談が実現したのである。

この首脳会談においてウィルソンは、スミスに対して「解決のための提案」いわゆる「フィアレス提案」を示したが、これは六六年の「タイガー提案」において最大の論点となった「合法的路線への復帰」という基本方針が放棄されるなど、スミス政権に対する大幅な譲歩を含んでいた。しかしながらスミス政権は、同月一六日、同提案にもり込まれた「憲法の改正に関してはイギリス枢密院司法委員会が審査権をもつ」という項目に関して、それは「ローデシア議会の主権を低下させるものである」として強く反発し、事実上の提案拒否を発表したのであった。[17] その後、両政府は、交渉による問題の解決をめぐって接触を重ねたが成果を上げることができず、スミス政権は、新憲法の具体的な起草と国民投票という政策へ力点を移行させたのである。

一九六八年二月一二日、スミスは「黄書」にもとづいた二段階の憲法を起草することが、技術的に困難であるとの理由から、新たな憲法草案、いわゆる「白書」が起草されたことを発表した。そしてこれは、同年六月二〇日、有権者の大多数を白人が占める国民投票において圧倒的支持票を集め、さらに一一月一七日、議会において可決されたことによって新憲法（一九六九年憲法）となったのである。

新憲法の特徴は、それが「黄書」の「第一段階と第二段階の一番好ましい部分を盛り込んだ」とスミスが評しているように[18]、「黄書」の第一段階に謳われていた議会における究極的な「人種的均衡」と、第二段階において顕著な形で具現化されていた「分離発展」のイデオロギーを一つにまとめていることである。すなわち、新憲法の「分離発展」の側面に関していえば、選挙人名簿が完全にアフリカ人とヨーロッパ人（カラード・アジア人を含む）に分離され、議会（下院）も五〇のヨーロッパ人議席と一六のアフリカ人議席に分けられ、後者の八議席は直接選挙、そして残る八議席は、チーフおよびヘッドマンからなる選挙委員団による間接選挙よって選出されることが定められていた。さらに新憲法においては、新たに上院が設置されたが、それは下院のヨーロッパ人議員により選出されるヨーロッパ人一〇議席とマタベレランドおよびマショナランドのチーフ委員会により五人ずつ選出されるチーフ一〇議席、そして大統領の任命による三議席から構成されるというものであった。他方、「人種的均衡」の原則に関しては、全所得税総額に占めるアフリカ人の納税率が全体の六六分の一六を上まわった場合には、議会におけるアフリカ人議席数は二議席ずつ漸進的に五〇議席まで増加されることが明記された。

このように新憲法は、選挙人名簿そして上下両院における議席の人種的分離を明確に規定して「分離発展」のイデオロギーを全面に押しだし、さらにアフリカ人の政治参加に関しては、チーフ、ヘッドマンがアフリカ人民衆の正統な代表であるとの見地から、彼らに対して議会における大幅な代表権を認めたが、これは伝統的な支配構造を白人支配体制に組み込む形で制度化したものに他ならない。さらに同憲法では議会における究極的な「人種的均衡」が謳われてはいるものの、それはすべてのアフリカ人の所得税総額が全体のわずか〇・五％にすぎず、したがって彼らが議席を増加させるためには、ヨーロッパ人の所得税総額が増大しないと仮定しても、現在の五三倍の所得税を支払わねばならないという現実を無視した表皮的な規定にすぎなかったのである。[19]

要するに新憲法の本質的な性格は、一九六一年憲法および六五年憲法に盛り込まれていた非人種主義的性格、そして究極的な「多数支配」という原則を放棄して、「分離発展」、言葉をかえていえば「白人優越主義」のイデオロギーを前面に押しだし、少数白人支配を制度的に保証しようとするものであった、ということができよう。

共和制への移行と新憲法に関する国民投票は、八万一〇〇〇人以上のヨーロッパ人選挙人とわずか六六四五人のアフリカ人選挙人によって投票が行なわれた。その結果、共和制に関しては八一％、そして新憲法に関しては七三％の圧倒的な支持率で双方とも承認された。[20]その後、新憲法草案はＲＦが六五議席中五〇議席を占める議会において、憲法改正に必要な三分の二以上の賛成票を集めて可決され、翌年三月二日、ローデシアは共和国となったのである。

かくしてスミス政権は、一九六五年のＵＤＩに続いて、今回は共和国宣言という形で、多数支配というアフリカの歴史的潮流に逆行して白人支配体制を堅持すべく、白人セトラーの主体性を主張した。しかしながら、こうした白人セトラーの逆流現象も歴史の流れに逆らい続けることはできず、この共和国宣言を頂点として次第に衰えを見せはじめ、彼らにとって大きな転換期となる七〇年代を迎えることになるのである。

（1）　たとえば、一九六二年九月に発表されたＲＦの政策原案は、次のように六一年憲法に言及している。「新憲法の目的は、時期尚早なアフリカ人支配をもたらすことにあり、これは絶対に避けねばならぬことである。したがって戦線は、憲法の適切な改正を要求するであろう」。*Keesing's Contemporary Archives*, Vol. 13, 1961-62, col. 19135B.

（2）　法務大臣ラードナー・バークは、次のように語っている。「ＵＤＩは、単にイギリス政府によって企てられている破滅を避けるためばかりではなく、一九六一年憲法に盛り込まれているものとは非常に異なった憲法上の秩序の永続を確実なものにするために宣言された」。Hoder-Williams, R., "Rhodesia's Search for a Constitution: or Whatever Happened to Whaley?", *African Affairs*, Vol. 69, No. 276 (July 1970), pp. 218-219.

（3）　Windrich, *op. cit.*, p. 121.

（4）　ハギンズによれば、「二つのピラミッド政策」とは、二つの分離した社会的ピラミッドを構築することであり、アフリカ人地域においては、アフリカ人は昇進することのできるすべての地位につくことが許されなければならず、また白人の競合からも保護されねばならない。しかしピラミッドの頂点にアフリカ人が昇進することは許されず、さらに上級行政官は白人でなければならない。そして各人種の利益は、その各々の地域においては至高のものであるが、二つの人種は、白人の監督のもとに相並んで発展するであろう、というものであった。Gray, Richard, *The Two Nations: Aspects of the Development of Race Relations in the Rhodesia and Nyasaland*, London, Oxford Univ. Press, 1960, pp. 151-152.

（5）　ボウマンの指摘するところによれば、同法は急速に人口が増加するアフリカ人によって、みずからの土地が収奪されることを恐れていた白人セトラーの不安を解消するために導入された。そして同法は、国土を白人とアフリカ人に二分しながらも、前者が後者の土地を利用できるような抜け穴を含み、さらに一方の人種のために指定された土地に対する、他方の人種による占有を統制するための認可制度が導入されたために、すべてのアフリカ人都市労働者は許可証を持たねばならなくなり、さらに関係大臣の裁量によって不満分子は、都市から追放されることになった。Bowman, Larry W., *Politics in Rhodesia: White Power in an African State*, Cambridge, Harvard Univ. Press, pp. 142-143.

（6）　たとえば、チーフ裁判所は、「アフリカ人法および部族裁判所法（the African Law and Tribal Courts Act 24 of 1969）」によって、刑事裁判権が付与された。詳しくは、Goldin, Bennie and Michael Gelfand, *African Law and*

Custom in Rhodesia, Cape Town, Juta and Co. Limited, 1975, pp. 83-93. を参照。
（7） Smith, "*Rhodesia......*", p. 112.
（8） Hodder-Williams, *op. cit.*, p. 225.
（9） *Ibid.*, p. 225.
（10） Bowman, Larry W., "Strains in the Rhodesian Front", *Africa Report*, Vol. 13, No. 9 (Dec. 1968), p. 18.
（11） Bowman, *Politics in an African....*, p.137.
（12） *ARB, Political Social and Cultural Series*, Vol.6, No.4 (May 15, 1969), p. 1388.
（13） Smith, "*Rhodesia....*", p. 111.
（14） *ARB, Political Social and Cultural Series*, Vol. 5, No. 9 (Oct. 15, 1968), p. 1192.
（15） Hodder-Williams, *op. cit.*, p. 230.
（16） Wilson, *op. cit.*, pp. 565-567.
（17） *ARB, Political Social and Cultural Series*, Vol. 5, No. 10 (Nov. 15, 1968), p. 1218.
（18） *Ibid.*, Vol. 6, No. 2 (Mar. 15, 1969), p. 1330.
（19） *Ibid.*, Vol. 6, No. 5 (June 15, 1969), p. 1417.
（20） Keesing's Reserarch Report, *Africa Independent: A Survey of Political Development*, New York, Charles Scribner's Sons, 1972, p. 185.

むすびにかえて

一九六五年のＵＤＩから一九七〇年の共和国宣言に至る時期をローデシアの政治的潮流のなかでみるならば、この時期はローデシア問題の国際化の時期として位置づけることができるであろう。なぜならば、この時期は、白人政権、アフリカ人解放勢力、そしてイギリス政府という三当事者が、各々独自に問題解決への方策を模索し、さらに外部の諸勢力が以前にも増してローデシア問題に積極的に介入しはじめ、その結果、三当事者の動向に少なからず影響を及ぼすようになったからである。ここで以下、UDIから共和国宣言に至る時期における三当事者各々の動向を簡単にまとめてみたい。

白人政権を含めた白人セトラー全体についていえば、この時期は、彼らにとっていわば「かりそめの安定期」であった。というのも白人セトラーは、みずからの政治的、経済的既得権を堅持するために、アフリカ人を従属的な地位にとどめることによってローデシアの支配権を永続的に掌握しようという目標を、アフリカ人解放勢力やイギリス政府に阻害されずに追求することができたからである。

その後、ローデシアの政治的潮流は紆余曲折しながらも、問題の解決が多数支配の実現以外にはありえないことを、白人セトラーに認めさせ、スミス首相にそれへの具体的な移行手続きを模索させることになった。しかし、政治的潮流が「少数白人支配」から「多数支配」へと一八〇度転換したといっても、白人セトラーは政治的、経済的既得権の堅持という究極的な目標を簡単に放棄したわけではなかった。白人セトラーは、その後も「多数支配」という枠組の中で、いかにしてみずからの既得権を最大限に保持すべきか、という基本的な問題に対して最良の解答を見いだすべく努力を重ねたのである。

他方、イギリス政府は、UDIを契機に急速に国際的関心が高まったローデシア問題をまえにして、なんとか外部勢力を同問題に介入させることなく、みずからの手で平和的に解決するための処方箋を模索した。こうしたローデシア問題の国際化に直面した同政府の危機感は、一九七〇年代のソビエト、キューバによるアンゴラ内戦とオガデン紛争への軍事介入によってより一層強まっていった。そのためイギリス政府は、ローデシア問題をみずからの手で平和的に処理すべく、その解決のために白人セトラーとアフリカ人解放勢力に働きかけ、また国際組織、特に国連における同問題の展開に関する主導権を握り、それからの支持を獲得すべく積極的に活動を展開したのである。

そして最後にアフリカ人解放勢力に関していえば、この時期は、彼らにとって政治的にも軍事的にも「低迷期」であったといえよう。しかしながら、この時期の政治的、軍事的な敗北が、その後に教訓として生かされた結果、一九七〇年代に入ると解放勢力（急進派）は、白人セトラーの動向に大きなインパクトを与えるような軍事的影響力を持つに至り、さらにイギリス政府に対してもその主体性を十分に主張しうるような勢力に成長したのである。

第三章　移行期における政治的潮流とその変動
――一九七〇年代前半の時期を中心として――

問題の所在

本章は、一九七〇年代前半の時期におけるローデシア問題の史的展開過程を、南部アフリカ全般の政治情勢を踏まえつつ考察しようとするものである。しかしながら分析の力点はこれまでの章と同じように、白人政権、アフリカ人解放勢力、そしてイギリス政府がそれぞれ各当事者の動向にどの程度影響力を行使したのかというところにおかれるために、南部アフリカ周辺諸国、たとえばザンビア、モザンビークなどの動向は、先の三当事者の動向に影響を及ぼした範囲内において触れられるであろう。

ところでこの時期は、白人政権が中心軸となってローデシアの政治的潮流が決定されてきた一九六〇年代の状況から、アフリカ人解放勢力が中心軸となる七〇年代後半の状況への「橋渡しの時期」ないしは「移行期」として位置づけることができる。いうまでもなくアフリカの大部分の植民地は、一九五〇年代後半から六〇年代前半の時期に、独立運動を通じて多数支配そして政治的独立を達成した。しかし、ローデシアの少数白人セトラーは、こうしたアフリカの歴史的潮流に逆行してみずからの政治的、経済的既得権を堅持すべく、先に述べたように六二年一二月には白人セトラー右派政党であるRFを政権の座に据えた。そして同政権は、アフリカ圏にとどまらず国際的に孤立するなかで、六五年一一月に少数白人支配体制におけるUDI、さらに七〇年三月には前章で述べたように共和国宣言を行なったのである。

このようにローデシア問題が、白人セトラーを主体として展開するなかで、同問題の真の当事者であるべきアフリカ人は、その主体として活動することをめざしながらも、白人政権の弾圧によって客体としての地位に留めおかれた。いいかえれば、アフリカ人解放勢力は、多数支配という歴史的潮流に即した形で問題を解決すべく活動を展開しながらも、ローデシアの政治的潮流に何ら影響力を行使することができなかったのである。しかしながら、一九七〇年代前半に起こった二つの出来事は、以上のようなローデシアの政治的潮流を変化させ、それを多数支配へと導くうえで白人政権に大きな影響を与えた。すなわち、その第一は、一九七一年一一月、白人政権とイギリス政府とのあいだで合意に達したローデシア問題の「解決のための提案」(いわゆるスミス・ヒューム協定)が、アフリカ民族評議会(African National Council, 略称ANC)を中心とするアフリカ人民衆の協定拒否行動に直面し、その結果、イギリス政府により撤回されたことである。これは、大多数のアフリカ人は白人政権を支持している、というこれまでの同政権の主張を根底から覆したばかりではなく、以後、アフリカ人の合意なくしては問題の解決が決してありえないことを、両政府、とりわけ白人政権にはっきりと認識させたのであった。第二は、ZAPUとZANUによる武力闘争が激化してきたことである。これは、白人セトラーにとって次第に深刻な脅威となり、白人政権が防衛上、積極的にそれへの対抗措置を講じざるをえないような状況を生み出したのであった。

ところで一九七四年四月のポルトガル・クーデターとその結果としてのポルトガル植民地体制の終焉、とりわけアンゴラとモザンビークの独立は、南部アフリカに大きな変動を生みだした。そしてそれに続く七〇年代後半の時期におけるローデシア問題の展開は、白人セトラーがもはや多数支配の実現以外に問題の解決はありえないことを認めざるをえなくなり、さらにアフリカ人解放勢力が問題解決の方向を定めるうえで強い影響力を行使するようになった、という点に大きな特徴があるとすれば、アフリカ人がみずからの影響力を白人セトラーに認めさせた七〇年代前半の時期は、ローデシア問題の移行期として位置づけることができるであろう。

一　スミス・ヒューム協定とピアース委員会の報告書

一九七〇年三月二日の共和国宣言に続いて、新憲法（一九六九年憲法）にもとづく初の総選挙が、同年四月一〇日に行なわれた。同選挙においてRFは、得票率七七%を獲得して多人種政党である中央党（Centre Party, 略称CP）およびRFよりも厳格な人種差別政策を提唱する極右政党、共和主義同盟（Republican Alliance,略称RA）を退け、六五年五月の総選挙に続いて再度、白人五〇議席のすべてを独占し、そのローデシアにおける揺るぎない支配を内外に示したのである。(1)

投票日の前日、首相スミスは、先の総選挙において公約したRFの五つの目標が、すべて成功裏に達成されたと語った。すなわち、その目標とは第一に、法と秩序の再確立、第二に、ローデシアの独立達成、第三に、文明化された人々の手による政府（civilized government）の堅持、第四に、平和的かつ調和のとれた人種関係の確立、そして第五に、経済発展であった。(2) たしかに白人セトラーの側からすれば、スミスのいうようにRFは、一九六五年一一月以来、非常事態宣言によって国内の反政府分子を徹底的に弾圧し、さらにアフリカ人解放組織による武力闘争を、南アフリカの軍事援助を得て鎮圧し、白人支配体制を擁護する「法と秩序」を再確立した。またスミス政権は、UDIによってローデシアの独立を達成するとともに、白人セトラーが永続的に政権を掌握することを保証し、アフリカ人の政治参加への道を極小化する新憲法も起草した。さらに国際的な経済制裁を受けながらも、たとえば国内総生産が六六年を除いてUDI以降着実に成長し続けていたことは、経済発展を成功裏に達成した、というスミスの主張を正当化する根拠となりうるであろう。(3)

以上のようにスミス政権は、国内政策の諸側面においては一応の成功をおさめたが、国際的側面においては次第に孤立的状況を深めていった。このためスミスは、国際的孤立状態を脱するべく対外関係、とくに対英関係の改善に目を向けたのであった。

(一) スミス・ヒューム協定とその国際的反響

総選挙において圧倒的な勝利を獲得した直後の記者会見で、スミスは「われわれは、解決を望んでいる。……これが次の目標である」と語った。(4) この彼の言葉は、UDI以後の時期におけるスミス政権の基本政策の一つを、再度、表明したものである。というのも、UDI以後の同政権の基本政策は、独立という既成事実を踏まえた対英関係の改善と白人支配体制を永続的に保証するような国内的秩序の確立であったからである。したがって、新憲法の起草、共和国宣言をもって後者の課題に関する基本的な作業をなし遂げた現在、スミスは前者の課題、より広くいえばローデシアに対する国際的な承認を獲得し、あわせて経済制裁を解除させようという残された課題に取り組むことを明らかにしたのであった。

しかしながらスミスは、新憲法の公布という新たな段階を経たことを踏まえて、対英関係の改善という政策において、独立という既成事実を踏まえた問題の解決というこれまでの条件に新たな条件を付け加えた。つまりそれは、問題の解決にあたっては新憲法の存在を前提としなければならない、という条件であった。彼はこの点について、次のように語っている。「いまやわれわれは、新たな憲法を有している。したがって独立の承認は、この憲法を踏まえてなされなければならないし、世界の国々はそれを受け入れねばならないであろう」[5]。このようにスミス政権は、イギリス政府との問題の解決を「次の目標」として掲げながらも、こうした新たな条件を付け加えることによって、その非妥協的な姿勢をはっきりと示したのである。

他方、一九七〇年六月の総選挙によって新たに政権の座についたイギリス保守党は、六八年一〇月に行なわれた前首相ウイルソンとスミスの首脳会談（フィアレス会談）の決裂以来、事実上、膠着状態にあったローデシア問題に関して積極的にその解決に取り組む姿勢を明らかにした。そして新首相ヒース（Edward Heath）は、七〇年七月二日の議会開会演説において、保守党政権は同問題の解決を見いだすべく、より一層努力すると述べるとともに、スミス政権との交渉に際しては、これまでイギリス政府が基本方針としてきた、ローデシアの独立のための「五原則」を遵奉する旨を言明したのであった[6]。

こうしたイギリス政府の方針は、その後ただちに実行に移された。両政府による問題解決のための予備交渉は、ジョイス（Peter Joyce）によれば同年九月頃から[7]、そしてイギリス政府の公式発表によれば、一一月のはじめ頃から南アフリカのイギリス大使館を通じて開始された。その後、翌年四月から九月のあいだに、交渉の第二段階として、グッドマン卿（Lord Goodman）が、四度ソールズベリへ赴き、「詳細な予備交渉」が行なわれた[8]。これら一連の交渉過程において、南アフリカ政府が、問題の解決に向けてその潜在的な影響力を行使した、ということに関しては推測の域を出ない。たとえばジョイスはこの点について、南アフリカ首相フォルスター（J. B. Vorster）が直接的かつ積極的な役割を演じ、問題の解決に向けて多大な財政的圧力をスミス政権にかけたことが報告されている、と述べている。(9)

たしかに南アフリカ政府は、UDI以来、ローデシア問題が早期に解決されることを望んでいた。しかしまた同時に同政府は、スミス政権に対して経済的、軍事的な側面における潜在的な影響力をもちながらも、問題の解決に関しては、それがイギリス政府とローデシア政府のあいだの問題として中立的な立場を堅持してきたことも明らかである。したがって、七〇年から七一年にかけて行なわれた予備交渉に際しても、同政府はこうした動きに対して積極的な支援は与えたものの、交渉の過程で直接的な影響力を行使したとは断定しがたい。むしろスミス政権は、以下に述べる理由から六〇年代後半の対英交渉と同様、主体的に行動したとみるべきであろう。

スミス政権をイギリス政府との交渉に駆り立てた主たる原因は、先に述べたように、同政権がUDI以来、白人支配体制を永続的に保証するような国内秩序の確立とともに、対英関係の改善をその基本政策としていたことに求められよう。そして、ローデシアの国際的孤立状態が、UDI以来、一向に改善されなかったこと、またストラック（Harry R. Strack）によれば、当時、外貨不足が経済発展に影響を及ぼすほど危機的な状態に瀕していたこと、(10)さらに、ローデシア問題に関して、労働党に比べて穏健な政策を提唱してきた保守党が政権の座に就いたことなどは、対英関係の改善という同政権の政策に拍車をかける要因として作用したとみてよいであろう。

一連の予備交渉を経て、一九七一年一一月一五日にイギリス外相ヒューム（Sir Alec Douglas-Home）は、ソールズベリを訪れ、交渉は最終段階を迎えた。そして同月二四日に両政府は、「一国間の制憲論争に終止符を打つべく立案された提案に関して、合意に達した」、という共同声明を発表したのである。(11)この保守党政権の「解決のための提案」、いわゆる「スミス・ヒューム協定」は、たしかにイギリス政府の主張するように「五原則」に即したものであったが、一言でいえば、それは同政府の大幅な譲歩と、非妥協的なスミス政権の勝利を示すものであった。というのも、同提案に盛り込まれた憲法草案は、人種主義のイデオロギーに即して起草された「一九六九年憲法」をイギリス政府が既成事実として認め、それに修正を加えたものであったからである。そこで以下、簡単に提案の内容を「五原則」に即してまとめてみたい。(12)

まず第一原則の「多数支配への妨ぐることなき前進」に関しては、新たにアフリカ人上級選挙人名簿が設置されたが、これは白人有権者に適用されるのと同じ、収入、財産、教育資格がその登録に際しての必要条件とされた。そしてこの有権者名簿に登録されたアフリカ人の数が、白人有権者数の六％に達した場合にのみ、議会におけるアフリカ人二議席が加えられる。そしてそれ以後は、白人有権者数に対するアフリカ人有権者数が六％増えるごとにアフリカ人議席は二議席ずつ増加されて、最終的には、議会における議席数は、白人五〇議席、アフリカ人五〇議席となる。なお、漸進的に増加される最初の二議席は、アフリカ人上級名簿による直接選挙によって選出されるが、次の二議席は、チーフ、ヘッドマンの評議員から成る既存の選挙委員団による間接選挙によって選出される。そしてその後の議席の増加は、これが繰り返されるために、アフリカ人五〇議席の内訳は、アフリカ人下級選挙人名簿（これは六九年憲法に規定されたアフリカ人名簿と同じもの）による八議席、アフリカ人上級選挙人名簿による一八議席、そしてチーフ、ヘッドマンの選挙委員団による二四議席ということになる。次に、議会における白人とアフリカ人の議席数が均衡したところで、上級、下級両方の選挙人名簿に登録されているすべてのアフリカ人によって、間接選挙による議席が直接選挙による議席に変更されるべきであるかどうか、という問題に関する国民投票が行なわれることになっていた。そして国民投票とその結果を実行に移すために必要な選挙が行なわれたのちに、共通選挙人名簿議席一〇議席が新たに設置される。この共通選挙人名簿議席は、全国を一つの選挙区として、アフリカ人上級選挙人名簿とヨーロッパ人選挙人名簿に登録されているすべての有権者によって選出される。そしてアフリカ人の有権者数が増加するにしたがって、これらの議席の大多数をアフリカ人有権者が選出できるようになり、かくして多数支配が達成されるのであった。

第二原則である「憲法の逆行的修正に反対する旨を保証すること」という点に関しては、多数支配への漸進的な移行を念頭においた、アフリカ人の政治的進歩に関する憲法の特別条項の改正には、大多数の議員の賛成が必要とされた。すなわちこのような憲法改正には、下院の全白人議員と全アフリカ人議員が人種別に投票を行なって、それぞれ過半数を占めることが必要とされたのであった。この規定はアフリカ人議員の半分以上が、常に逆行的な憲法改正に反対する、ということが前提とされているのであるが、白人支配体制に組み込まれたチーフ、ヘッドマンによって選出されるアフリカ人議員が、こうした改正に反対する保証は存在しなかった。

「アフリカ人の政治的地位の即時改善」という第三原則に関しては、アフリカ人上級選挙人名簿の設置が、近い将来、議会へのアフリカ人代表者数を増加させるであろうし、また現在のアフリカ人名簿（新提案におけるアフリカ人下級選挙人名簿）の登録資格が緩和されたことによって、さらに多くのアフリカ人が選挙資格を有することになる、と述べられていた。しかし、アフリカ人下級選挙人名簿の登録者数が、仮に増大しても、下級選挙人名簿議席は増加されないために、議会におけるその影響力は何ら変化しないのである。なお、第三原則に関しては、イギリス政府が、今後一〇年間にわたって、アフリカ人の教育施設の改善などのために資金援助を行なうことが盛り込まれていた。

第四原則の「人種差別の終焉に向かって前進すべきこと」という点については、裁判所においても積極的に適用されうるような「権利の宣言」が起草されるとともに、土地の配分とその利用の問題を含むあらゆる分野における人種差別問題を検討する「調査委員会」が設置されることになった。しかし「権利の宣言」は、国家非常事態の場合には一定期間、停止することができたし、表現、集会、結社の自由といった諸権利は、公共的秩序と安全保障という見地からそれには含まれなかったのである。[13]また、調査委員会の勧告は拘束力を持たないために、その勧告を実際に受け入れるかどうかは、白人政権および白人議員が多数を占める議会の裁量次第であった。

「イギリス政府は、独立のために提案されたあらゆる基礎がローデシアの人々全体に受け入れられていることに満足する必要がある」という第五原則に関しては、ピアース卿（Lord Pearce）を議長とする委員会が、アフリカ人、白人セトラーを含むすべての「ローデシア人」の意見をできるだけ完璧に、しかも公平な立場で調査すべく組織された。しかし問題なのは、この委員会が以上のような解決のための提案を、ローデシア全住民が受け入れるか否かという点だけを調査するものであって、決してその提案の代替案を吟味するのではない、ということであった。したがって、アフリカ人民衆は、ローデシア問題の真の主体でありながら、同委員会に対して提案を受け入れるかどうか、という二者択一の発言権しか与えられなかったのである。ところで、スミス・ヒューム協定のこうした諸規定のなかで、もっとも注目すべき点は、多数支配への移行に関する規定であろう。すなわち同協定によれば、多数支配への移行の時期、あるいはより基本的な問題として、多数支配は本当に実現するのか否かという問題は、アフリカ人上級選挙人名簿への登録資格を有するアフリカ人有権者数に依存していた。すなわちその登録資格とは、(1)年収が一〇五〇ポンド（原文はローデシア・ドル表示）、つまり月収八七・五〇ポンド以上の者、または、評価価格二一〇〇ポンド以上の不動産を所有する者、あるいは、(2)年収が七〇〇ポンド以上（月収約五八ポンド以上）、または評価価格一四〇〇ポンド以上の不動産を所有する者で、四年間の中等教育を終了した者、であった。しかし、ポーレイの分析によれば、主として次の三つの理由から平均的なアフリカ人が上級選挙人名簿の資格を有することは不可能に近かった。すなわち第一に、ローデシアのアフリカ人教育施設は非常に限られており、さらにそれが白人政権の統制下におかれていたこと。そのため一九七一年当時、教育面において登録資格を満たすことになる第四学年の学生はわずか二五四五人であり、またアフリカ人就学者数が急激に増加した場合には、政府はそれを容易に制御することができるのである。

第二に平均的アフリカ人の収入は、上級選挙人名簿の資格に定められた収入額を、大きく下回っていたこと。すなわち、アフリカ人就業人口の三九%を占める農業労働者の平均収入は、一九七一年当時、わずか月収七ポンドであり、数のうえでそれに次ぐ家事使用人でさえ、月収一二・五ポンドだったのである。第三は、登録資格に定められた不動産の評価額に関する規定が、アフリカ人にとって登録資格に関する選択肢にはなりえなかったこと。つまり、登録資格を十分に満たすことのできる収入を得ているほんのわずかな数のアフリカ人農民でさえ、彼らの所有する不動産は評価額が二五〇ポンド程度であった(14)。

ポーレイは、さらに多数支配への移行の時期について推定しているが、それによるとアフリカ人のための教育施設が着実に増加し、ヨーロッパ人の入植移民数が増加せず、さらに白人政権がアフリカ人有権者数の増大を妨害しないといった「きわめて非現実的」な仮定に立ったとしても、多数支配は二〇二四年まで実現する可能性は存在しなかった(15)。

このように、スミス・ヒューム協定に規定された多数支配とはまったく名目的なものにすぎず、さらに先に述べたように同協定に盛り込まれた憲法草案は、一九六九年憲法を修正したものであったために、白人選挙人名簿とアフリカ人上級および下級選挙人名簿の区別に代表されるような人種主義、一九世紀的な制限選挙権、そしてチーフ、ヘッドマンの代表に議席を与えるといった「部族主義」をそのまま受け継いだのであった。要するに同協定は、一人一票制にもとづく多数支配、人種的平等といった現代の潮流をまったく無視したきわめて歴史逆行的なものであった。

スミス・ヒューム協定は、ローデシアに多数支配を実現しようとする内外のアクターに、当然のことながら大きな衝撃を与えた。たとえばOAUは、一九七一年一二月一四日から一七日にかけて開かれた防衛委員会第四回総会において、「いわゆるソールズベリの反乱政府とイギリス保守党政権のあいだの協定は、五〇〇万人のアフリカ人を一握りの白人優越主義者に売り渡した以外の何ものでもない」というコミュニケを発表して、同協定を激しく非難した。(16) また国連総会においても、同年一二月二一日、イギリス・ローデシア両政府による問題の解決を、「民族自決と独立に関する奪うことのできないジンバブウェの人々の権利に対する甚だしい侵害」として非難する決議を採択した。(17) しかしながら安保理においては、イギリス政府が再三にわたって拒否権を行使したために、あらゆる決議を採択することができなかった。すなわち、一二月三〇日ソマリアによって提出されたローデシアにおける国連監視下の国民投票を求めた決議案や、翌年一月二八日から二月四日にかけてアジスアベバで開かれた安保理において提出された、イギリスに対し同協定の履行停止や制憲会議の召集を求めた決議案などは、すべてイギリスの拒否権によって葬り去られたのであった。他方、国外に本拠地を置くアフリカ人ナショナリストたちも、この協定締結に対して何ら影響力を行使することができなかった。ZAPU、ZANU、そして一九七一年一〇月、新たに結成されたジンバブウェ解放戦線（Front for the Liberation of Zimbabwe, 略称FROLIZI）といった各解放組織は、同協定に対する非難決議を発表するにとどまったのである。

以上のように国外のアクターは、スミス・ヒューム協定に対してこれを阻止するための有効な手段を講ずることができなかった。しかし、同協定の履行を阻止するうえで決定的な役割を演じたのが、ANCを中心とするアフリカ人民衆であった。

(二) ANCの誕生

先に述べたように、一九七一年一一月、交渉の最終段階としてソールズベリを訪れたヒュームは、協定の締結に先立って各界の代表者の意見を聴取すべく、アフリカ人実業家、ローデシア・アジア人協会（Rhodesia Asian Association）、CP、RF、そして七〇年総選挙後にチーフ、ヘッドマンによる間接選挙によって選出されたアフリカ人議員が結成したローデシア選挙同盟（Rhodesia Electoral Union）などの代表等と会見した。このなかにはアフリカ人ナショナリストの代表として、当時拘禁中であったZAPU議長ンコモとの会見も含まれていたが、それとは別にヒュームはかつて拘禁されていたナショナリストとの会見を要望し、その結果、ZAPUの代表としてチナマノ（Josiah Mushore Chinamano）とムシパ（Cephas George Musipa）、そしてZANUの代表としてE・シトレ（Edson Furatidzayi Chisingaitwi Sithole）とマウェマ（Michael Andrew Mawema）が選ばれた。彼らは会見の際に、共同声明をヒュームに示したといわれるが、その内容は不明である。彼ら四人は、ヒュームとの会見後、同協定に関する討議を重ね、アフリカ人民衆をそれへの反対運動に結集すべく、新組織の結成を決意したのであった。そして新組織は、一九五七年に結成されたローデシアにおける初の全国的規模のナショナリズム組織であるアフリカ民族会議にちなんでアフリカ民族評議会（African National Council, 略称ANC）と名付けられた。

ところで新組織の結成に際してもっとも問題となったのが、指導者の選定であった。彼らは、ZAPUあるいはZANUのメンバーが指導者の地位についたならば、内部分裂の可能性が生ずることを十分に認識していたために、当時、教会活動を通じて反政府運動を積極的に展開していた司教ムゾレワ（Bishop Abel Tendekai Muzorewa）に対して、ANC議長への就任を要請した。[18] 当時の状況を回想してムゾレワは、次のように語っている。「委員会がわが家を訪れ、私に新たな運動の先頭に立つよう求めた時、私は非常に驚いた。彼らは新組織の目的が、闘争に向けてわが民衆を糾合すること、そして新たな方向性を確立して多数支配を実現することにあるが、当面の目標は、スミス・ヒューム提案と闘い、それを覆すことである、と語った。……祈りと黙想の三週間が過ぎたのち、私はその要請を受け入れ、ANCの指導に挑んだ[19]」。

ムゾレワは、ただちに一〇名から成る執行委員会をZAPU、ZANUのメンバーのバランスをとりつつ設置し、さらにこれまで一度もナショナリズム運動に参加したことのなかった牧師バナナ（Rev. Canaan Banana）を副議長に任命した。そして一九七一年一二月一六日、記者会見が開かれ、正式にANCの結成が発表された。席上ムゾレワは、スミス・ヒューム協定が、多数派アフリカ人を特権的な少数白人による恒久的な抑圧と支配に売り渡したのと同じことであるとして同協定を非難するとともに、「アフリカ人がそれらの提案を受け入れることは、……みずからを裏切ることになるであろう」と訴えた。[20] そして次のようなANCの行動綱領が、発表された。

(1) アフリカ人民衆が、今や団結が欠くことのできない力であることを悟るように呼びかけること。

(2) イギリスとローデシアのあいだで締結された解決のための提案を、いかなる形であれ受け入れることは危険な意味あいを含むものである、ということを説明し、忠告し、かつ暴露すること。

(3) われわれに与えられた課題を果たすための一時的な組織であるANCの活動を促進するために、資金を調達すること。[21]

要するにANCの初期の性格は、スミス・ヒューム協定に対する抗議運動にアフリカ人を動員し、彼らの協定拒否姿勢を調査委員会に印象づけるべく、ＺＡＰＵとＺＡＮＵのナショナリストたちによって結成された一時的な組織であった、ということである。しかしこのことからＡＮＣが、国外に本拠を置くＺＡＰＵないしはＺＡＮＵと連帯関係にあったと推断したり、あるいはその影響下にあったとみなすことは根拠が薄弱である。たとえばオミーラ（Patrick O'meara）は、メンバーシップや政策面からＡＮＣとＺＡＮＵの強い結び付きを指摘しているが、[22]先に述べたように、同組織の結成にあたってもっとも配慮されたことは、内部に派閥対立を持ち込まずに団結を維持することにあり、そのためにムゾレワを議長に選出したのであった。したがってＡＮＣは、両組織からは距離を置いた独立した組織として考えるべきであろう。

(三) ピアース委員会の活動

スミス・ヒューム協定に関するローデシア住民の受け入れ可能性を調査すべく派遣されたいわゆるピアース委員会は、一九七二年一月一一日から三月一一日までの二カ月間、都市部、地方部を問わず、広範囲にわたる活動を展開した。すなわち同委員会は、人種別、地域別、および政党、教会、チーフ委員会、労働組合、そして拘禁者に対しても調査を行なったのであるが、たとえばアフリカ人に関しては、大小さまざまな規模の集会を全国各地で開催し、一一万四六〇〇人の一八歳以上のアフリカ人（アフリカ人成人人口の約五・八％）に対して面接調査を行ない、さらに五万一〇〇〇人のアフリカ人と一二四のアフリカ人組織から、書簡ならびに覚え書きを受け取った。[23]そこで以下、ピアース委員会の報告書に即して、代表的な政党およびチーフのスミス・ヒューム協定に対する反応を要約し、次に白人セトラーとアフリカ人それぞれの、全体としての反応をみてみたい。

ＡＮＣの同協定に対する見解は、先に述べたように受諾拒否であったが、その主たる理由について同組織は、委員会に提出した「覚え書き」の中でつぎのように述べている。「アフリカ人が賛成するような解決へと導く交渉の過程に、みずからが選んだ指導者を通じてアフリカ人が積極的に参加する以外、ローデシア問題の解決などありえない。したがって、ANCは、ローデシア民衆との協議なしに合意された諸提案を拒否するものである」[24]。要するにANCは、ローデシア問題解決にあたって、その当事者であるアフリカ人代表を除外した二国政府間の交渉によって協定が締結されたことに強く反発したのであった。そして同報告書には、ANCの活動が、都市部に限らず地方部（とりわけ北東部）にまで及んでおり、さらにそれはアフリカ人民衆の協定に対する反応に多大な影響をおよぼしたことが記されている[25]。しかしながら、ANCの活動に対するスミス政権の圧迫は、日時が経過するにつれて激しくなり、一九七二年一月にはチナマノを含む一〇〇人以上のアフリカ人が逮捕された[26]。

他方ムゾレワは、二月中にイギリスとアメリカ合衆国に赴き、さらに国連安保理に出席して演説を行なうなど、国際世論を喚起すべく活動を展開した。このようにアフリカ人民衆がピアース委員会に対してスミス・ヒューム協定拒否を訴える際に、ANCの果たした役割は決して無視しえない。そしてイギリス政府が、同委員会の調査報告を踏まえて協定を撤回したことにより、ANCの当初の目標は達成されたのであった。

スミス・ヒューム協定に対する白人セトラー右派組織の反応は、二つに分けることができる。すなわち一方は、RFに代表されるように協定のいくつかの側面においては問題があるが、全体としてはそれを支持するという見解であり[27]、他方は、極右組織のRAやキャンダー・リーグのような協定拒否の立場であった。後者は受諾拒否の理由として、協定が履行されるならば「ローデシアのヨーロッパ文明は、保持できないであろう[28]」、また「解決のための提案が受け入れられるならば、一〇年以内に黒人多数支配が実現するであろう[29]」と主張したが、こうした主張は白人セトラー社会において、きわめて少数派に属するものであることが、ピアース委員会の調査によって明らかになった。[30] ちなみに、リベラル派ともいうべき多人種組織であるＣＰの指導者、バッシュフォード（T. H. P. Bashford）は、条件付きながら協定の受諾を委員会に通告した。[31]

ところで、スミス・ヒューム協定に対するチーフの反応は、非常に複雑なものがあった。同委員会の報告書によれば、二六名からなるチーフの代表機関であるチーフ評議会は、委員会に対して彼らが満場一致で協定を支持している、と語った。[32] しかしのちに彼らが各自の行政地区で委員会の面接調査を受けた際には、一三名が協定支持を表明したが、八名は協定を拒否したのであった。[33] またチーフおよびサブチーフを含むチーフ全体の反応に関しては、調査委員会が面接した一八四名のうち、四四名が賛成、八七名が反対、そして五三名が態度保留という結果が報告された。[34]

チーフに関する調査報告において特に注目すべき点は、「チーフは、アフリカ人の真の代表である」ということこれまでスミス政権によって再三繰り返されてきた主張が、委員会の調査によって全面的に否定されたことである。同報告書は、チーフの役割に関して一章を充てているが、その結論部において次のように指摘している。「チーフであるというまさにその理由から、彼らを政治的指導者であるということはできない。事実、チーフが現在の国政に巻き込まれていることに対して、数人のチーフと大多数の人びとは非常に困惑している、という証拠が存在するのである。チーフは、彼らの関心が主として行政的、伝統的な義務を履行することにあるという理由のみではなく、彼らの多くが知性と学識のある人びとに対抗するほどの教育を受けていない、という理由によってこうした役割には不向きなのである[35]」。

以上のようにスミス・ヒューム協定に対する主な政党とチーフの反応について簡単に述べてきたが、次に白人セトラーおよびアフリカ人それぞれの、全体としての反応についてまとめておきたい。ピアース委員会の報告書によれば、委員会が一八歳以上の白人人口の約四・二%にあたる六一三〇人に対して面接調査を行なった結果、その約九二%という圧倒的多数の白人セトラーが、スミス・ヒューム協定を支持していることが判明した。(36) この点について委員会は、その支持理由を詳細に報告しているが、それはつぎのように経済的な理由と政治的な理由に分けることができよう。まず経済的な理由は全般的に、商業・製造業部門の就業者によって述べられたものであるが、それは、協定が履行されたならば、経済制裁が解除されて外国資本の投下が促進され、商業・製造業の基盤の拡大が可能になるであろう、ということであった。政治的な理由は、主として以下の五点にまとめることができよう。第一点は、同協定が、白人セトラーが馴れ親しんだ快適な生活様式を保ちつつ暴力の危険性を低下させるうえで、最良の手段とみなされたこと。第二は、現在の人種政策と時期尚早な多数支配との中間に位置づけられる漸進主義の必要性が白人セトラーのあいだに認識されていたこと。第三は、協定によって将来、調和のとれた人種関係を実現しうるような協力関係を白人と黒人のあいだに樹立することが可能である、と考えられたこと。第四は、ローデシアの独立に対する国際的な承認がえられる、と期待されたこと。そして第五は、協定の拒否が人種的な分極化を促進し、より厳格な人種差別へと導くと懸念されたこと、などである。(37)

以上のような理由から白人セトラーの大多数が、協定を支持したのであったが、ピアース委員会の調査において明らかになった特に注目すべき事実は、次の二点である。第一点は、白人セトラーが「多数支配」を決して歓迎するものではないとしながらも、それが避けられないものであることを認識しており、その場合には、より漸進的かつ平和的な移行が望ましいと考えていたことである。(38) 一九七〇年代後半において、スミス政権は、これまでの政策を一八〇度転換して多数支配を認める姿勢を打ち出したが、それにもかかわらず七七年の総選挙においてRFが圧倒的な勝利を獲得できた原因の一つは、七〇年代における白人セトラーのこうした意識の変化に求められよう。第二は、先に触れたように、白人セトラーが、「時期尚早な多数支配」を望んでいないのと同様に、穏健な意見の排除や極右的な人種差別政策への移行へと導くような「白人の反動」（White Backlash）に対しても警戒心を抱いていた、ということである。(39) これは総選挙において白人セトラー極右政党が一議席も獲得することができなかった大きな原因の一つであった。

アフリカ人に対する調査は、先に述べたように、全国各地で開かれた集会、面接、そして委員会のもとに送られた書簡・覚え書きなどを通じて行なわれたが、その結果、圧倒的な多数が協定を拒否していることが判明した。すなわち、報告書によれば、二〇名以上のグループと公共集会に参加したアフリカ人総数の約九八％、二〇人以下のグループと個人面接によるアフリカ人総数の約六七％、そして書簡その他の総数の約八〇％が協定に反対したのであった。(40) アフリカ人の拒否理由について報告書は、協定全体に関するものとその各項目に関するものとに分けて詳細に述べているが、ここでは前者に言及するにとどめたい。

協定そのものに対するアフリカ人の拒否理由は、以下の七点にまとめることができる。すなわちその第一は、白人政権そのものに対する「不信」であり、これはアフリカ人が協定を拒否したもっとも大きな理由であった。第二は、政府に対する不信の帰結として、憲法の逆行的改正を阻止する規定が不十分であるとみなされたこと。第三は、協定の締結に際して、アフリカ人指導者の意見が決して十分に考慮されなかったこと。第四は、多数支配への移行の時期が、あまりにも不明瞭であるということ。第五は、イギリス政府は、違法政権との交渉によってローデシアの独立を承認すべきではないということ。第六は、新憲法が、人種主義のイデオロギーに即した一九六九年憲法にもとづいて起草されたこと。第七は、アフリカ人と白人セトラーの両指導者による制憲会議の開催が望まれていたこと、などであった。(41)

ピアース委員会の調査結果は、一九七二年五月二三日、ヒュームによってイギリス議会で発表された。そして、調査報告書の結論部は、次のように記されていた。「われわれは、その提案が大多数のヨーロッパ人に受け入れられている、ということを証拠にもとづいて認識している。同様にわれわれは、過半数のアフリカ人が提案を拒否している、ということに確信がある。したがってわれわれの意見は、ローデシアのすべての人々がその提案を独立のための基礎とみなしているわけではない、ということである[42]」。委員会の調査結果は、アフリカ人にとって大きな勝利であったばかりではなく、ローデシアの政治的潮流をその根底から変化させるような出来事であった。すなわち、これまでローデシア問題の展開に関して、その真の当事者であるにもかかわらず、何らこの問題に影響力を行使することができなかったアフリカ人が、はじめてその顕在的な影響力を示したのである。言葉をかえていえば、アフリカ人は、ここにいたってはじめてローデシアの政治的潮流をみずからの側に引き寄せることに成功した、ということができよう。そしてこのことは、イギリス政府が「五原則」に固執する限り、アフリカ人の代表を除外したイギリス・ローデシア両政府のみによる制憲交渉が、もはや不可能になったことを意味するものであった。ヒュームは議会において、イギリス政府は今後も制裁を続け、他方、ローデシアのアフリカ人と白人は、妥協の方策を模索し、秩序ある政治的変革に向けて共に努力すべく決意するであろう、と語った[43]。これに対してスミスは、次のように語ってピアース委員会の調査報告を激しく非難した。「偽りのない状況に関して、これほど多くの誤った説明と解釈を含む報告書が存在しうるとは、信じがたいことである。……われわれは、歴史の潮流のなかでさまざまな研究や報告書に接してきた。私は、これがそれらのなかでもっとも無責任なものとして後世に名を残すであろうことを信じて疑わない[44]」。

（1）　直接選挙によって選ばれたアフリカ人八議席の内訳は、CP七議席、無所属一議席であった。

（2） *ARB, Political Social and Cultural Series*, Vol. 7, No. 4（May 15, 1970）, p. 1734A–B.

（3） Central Statistical Office, *National Accounts and Balance of Payments of Rhodesia 1971*, Salisbury, Central Statistical Office, N.D., p. 4.

（4） *ARB, Political Social and Cultural Series*, Vol. 7, No. 4（May 15, 1970）, p. 1735A.

（5） *Ibid*.

（6） *ARB, Political Social and Cultural Series*, Vol. 7, No. 7（Aug. 15, 1970）, p. 1815B–C.

（7） Joyce, Peter, *Anatomy of a Rebel: Smith of Rhodesia, A Biography*, Salisbury, Graham Publishing, 1974, p. 429.

（8） Secretary of State for Foreign and Commonwealth Affairs, *Rhodesia: Proposals for a Settlement*（Cmnd. 4835）, London, HMSO, 1971, p. 4.

（9） Joyce, *op. cit*., p. 432.

（10） Strack, Harry R., *Sanctions: The Case of Rhodesia*, New York, Syracuse Univ. Press, 1978, p. 107. たとえば、大蔵大臣ラソール（J. J. Wrathall）は、一九七〇年一〇月、国家の外貨準備高が、外国為替の申請を賄いきれない、という理由から外国為替に制限を課すことを発表した。そしてこれによって、新たなプロジェクトへの外貨の割り当ては「こうしたプロジェクトが、短期間に、国家、特に国際収支に大幅な利益をもたらす場合に限って」なされることになった。さらに彼は七一年七月、七二年度予算案を議会に提出した際に、「一九七一年度に予想されるあらゆる分野における生産の増大にもかかわらず、国家の外貨準備高は、相変らずかなりの緊張状態におかれるであろう」と語った。Legum, Colin and Anthony Gughes eds., *Africa Contemporary Record: Annual Survey and Documents*（以下　ACR）, *1971–1972*, London, Rex Collings, 1971, B568, and ACR 1971–1972, B431.

（11） *ARB, Political Social and Cultural Series*, Vol. 8, No. 11（Dec. 15, 1971）, p. 2289C.

（12） Cmnd, 4835, pp. 4–7.

（13） Palley, Claire, "Analysis of the 1971 British Proposals for a Settlement with Rhodesia", S. E. Wilmer ed.,

Zimbabwe Now, London, Rex Collings, 1973, pp. 100-101.

(14) *Ibid*., pp. 88-91.

(15) *Ibid*., p. 94.

(16) *ARB, Political Social and Cultural Series*, Vol. 8, No. 12 (Jan. 15, 1972), p. 2304B.

(17) Sobel, Lester A., ed., *Rhodesia/ Zimbabwe 1971-77*, New York, Facts On File, 1978, p. 22.

(18) 一九六〇年代後半における、ムゾレワの教会活動については、Muzorewa, Abel Tendekai, *Rise up and Walk: An Autobiography*, London, Evans Brothers Ltd., 1978, pp. 73-91. を参照されたい。

(19) *Ibid*., pp. 94-95.

(20) *ARB, Political Social and Cultural Series*, Vol. 8, No. 12 (Jan. 15, 1972), p. 2319A.

(21) *Ibid*.

(22) O'meara, Patrick, *Rhodesia: Racial Conflict or Coexistence?* Ithaca, Cornell Univ. Press, 1975, p. 131.

(23) The Secretary of State for Foreign and Commonwealth Affairs, *Rhodesia: Report of the Commission on Rhodesian Opinion under the Chairmanship of the Right Honourable the Lord Pearce* (Cmnd. 4964), London, HMSO, 1972, pp. 53.

(24) *Ibid*., p. 121.

(25) *Ibid*., p. 166 and 169.

(26) *ACR, 1972-1973,* B451.

(27) Cmnd. 4964, p. 25.

(28) Davies, Dorothy Keyworth, ed., *Race Relations in Rhodesia: A Survey for 1972-73*, London, Rex Collings, 1975, p. 24.

(29) *Ibid*., p. 27.

(30) Cmnd. 1964, p. 57 and 87.

(31) *Ibid*., p. 119.
(32) *Ibid*., p. 26.
(33) *Ibid*.
(34) *Ibid*., p. 49.
(35) *Ibid*., p. 51.
(36) *Ibid*., p. 57.
(37) *Ibid*., pp. 75-77.
(38) *Ibid*., pp. 77-78.
(39) *Ibid*., p. 76.
(40) *Ibid*., pp. 58-59.
(41) Cmnd. 4964, pp. 80-83.
(42) *Ibid*., p. 112.
(43) *ARB, Political Social and Cultural Series*, Vol. 9, No. 5 (June 15, 1972), p. 2482A-B.
(44) Windrich, Elaine, *The Rhodesian Problem: A Documentary Record 1923-1973*, London, Routledge and Kegan Paul, 1975, pp. 235-236.

二　アフリカ人解放勢力の再編成と武力闘争のエスカレート

(一)　解放組織の統合への動きとＦＲＯＬＩＺＩの結成

一九六〇年代後半の武力闘争において、南アフリカ警察軍の支援を得た白人政府軍によって一方的な敗北を被ったＺＡＰＵは、戦術的な再検討をせまられることになった。六九年一〇月、ＺＡＰＵ議長代理チケレマは、テレビ・インタビューに答えて、ZAPUの戦術を次のように説明した。「われわれは、みずからの地域に赴き、民衆のなかに浸透し、大衆を組織するのである」。そしてゲリラ兵は「敵との交戦状態に陥らない限り戦わず、すみやかに村に向かって移動し、そこで一般市民の服に着がえ、将来の反乱のためにZAPUの地下運動員を徴募し、訓練し、武装させるのである」。(1)

こうした戦術は、明らかに六七年半ばまでの戦術への復帰とみることができよう。しかし戦術の転換が実行に移される前に、ZAPUは深刻な内部分裂を経験した。すなわち、このインタビューが他の幹部に知らされず、チケレマの独断で行なわれたことが起爆剤となって、七〇年から七一年にかけてZAPUの幹部のあいだにリーダーシップをめぐる深刻な対立が発生し、さらにこれによって六〇年代後半以来の南アフリカ・アフリカ民族会議との軍事同盟も終わりを告げたのであった。(2)

ZAPUのリーダーシップをめぐる内紛は、財務局長モヨ（Jason Ziyapaya Moyo）によって口火が切られた。彼は、一九七〇年二月、「われわれの闘争に関する所見」と題されたパンフレットを発表し、ゲリラキャンプの状況を分析するとともに、チケレマの独裁的なリーダーシップを批判した。彼は、特にゲリラ訓練の不足を憂慮し、より明確な指揮系統やより積極的なゲリラ訓練、およびゲリラ訓練の運営、ゲリラ兵の徴募、諜報活動、そして武力闘争の戦略などを扱う各種委員会の定期的会合の必要性を訴えた。これに対してチケレマは、同年三月、「われわれの闘争に関する所見への回答」と題するパンフレットを発表した。彼はそのなかで、ゲリラキャンプの状況に関するモヨの指摘を認めながらも、モヨとンデベレ人が反乱を計画していると非難するとともに、自分のリーダーシップはンコモから委託された正当なものである、と主張したのであった。(3)

チケレマと書記長ニャンドロ（George Nyandoro）、それに対するモヨ、宣伝・情報局長シルンディカ（Tarcisius Malan George Silundika）、そして副書記長ンドロヴ（Edward Ndhlovu）という両派の対立は、リーダーシップをめぐる権力闘争に、前者がショナ人、後者がンデベレ人であったことからエスニック集団の対立という要素まで加味されて、組織を二分する派閥対立へと発展した。(4) こうした対立の直接の原因が、リーダーシップをめぐるものであったにしても、その背景には先に述べたように六〇年代後半における武力闘争の挫折、という事実が存在したことを看過することはできないであろう。

以上のようなZAPUの内部分裂に対して、ザンビア大統領カウンダは、仲裁に乗り出し、両者が和解しない場合には国外に追放すると警告した。(5) このカウンダの仲裁によって両者は一応和解したが、派閥の解消には至らなかったのである。

その一方で、一九七〇年六月頃から、ZAPU内部の対立を残しながらも、解放組織の統一に向ってZAPUのチケレマとニャンドロ、そしてZANU議長チテポ（Herbert Wiltshire Tfumaindini Chitepo）と同外務局長シャムヤリラ（Nathan Shamuyarira）のあいだで交渉がはじめられた。しかしZAPUのモヨ派は、こうした動きを非難し、またローデシア国内に拘禁中のZANU元議長シトレも、ZAPUとの統合には懐疑的であることをチテポに伝えたのである。(6)

一九七一年二月一五・一六の両日、タンザニアのモシで開かれた第一八回OAU解放委員会は、ZAPUとZANUによる統合への動きを評価しながらも、ZAPUの内部分裂に関しては、それが両組織の統合を妨げる「障害」であるとみなして、緊急にそれを解決するように要求した。そして二月二二日には、同月二六日までに内部対立が解決されない場合には、解放委員会は以後、同組織に対する援助を打ち切る旨を伝えたのであった。(7) ちなみにZAPUに対する解放委員会の援助は、同年六月に再開されたと伝えられている。(8)

こうしたOAU解放委員会の勧告にもかかわらず、ZAPUの内部対立は、一九七一年三月、その頂点に達し、ザンビア政府の実力行使を招くことになった。すなわち、ZAPUの軍事部門に属する数人のメンバーが、同組織の実権を握ろうと企て、二一人の幹部を誘拐したが(9)、この時点においてザンビア政府は、ZAPUの内紛に介入して同組織のすべてのゲリラ兵を一カ所に集め、内部対立を解消するように迫ったのである。しかし彼らがこれを拒否したために、同政府は彼らの中の一五〇人以上を逮捕して刑務所へ送り、六月末、このうち一二九人をローデシアへ追放したのであった。かくしてZAPUの内部紛争は、ザンビア政府の介入を経て表面的には決着を見た。しかしZAPUとZANUの統合問題は、決して順調には進展しなかったのである。

一九七一年八月、ルサカ近郊においてZANUの代表者会議が開かれたが、その直後に同組織は、ZAPUとの交渉打ち切りを発表した。その理由は、ZAPUのように内部分裂した組織と話し合いを行なうことは不可能であるということであったが、同時にこの発表はZANU指導部の再編成をも意味するものであった。すなわち交渉の継続を主張するメンバーが、この会議において追放されたのである(10)。

こうしたZANUの発表に対してカウンダは、ZAPUとZANUがザンビアにとどまることを望むならば、両組織は統合されねばならない、と警告した(11)。彼の警告が効を奏したか否かは別として、一九七一年一〇月一日、ルサカにおいて、FROLIZIの結成が発表された。そして議長にはZANUの軍事部門の指導者であったシウェラ（Shelton Siwela）が就任し、ZAPUとZANUそれぞれの「統合派」であるチケレマ、ニャンドロ、そしてシャムヤリラ等は、同組織の執行部であるFROLIZI評議会のメンバーとなった。記者会見の席上、シウェラが発表したところによれば、同組織の結成目的は、「（解放組織間に生じた――引用者）過去の見解の相違を忘れ、イギリス植民地主義に対する長期的かつ決然たる人民闘争を行なうべく、反帝国主義・民族統一戦線に結集すること」であった。[12] しかし同組織の存在理由は、ZAPUとZANUの非難声明によって簡単に否定されてしまった。すなわちZAPUは、FROLIZIを「政治的不合格者の天国」と酷評し、またZANUも「この馬鹿げた策略」に巻き込まれるようなメンバーなど、同組織には存在しないであろう、と反発した。[13] かくしてFROLIZIは、分裂した解放組織の統合をめざしながら、逆にそれを一層細分化してしまったのである。

こうした事態に直面して、これまで解放組織に支援を与え、またその統合を積極的に主張してきたザンビアとOAU解放委員会は、FROLIZIに対する全面的な承認や支援を与えることをためらった。すなわち一九七二年一月一二日から一八日にかけてリビアのトリポリで開かれた第一八回OAU解放委員会定例会議において、同組織の承認問題が議題として取り上げられたが結論が出ず、その後、同年三月二〇日から二三日にかけて、タンザニアのムベヤで開かれた解放委員会の会議において、FROLIZIに対する援助供与のみが決定された。[14]

結成以後、FROLIZIは、リーダーシップをめぐる内部抗争を繰り返し、それは一九七二年八月に開かれた会議において頂点に達した。同会議においてシウェラが失脚し、新たにチケレマが議長の座についた。[15] 同組織はその実際の活動として、七三年二月にゲリラ兵をローデシア国内に送り込んだが、同年六月には事実上、崩壊し、多数のメンバーがZANUに戻ったといわれている。[16] また、解放委員会は、同年一一月、FROLIZIに対する公式な承認を、最終的に否決したのであった。[17]

OAU解放委員会による解放組織の統合への働きかけは、FROLIZI結成以後も続けられた。そして一九七二年二月一四日から一八日にかけてエチオピアのアジスアベバで開かれた第一八回OAU定例閣僚会議において、ZAPUとZANUは共同で政策と軍事問題に関する調整計画案を提出した。そして両組織は、先に触れたムベヤでの解放委員会の会議において、「合同軍事司令部」(Joint Military Command, 略称JMC)の設置に関する議定書に調印したのであった。

ＪＭＣは、ゲリラ兵の徴募、訓練、作戦行動、そして補給などの軍事レベルにおける共同活動、という限られた機能を有するものであったが、何ら具体的な成果を生み出すことなく消滅してしまった。[18] その原因はマクシーによれば、すでにＪＭＣが設置される以前に、ＺＡＮＵが、モザンビークと国境を接するローデシア北東部からの侵入計画を進めていたためであった。[19] ＺＡＮＵによるモザンビークからのゲリラ活動は、解放勢力による武力闘争を新たな段階へと導いたばかりではなく、ローデシア問題全体の展開に大きな影響を及ぼした。しかしながら、解放組織の統合問題は、残された大きな課題として七〇年代後半に持ち越されることになったのである。[20]

(二)　武力闘争のエスカレート

ローデシア北東部におけるＺＡＮＵのゲリラ活動は、一九七二年一二月、同地域の白人農園が攻撃され、農園主が殺害されたことによって明らかになった。しかしながら実際には、同組織はすでに同年半ば頃から北東部へ侵入を開始し、ゲリラ兵の徴募を行ない、モザンビークから武器を運び込み、ゲリラ兵は農業労働者を装って準備を整えていたと伝えられる。[21] そして、それ以後、点在する白人農園に対して、ＺＡＮＵのゲリラ兵による攻撃が頻発しはじめたのであった。

こうしたＺＡＮＵの活動を可能にした決定的な要因は、ローデシア国境に接するモザンビークのテテ州をＦＲＥＬＩＭＯが解放し、同地域でＺＡＮＵが活動することを認める協定が、ＦＲＥＬＩＭＯとＺＡＮＵのあいだで結ばれたことであろう。すなわち、ＦＲＥＬＩＭＯは、七一年四月頃までにテテ州をほぼ解放しており、さらに同年の秋までには、国境から州都テテにいたる道路は寸断されていた。そしてこの頃、ＦＲＥＬＩＭＯとＺＡＮ

Uのあいだに協定が結ばれたとみられている。[22]

ローデシア北東部におけるZANUの活動を容易にした理由として、ここでは次の二点だけを指摘しておきたい。その第一点は、白人政権が、対ザンビア国境地帯ほどにはモザンビーク国境に対して十分な防衛体制を敷いていなかったこと。第二点は、モザンビークとの国境にはザンビアとの国境であるザンベジ川のような、ゲリラ兵の侵入に際して障害となるようなものが存在しなかったこと、である。これに加えてZANUの武力闘争を効果的なものにした要因として、同組織の戦略転換を指摘しておきたい。一九七三年九月一四日から一六日にかけて開かれたZANUの最高評議会（Dare ne Chimurenga）においてチテポは、かつての武力闘争が政治闘争を犠牲にして軍事攻勢のみに終始していたが、この戦略は六九年から七二年のあいだに変更されたと語り、さらに次のように続けた。「それ以来われわれは、敵に対して攻撃を仕掛ける前に民衆を政治的に教育し、動員することによってこの悲劇的な誤りを正そうとしてきた。わが民衆に対して政治教育が行なわれて以後、彼らは、より容易にわれわれに協力し、われわれの計画と目的に共鳴するようになった[23]」。そしてZANUによるローデシア北東部からの武力闘争は、まさにこの戦略にしたがって遂行された。

こうしたZANUの新たな武力闘争と並行して、ZAPUの武力闘争も新たな段階を迎えることになった。先に述べたように、ZAPUのリーダーシップをめぐる内部対立は、一九七一年末までに終了した。そしてシルンディカによれば、あわせてこの時期に同組織の軍事部門が再編成され、その軍事組織は「ジンバブウェ人民革命軍（Zimbabwe People's Revolutionary Army，略称ZIPRA）」と名付けられた。彼によれば、ZIPRAには最高司令部が設置されたが、全般的な戦略に関する決定は、ZAPUの最高機関である「人民革命評議会（People's Revolutionary Council）」によって行なわれた。[24]

ZAPUの新しい戦略は、一九六〇年代後半の苦い経験から、白人政府軍との武力衝突の回避、そして侵入地域のアフリカ人住民に対する政治教育を重視したものであり、サボタージュや「ヒット・エンド・ラン（Hit and Run）」戦術に即してゲリラ活動を展開した。後者は、ゲリラ兵が夜間、ザンベジ川を渡り、白人政府軍がパトロールを行なう道路に地雷を敷設し、ただちにザンビアへ引き返す、というものであった。[25] かくしてZAPUのゲリラ闘争は、ローデシア北部のザンビアとの国境地域や北西部において、次第に白人政府軍に損害を与えるようになっていった。

以上のように一九七〇年代の前半期は、ZAPU、ZANUにとって政治的にも軍事的にも重要な再編成の時期であった。とくにそれぞれの軍事部門が再組織化され、新たな戦略、戦術が採用され、それに即して武力闘争が開始されたことはその後のゲリラ活動における成果からみて、大きな意義を有するものであったといえよう。そして両組織による武力闘争のエスカレートは、それへの対抗措置を積極的に講じざるをえない状況にスミス政権を追い込んだのであった。

（1） Maxey, Kees, *The Fight for Zimbabwe: The Armed Conflict in Southern Rhodesia since UDI*, London, Rex Collings, 1975, p. 89.

（2） Johns, Sheridan, "Obstacles to Guerrilla Warfare: a South African Case Study", *The Journal of Modern African Studies*, Vol. 11, No. 2 (July 1973), pp. 290-291.

（3） Maxey, *op.cit.*, pp. 15-16; Wilkinson, Anthony R., "From Rhodesia to Zimbabwe", Devidson, Basil, Joe Slove and Anthony R. Wilkinson, *Southern Africa: The New Politics of Revolution*, Harmondsworth, Penguin Books Ltd., p. 248.

（4） モヨ、シルンディカ、そしてンドロヴ等は、正確にはンデベレ語を日常用語とするショナ人のサブ・エスニック集団であるカルァンガ人であった。

またFROLIZIのメンバーであったダンブチェナ（Enoch Dumbutshena）によれば、彼らは、ZAPUの内部にカルァンガ人だけの秘密組織を作り、その他のショナ人とンデベレ人をリーダーシップから排除しようとした。Dumbutshena, Enoch, *Zimbabwe Tragedy*, Nairobi, East African Publishing House, 1975, p. 124.

（5） *ACR, 1970-1971*, B562-563.

（6） Sithole, Ndabaningi, *Letters from Salisbury Prison*, Nairobi, Transafrica Publishers Ltd., 1976, pp. 48-52.

（7） *ARB, Political Social and Cultural Series*, Vol. 8, No. 2（Mar. 15, 1971）, p. 2007B.

（8） Maxey, *op.cit*., p. 17.

（9） ウィルキンソンによれば、誘拐された幹部はショナ人であった。Wilkinson, *op.cit.*, p. 248.

（10） Maxey, *op.cit*., p. 18, and Wilkinson, *op.cit*., p. 249.

（11） Maxey, *op.cit*. p. 18.

（12） *ARB, Political Social and Cultural Series*, Vol. 8, No. 10（Nov. 15, 1971）, p. 2264B.

（13） *ACR, 1971-1972*, B419.

（14） Wolfers, Michael, *Politics in the Organization of African Unity*, London, Methuen and Co. Ltd., p. 192.

（15） Kirk, Tony, "Politics and Violence in Rhodesia", *African Affairs*, Vol. 74, No. 294（Jan. 1975）, p. 12.

（16） Maxey, *op.cit*., p. 20.

（17） *ARB, Political Social and Cultural Series*, Vol. 10, No. 11（Dec. 15, 1973）, p. 3055B.

（18） Wolfers, *op.cit*., p. 192.

（19） Maxey, *op.cit*., p. 21.

（20） 一九七三年、OAU調停委員会は解放組織の統合をめざして活動したが、具体的な成果を生みだすに至らなかった。

（21） Nesewand, Peter, "What Smith really faces", *Africa Report*, Vol. 18, No. 2（Mar./Apr. 1973）, p. 19.

(22) Maxey, *op.cit.*, p. 117.
(23) *Ibid.*, p. 116. なお Dare ne Chimurenga はショナ語で「戦争のための会議」を意味する。
(24) *Ibid.*, p. 104.
(25) *Ibid.*, pp. 104-105; Niesewand, *op.cit.*, p. 19.

三　スミス政権の軌道修正

アフリカ人によるスミス・ヒューム協定の拒否、そしてアフリカ人解放組織による武力闘争のエスカレートという二つの事件は、スミス政権に大きな衝撃を与え、その結果、同政権はこれまでの基本的な方針を修正するとともに、新たな政策を実行に移した。それは、大きく二つの面に分けてみることができよう。すなわち、第一は、アフリカ人による協定拒否によって、暗礁に乗り上げた制憲問題の行き詰りを打開すべく行なわれた政策であり、その象徴的な出来事が、ムゾレワの率いるANCとの制憲交渉であった。第二は、ZAPU、ZANUの両組織による武力闘争のエスカレートに対して講じられた一連の防衛措置である。そこで以下、こうしたスミス政権の政策を、第二点から簡単にまとめてみよう。

UDI以来、スミス政権は、南アフリカ警察軍の支援を受けたことを除いて、アフリカ人解放勢力の武力闘争に対して積極的な防衛手段を講じてこなかった。しかし、先に述べたように、一九七二年末頃から急速に拡大しはじめたZAPUとZANUのゲリラ活動に直面して、同政権は一連の対抗措置を打ち出さざるをえない状況に追い込まれたのである。その代表的な措置は、一九七三年一月九日、ザンビアとの国境を閉鎖したことであろう。

スミス政権のスポークスマンによれば、これは「防衛上の理由からなされるものであり、ザンビア領内から行なわれるテロリスト活動に関して、再三にわたり同政府に対してなされてきた警告の結果として生じたもの」であった。(1) しかしながら、この国境閉鎖はスミス政権にとって、一九七一年にザンビアへの鉄道輸送によってもたらされた一六〇〇万ローデシア・ドル以上の収益を放棄するという高い代償を払わねばならないことを意味し、(2) さらにこの措置は、イギリス政府を含む国際世論を鋭く喚起することになったのである。結局、ザンビアとの国境は、同年二月四日、短期間の閉鎖ののちに再開されたが、その理由はスミスによれば、ローデシアへのゲリラ兵の侵入を阻止するという保証をザンビア政府がスミス政権に与えたためであった。しかしザンビアのカウンダ政権はこれを全面的に否定し、逆に対ローデシア国境閉鎖を継続する旨を発表したのであった。(3)

スミス政権のアフリカ人解放勢力のゲリラ活動に対する代表的な防衛措置は、以下の三点である。すなわち第一に、一九七二年一二月の防衛法によって、白人セトラーの兵役期間が九カ月から一二カ月に延長されたこと。第二に、ゲリラ兵を支援し、あるいはゲリラ兵の存在を報告しなかったと目される村全体に対して、七三年一月の非常時権限条例にもとづいて、制裁金を課す権限が地方長官に与えられたこと。第三に、七三年中にモザンビーク国境に沿って「立入禁止地域」が設定され、住民に最大限の保護を与えるという名目で、周辺地域に居住するアフリカ人住民が強制的に「保護村」(protected villages) へ移されたこと。その結果、七三年末までに八〇〇〇人以上が、さらに翌年の七月には、約六万人が「保護村」へ移動中であることが発表されたのである。(4)

以上のような一連の措置に加えて、七三年末頃から、「セトラー一九七四」と呼ばれるローデシアへの白人移民の勧誘キャンペーンが実施されたことも、あわせて記しておく必要があろう。というのもこれは、解放勢力によるゲリラ闘争のエスカレートと、スミス・ヒューム協定の挫折によって生じたとみられる白人出国移民の増大

と入国移民の減少による白人人口の逓減に歯止めをかけるべく行なわれたからである。(5)

ところでスミス政権は、アフリカ人解放勢力のゲリラ闘争に対してはこうした強硬な防衛措置で臨みながら、他方では暗礁に乗り上げた制憲問題を解決へと導くべく、これまでの基本方針を修正する姿勢を示した。すなわち、一九六二年に政権の座について以来、アフリカ人ナショナリストに制憲問題に関する発言権をまったく認めなかったRF政権が、制憲会議の召集をめざして再出発したANCと交渉を開始したのであった。いうまでもなくその主要な原因は、ピアース委員会の報告にもとづいてイギリス政府がスミス・ヒューム協定を撤回したことにあり、これによってスミス政権は、制憲問題の解決が、もはやアフリカ人の合意を得る以外にはありえないことを認識したからである。さらにピアース委員会の報告の発表後イギリス政府が、この問題に関する合意がアフリカ人と白人セトラーのあいだでなされるまで介入しない、という見解を繰り返したことは、スミス政権をANCとの交渉へ駆り立てた一要因として作用したといえよう。

スミス政権とANCの接触は、一九七二年九月頃から秘密裏にはじまったと伝えられるが、(6)制憲問題に関する実質的な交渉が開始されたのは、翌年の半ば以降とみられる。この交渉におけるスミス政権の基本的な姿勢は、スミス・ヒューム協定をANCに認めさせるか、あるいはそれに最小限度の修正を加えた制憲協定を締結しようというものであった。これに対してANCは、一九七三年六月八日にスミスが発表したところによれば、次の八項目を骨子とする独自の制憲提案を示した。すなわちそれは(1)議会におけるアフリカ人議席と白人議席の均衡、(2)アフリカ人ナショナリストの即時釈放、(3)土地保有法の廃止、(4)人種差別法の廃止、(5)閣僚ポストへのアフリカ人の登用、(6)憲法改正に対するイギリス政府の拒否権、(7)アフリカ人上級選挙人名簿への登録資格の緩和、そして(8)人種差別に関する調査委員会の設置、などであった。(7)しかしANCはこれが偽りであると主張し、またムゾレワも自伝のなかで、これは「討議の基礎」としてANCが提出したものである、と語っている。[8] 制憲交渉は、その後も断続的に行なわれたが、何ら具体的な成果を生むに至らなかった。

一九七四年三月二・三日の両日、ANCの全国大会が八〇〇人の代表を集めてソールズベリで開かれた。同大会において、スミス政権との交渉継続が支持され、ムゾレワは制憲問題に関する三項目からなる基本要求を発表した。すなわちそれは、(1)普通選挙人名簿、(2)大多数のアフリカ人が選挙権を獲得できるような選挙資格、(3)権力を満足のいくような形で共有しうる代議制度、であった。[9] ANCの要求がきわめて原則的なものにとどまっている理由は、制憲交渉を継続するうえで交渉の余地を残すとともに、スミス政権を不必要に刺激したくないという同組織の配慮が現われたもの、と理解できよう。言葉をかえていえばこの時期は、アフリカ人解放組織が交渉による問題の平和的解決という立場に立つならば、一人一票制にもとづく多数支配の実現を明確な形でスミス政権に要求することができるほどの影響力を持たなかったのである。

他方、スミス政権は、制憲問題に関してその非妥協的な姿勢を決して崩さなかった。そして一九七四年六月二日、ANCは、スミス政権により提示された制憲協定の拒否を発表したが、その内容はスミス・ヒューム協定に規定された議会におけるアフリカ人一六議席に特別議席として六議席を加えるというまったく否妥協的なものであった。[10] しかしながら、こうした国内における制憲問題の行き詰りをよそに、一九七四年四月にポルトガルで起こったクーデターの余波は、ローデシアの政治的潮流に急激な変化をもたらそうとしていたのである。

（1） *ARB, Political Social and Cultural Series*, Vol. 10 No. 1 (Feb. 15, 1973), p. 2729B.
（2） Wilkinson, *op.cit.*, p. 278.
（3） *ARB, Political Social and Cultural Series*. Vol. 10, No. 2 (Mar. 15, 1973), p. 2762B-2763A.

（4）　*ARB, Political Social and Cultural Series*, Vol. 10, No. 12 (Jan. 15, 1974), p. 3080B and Vol. 11, No. 7 (Aug. 15, 1973), p. 3311A.

（5）　入国移民数から出国移民数を差し引いた白人の総移民数は、一九七二年には八八二五人であったのに対し、七三年には一六八二人、そして七四年には七二年の総数の六・五％にすぎない五八〇人に減少した。Ministry of Finance, *Economic Survey of Rhodesia*, 1976, Salisbury, Government Printer, 1977, p. 20.

（6）　*ACR, 1972-1973*, B449-450.

（7）　*ARB, Political Social and Cultural Series*, Vol. 10, No. 6 (July 15, 1973), p. 2893A-B.

（8）　Muzorewa, *op.cit.*, p. 132.

（9）　*ARB, Political Social and Cultural Series*, Vol. 11, No. 3 (Apr. 15, 4974), pp. 3179C-3180A.

（10）　*ARB, Political Social and Cultural Series*, Vol. 11, No. 6 (July 15, 1974), p. 3277B-C.

むすびにかえて

最初に述べたように、一九七〇年代前半はローデシア現代史において、白人政権が中心軸となってローデシアの政治的方向が決定されてきたこれまでの状況から、アフリカ人解放勢力が中心軸となる七〇年代後半の状況への「橋渡しの時期」ないしは「移行期」であった。そしてこの「移行期」においてアフリカ人は、これまで白人セトラーのイニシャティヴで展開してきたローデシア問題を、多数支配という歴史の流れに即した形で解決すべく闘争を行ない、その結果、ローデシアの政治的潮流をみずからの側に次第に引き寄せることに成功しはじめたのである。

すなわち、アフリカ人民衆の拒絶反応によるスミス・ヒューム協定の挫折、そして七二年以降のＺＡＰＵ・Ｚ

ANU両組織による武力闘争のエスカレートという二つの事件は、こうした動きを端的に示すものといえよう。その結果としてRF政権は、六二年に政権の座に就いて以来はじめて、アフリカ人ナショナリストと制憲交渉を行なわざるをえない立場に置かれ、さらにゲリラ活動に対して積極的な防衛措置を講じざるをえないような状況に追い込まれたのである。

言葉をかえていえば、一九七〇年代前半という時期は、一方的な白人セトラーの支配とそれに対するアフリカ人の従属という従来の図式が、次第に変化しはじめた時期と位置づけることができよう。そしてローデシアの政治的潮流は、七〇年代後半に入ってから、少数白人政権の終焉と多数支配の実現に向けて決定的に変化したのであった。

第四章　白人政権の終焉と多数支配への政治変動

問題の所在

一九七〇年代後半は、第三章において考察した潮流の変化を多数支配の即時実現という方向へ押し進め、その実現に向けて具体的な処方箋が模索された時期であった。すなわちこの時期は、一九七四年四月のポルトガル・クーデターと同植民地体制の崩壊、とりわけアンゴラとモザンビークの独立という南部アフリカの大変動に対処すべく、七四年から七五年にかけて行なわれた南アフリカ共和国のデタント外交と、それに積極的に呼応したタンザニア、ザンビア、モザンビーク、アンゴラ、そしてボツワナから成るフロントライン諸国の活動、七六年九月の合衆国国務長官キッシンジャー（Henry A. Kissinger）による南部アフリカ往復外交とその後のジュネーヴ会議、七八年三月、RF政権とアフリカ人解放勢力穏健派のあいだで合意に達した「内部解決」などの諸事件は、歴史の潮流に即してローデシアに多数支配を実現しようとする意図から生じたものであった。

さらにこの時期の特徴は、フロントライン諸国、アメリカ合衆国、そして南アフリカ共和国といった外部の諸勢力が、問題の解決を目指して積極的に介入した結果、イギリス政府、アフリカ人解放組織、および白人政権という三当事者の動向に影響を及ぼし、ローデシアの政治的潮流を大きく変化させたことであった。

一　ローデシア問題と南部アフリカのデタント

(一) ザンビア・南アフリカ共和国の活動とルサカ会談

一九七四年四月のポルトガル・クーデターと、その結果としてのポルトガル植民地体制の崩壊、とりわけアンゴラとモザンビークの独立は、南部アフリカに大きな変動を生み出すことになった。[1] というのもこの結果、白人支配体制を堅持すべく、ローデシア、南アフリカ共和国、そしてポルトガルの三者のあいだで形成されていた経済・軍事協力体制、いわゆる「白い三国同盟」(Tripartite White Alliance) が崩壊したからである。とくにモザンビークの独立、FRELIMO政権の誕生は、スミス政権にとって大きな衝撃であった。それは次の二点にみることができよう。すなわち第一点は、前章において述べたように、FRELIMOとZANUが協力関係にあり、したがってこれを契機にZANUによるゲリラ活動のエスカレートが予想されたこと。第二点は、経済制裁によって孤立したローデシアにとって、モザンビークは南アフリカ共和国とならぶきわめて重要な「抜け穴」であり、ローデシアの全輸出量の八〇%は同植民地を経由していた。[2] しかしながらモザンビークの独立を契機に、この経済的生命線がFRELIMO政権によって脅かされる可能性が顕在化したこと、である。

こうした南部アフリカにおける変動にいち早く対応したのが、これまで「白い三国同盟」の盟主として、またUDI以来、国際的に孤立したスミス政権を経済的・軍事的に支援してきた南アフリカ共和国であった。[3] 首相フォルスターは一九七四年一〇月二三日、いわゆる「南アフリカのデタント」を告げる演説を行ない、次のように語った。「南部アフリカは、岐路にさしかかった。南部アフリカは、選択しなければならない」。すなわちそれは「平和あるいは争いの激化のいずれかを選ぶということである」。しかし「大きな対立は、その代償があまりに高すぎる」。したがって、南部アフリカの進むべき道は、「平和の道」である。そして彼は、ナミビアへの自治権の付与を示唆するとともに、ローデシア問題に関して「それを解決するうえで影響力をもつすべての者は、全当事者に対して恒久的かつ名誉ある解決を見いだすべく圧力をかけるときである」と訴えた。(4)

この時点において南アフリカ共和国政府にとっては、ウィンドリッチ（Elaine Windrich）も指摘しているように、対ローデシア政策には二つの選択肢が存在した。すなわちそれは、外部からの大量の支援なしにはみずからの体制を堅持することのできないローデシアの白人政権に対して、南アフリカ共和国がよりいっそう軍事的に支援を与えるか、あるいは停戦を実現して政治的解決の道を模索するか、という選択であった。(5)そしてフォルスターは、まさに「国益」という見地から後者を選択した。なぜならば、先に述べたように（第二章二節二項）、南アフリカ共和国の対ローデシア基本方針は、(1)スミス政権が少数白人支配体制を維持し、同時に南アフリカ共和国の物質的利益がローデシアとの協力関係によって損なわれない限り、同国政府はイギリス政府との関係を傷つけないように最善を尽す一方で、ローデシアの支援を続けるであろう。(2)ただしローデシアがあまりにも脆弱であり、また南アフリカ共和国が経済と安全という観点から、あまりにも高い代償を支払わねばならないとすれば、ローデシアの「白人の大義」は見捨てられるであろう、というものであったからである。(6)

この南アフリカ共和国の政策転換に積極的に呼応したのが、ザンビアであった。ＵＤＩ以来、イギリス政府に対して武力介入という手段を含めたローデシア問題の解決を訴え、またＺＡＰＵとＺＡＮＵなどの解放組織に基地を提供してきたザンビアにとって、問題の早期解決は大きな目標であり、同時に、自国の経済的利益のためでもあった。たとえばそれは、銅の輸送問題にみることができよう。

銅に依存する経済構造をもつ内陸国ザンビアにとって、その輸送がきわめて重要な問題であることはいうまでもない。UDI以前の時期、銅輸送の大半をローデシア鉄道に依存していたザンビアは、一九六六年四月、国連の経済制裁への参加を発表したのち、ローデシア鉄道への依存を減らす一方で代替ルートを模索することになった。しかしながら、代替ルートへの転換は軌道に乗らず、ローデシア鉄道への依存度は、その比率において七三年一月の国境閉鎖に至るまで依然として第一位を占め、さらにゲリラ活動による鉄道・道路の破壊、代替ルートへの貨物の集中と港の混雑、輸送料の値上り、そして輸送貨物の重量制限など、銅輸送をめぐる諸問題は、ザンビアの経済発展にとって大きな阻害要因となっていたのである。(7)

こうした政治的・経済的背景からカウンダは、フォルスターの演説を「アフリカと外部世界が待ち望んでいた理性の声」と評してこれを歓迎するとともに、(8)一九七四年一一月には南アフリカ共和国へ特使を派遣し、両者はローデシア問題の平和的解決に向けて接触を重ねた。その結果、同年一二月初頭には「ルサカ会談」が行なわれ、さらに七五年八月には、ローデシア・ザンビア国境にかかる鉄橋上の列車において、いわゆる「ビクトリア・フォールズ会議」が実現したのであった。ここで注目すべきことは、ルサカ会談からビクトリア・フォールズ会議に至る時期、ローデシア問題の展開において主要な役割を演じたのはスミス政権やアフリカ人解放組織ではなく、一方における南アフリカ共和国であり、他方におけるフロントライン諸国（タンザニア、ザンビア、モザンビーク、ボツワナ、のちにアンゴラが参加）、とりわけザンビアであったということである。そしてイギリス政府はこの過程を静観し、なんら積極的な動きを起さなかった。

要するにこの時期におけるローデシアの政治的潮流は、南アフリカ共和国のデタント政策とそれに積極的に呼応したザンビアの活動によってその方向が決定されたといっても過言ではなかろう。しかし、このように外部のアクターのイニシャティヴによって問題解決のための枠組が設定されて事態が進展したために、スミス政権やアフリカ人解放組織がこうした潮流の変化に十分応えるだけの準備が整わず、したがって具体的なレベルの交渉が両当事者に委ねられたときにも成果を生みだすには至らなかったのである。

リーガム（Colin Legum）によれば、フォルスターは一九七四年九月末頃までにはスミスに対して政策を変更するよう説得をはじめており、他方カウンダは他のフロントライン諸国首脳と接触を保ちつつ先に述べたように特使としてチョナ（Mark Chona）を南アフリカ共和国に派遣して協議を重ねた。[10] その際チョナは、アフリカ人解放組織の「要求」として八項目から成る提案をフォルスターに示したが、それは、すべての政治犯の釈放、ZAPU・ZANUを含むすべてのアフリカ人ナショナリズム組織の非合法化の解除、自由な政治活動のための条件の確立、そして非常事態の解除などをその内容とするものであった。[11] フォルスターは、この「要求」を諒解し、それに即してスミスの説得にあたった。そして同年一二月四日から開かれたルサカ会談は、南アフリカ共和国とザンビアによって生みだされた最初の成果であったといえよう。

この会談には、カウンダ、タンザニア大統領ニェレレ（Julius, K. Nyerere）、ボツワナ大統領カーマ（Seretse Khama）、FRELIMO議長マシェル（Samora Machel, のちにモザンビーク大統領）、およびアフリカ人解放勢力からANC議長ムゾレワ、FROLIZI議長チケレマ、この会議のために釈放されたZAPU議長ンコモ、ZANU代表N・シトレ、そしてスミス政権の代表が出席した。さらに一二月八日には、会談の行き詰りを打開すべく、南アフリカ共和国の代表が派遣された。[12] こうした出席者の顔ぶれで注目すべき点は、フロントライン諸国首脳が、ローデシア問題の「準当事者」としてはじめて公式の席で一堂に会したことであろう。

この会談において討議された問題は、次の二点であった。第一は、アフリカ人解放組織の統合問題であり、第二は、ローデシア問題の平和的解決の方策であり、とくにゲリラ活動の停止、ローデシアへ派遣されている南アフリカ共和国警察軍の撤退、制憲会議の召集といった問題が討議の焦点となった。解放組織の統合は、ザンビアやOAU解放委員会などによって試みられてきた長年の課題であったが、この会談において「ジンバブウェ統一宣言」が、各解放組織の代表によって調印され、各組織は名目上、ANCのもとに統合されることになった。しかしこれは、ANCを除く解放組織の解体を意味するのではなく、それは来るべき制憲会議に備えての共同戦線を結成した程度のものにすぎなかったのである。

ローデシア問題の平和的な解決に向けての交渉は、ルサカ会談を契機に大きな前進が期待された。というのも一九七四年一二月一一日、スミスがこの会談の成果として、(1)ゲリラ活動の即時停止、(2)前提条件のない制憲会議の召集、(3)拘禁中のアフリカ人指導者の釈放、を骨子とする声明を発表し[13]、他方、フォルスターも停戦が実現すると同時に、南アフリカ共和国警察軍を撤退させる旨を明らかにしたためである[14]。しかし、実質的な討議がスミス政権とANCの手に委ねられると同時に、交渉は暗礁に乗り上げてしまった。その主たる原因はルサカ会談における合意事項をめぐる両者の対立にあった。すなわち、スミス政権は、一九七五年一月九日、ゲリラ活動の停止が実現しないためにこれ以上、政治犯の釈放は行なわないと発表し、他方ANCも同月一二日、イギリス外相が議長を務める制憲会議の召集、すべての政治犯の釈放、そしてZAPU・ZANUの非合法化の解除というルサカ会談で取り決められた条件が満たされるまでは、制憲会議に応じられない、と言明したのであった[15]。

ルサカ会談の合意事項をめぐっては、たとえばムゾレワは、同会談において、停戦、南アフリカ共和国警察軍の撤退、そして制憲会議の召集といった問題の討議に参加した解放勢力の指導者は、公式には少なくとも一人もいないと語っており[16]、また、N・シトレはこの会談における合意事項は、ザンビアとスミス政権のあいだの協定にすぎない、と断言している[17]。いずれにせよ、スミス政権とANCの両者は、事態が外部勢力のイニシャティヴによって急激に展開したために、実質的な交渉に入る準備を整えていなかったとみてよいであろう。そして一九七五年三月、N・シトレが一時的に逮捕されたことは、ANCの態度をよりいっそう硬化させることになったのである。

(二) フロントライン諸国とOAU

以上のような国内におけるアフリカ人解放勢力と白人政権による交渉の行き詰まりとは別に、フロントライン諸国と南アフリカ共和国といった外部のアクターは、ローデシア問題の平和的な解決に向けて積極的な活動を続けていた。しかしフロントライン諸国には、こうした活動を継続するうえで解決しておかねばならない問題が残っていた。すなわちそれは、フロントライン諸国と反デタント派のアフリカ諸国とのあいだの意見調整である[18]。

一九七五年四月七日から一〇日にかけてダルエスサラームで開かれた第九回OAU特別外相会議において、両者のあいだの意見の相違は顕在化することになった。この会議においてギニアは、南アフリカ共和国とのあらゆる接触を絶つことを求める決議案を提出し、また、リビア、レソト、ウガンダ、そしてケニヤなどの諸国の代表が、フロントライン諸国の活動に批判的な演説を行なった[19]。たとえばケニヤ外相ワイヤキ（Munyua Waiyaki）は、「人種主義政権が、真剣に独立アフリカ諸国の指導者と対話を行なう必要性を感じているならば、彼らは……OAUを通じてそうすべきである」が、現在のところこうした姿勢は認められないために[20]、「われわれは、……武力闘争を激励し、支援する以外の選択肢をもたないのである」、と語った。

しかしながら、最終的にギニアの決議案は否決され、ニェレレの起草による「ダルエスサラーム宣言」が圧倒的多数で採択された。同宣言は、ＯＡＵの対ローデシア基本戦略を次のように規定している。「ＯＡＵは、多数派アフリカ人への権力の移行を促進するための真剣な交渉を支援する、という課題を受け入れると同時に、ジンバブウェ紛争の平和的な解決が暗礁に乗り上げた場合には、ただちに武力闘争を激化させるために必要な準備を整えておかなければならない」[21]。かくしてローデシアに対する「和戦両様」の戦略は、ＯＡＵの基本戦略として承認され、南アフリカ共和国のデタント政策に応えてローデシア問題の平和的解決を推進しようとするフロントライン諸国の活動は、その正当性を獲得したのであった[22]。

(三) ビクトリア・フォールズ会議と解放組織の再分裂

一九七五年八月九日、いわゆる「プレトリア協定」が、ザンビア特使チョナ、フォルスター、そしてスミスの間で調印された。これは、

(1) ローデシア政府の閣僚とＡＮＣの代表が、八月二五日までにビクトリア・フォールズ橋上の列車のなかで、前提条件なしに公式会談を行なうこと、

(2) そののちローデシア国内で組織される委員会において、両当事者は、制憲問題解決のための提案を討議すること、

(3) さらに、合意に達した委員会提案を承認するための公式会議が、取り決められた場所において召集されること、

(4) 南アフリカ共和国、ボツワナ、モザンビーク、タンザニアそしてザンビアの各政府は、この協定が両当事

者によって履行されることを保証する意思を個別に表明すること、をその骨子とするものであった[23]。そしてこれは、その後、タンザニア、モザンビーク、そしてボツワナの各大統領によって公式に承認されたのである[24]。

こうしたプロセスを経て一九七五年八月二五日、ビクトリア・フォールズ会議が開催されたが、スミス、ANC代表に加えて、カウンダ、フォルスター、およびタンザニア、ボツワナ、そしてモザンビークの各政府代表といった出席者にも示されるように、まさにこの会議は南アフリカ共和国とフロントライン諸国、とりわけザンビアの活動が、再度、実を結んだものといえよう。しかし、こうした外部のアクターによる問題解決のための活動にもかかわらず、会議はわずか一日で決裂してしまった。その直接の原因は、プレトリア協定に盛り込まれた「ローデシア国内で組織される委員会において、両当事者は、制憲問題の解決のための提案を討議すること」という項目に関連して、ANCが、亡命中の指導者が帰国した際の身柄の保証を要求したのに対して、スミスは、それが同協定の合意事項に含まれていない、として拒否したことにあった[25]。しかし会議決裂の根本的な原因は、「多数支配への即時移行」というANCの基本要求を、それがいかなる手続きをとろうとも、スミス政権には受け入れる用意がなかった、ということに求められる[26]。

かくして一九七四年一〇月のフォルスターの演説以来、南アフリカ共和国とフロントライン諸国のイニシャティヴによって展開されてきたローデシア問題の平和的解決への活動は、ビクトリア・フォールズ会議以降、急激に下降線を辿っていった。さらにビクトリア・フォールズ会議の決裂は、これまで表面上統一を保ってきたANCに大きな影響を与え、その分裂を促進することになった。一九七五年九月一一日、ルサカにおいてムゾレワは、ローデシア国内で一方的にANCの全国大会を開催しようとしたことを理由に、ンコモのANCからの追放を発表した。[27] これに対して同月二八日、ソールズベリでANCの全国大会が開かれ、ンコモが議長に、そしてチナマノが副議長に選出された。こうしてANCは、武力闘争を主張するムゾレワ派（ANC国外派）と、交渉の継続を主張するンコモ派（ANC国内派）に分裂した。この時点におけるンコモの戦略は次のようなものであった。すなわち、彼自身は、国内でスミス政権との交渉を継続して平和的な解決を模索し、他方ではZAPU幹部モヨ（Jason Z. Moyo）にザンビア領内に基地をもつZIPRAの指導権を委ねて武力闘争を行なうという、まさに「和戦両様」の戦略を採用したのであった。[28] したがってンコモは、実質的にはZAPUに立ち戻ったのに対し、国外にはみるべき組織基盤をもたなかったムゾレワは、それ以後、解放勢力のなかで徐々に孤立した存在となってしまった。そしてこのことが、のちに彼を「内部解決」への参加に踏み切らせた主たる原因となったとみることができる。

こうした解放勢力の内部紛争は、ZANUにおいても例外ではなかった。すなわち、一九七五年三月の議長チテポの暗殺にまで発展したZANUのリーダーシップをめぐる権力闘争の結果、N・シトレは組織内の実権を失い、彼にかわってムガベがその指導者として登場してきたのであった。なお、ムゾレワによれば、こうしたなかでN・シトレは、ANCの国外組織として結成されたジンバブウェ解放評議会（Zimbabwe Liberation Council：略称ZLC）の議長に選出されたが、これはANCそれ自体が上記のように分裂したために、機能しないうちに消滅してしまった。[29] その後、彼は、七六年九月にANCを脱退してムゾレワとも訣別し、あらゆる組織基盤を失ってしまったのである。

解放勢力内部の動きとして最後に言及しておきたいのが、ジンバブウェ人民軍（Zimbabwe People's Army：略称ZIPA）創設への動きである。一九七五年九月頃、モヨはンコモの許可を得て、軍事部門を統合すべくZA

NU幹部と接触を開始し、両者は、各組織九名ずつの代表から成る合同最高司令部の設置に合意し、かくてZIPAが誕生することになった。[30] これに関して、N・シトレが、ZIPAはフロントライン諸国首脳と両組織の軍事部門の指導者による討議から生まれた、と述べているように、解放組織の統合に積極的なフロントライン諸国が、その実現に向けて活動したことが推察されよう。[31] しかしながらこの試みは、ゲリラ・キャンプにおける両組織のたび重なる衝突事件によって挫折してしまった。その原因は、ZIPAのリーダーシップにおいてZANUが圧倒的な影響力をもっていたこと、そしてZAPUの兵士がZIPAだけに忠誠を誓うことに強く反発したことなどであった。[32] その後、両組織の軍事部門を統合しようとする試みは、幾度となく両組織の指導者とフロントライン諸国首脳のあいだで討議されたが、結局、実現しなかった。

他方、問題の平和的な解決に関する動きとしては、一九七五年一二月一日、ンコモとスミスが制憲交渉を開始する旨を宣言し、フロントライン諸国はこれを静観した。しかし、この交渉はなんら具体的な成果を生みだすことなく七六年三月一九日に決裂してしまった。そして、この交渉においてもスミス政権は、「多数支配」という原則それ自体は、スミス・ヒューム協定におけると同様に受け入れたが、その「即時実現」に関しては、まったく非妥協的な姿勢を崩さず真向から反対したのであった。[33]

かくしてアフリカ人解放勢力とフロントライン諸国は、同月三日、モザンビーク大統領マシェルが、対ローデシア国境の閉鎖を宣言したことに示されるように、武力闘争を激化させる方向へと向かっていったのである。[34]

（1）　ポルトガル植民地体制の崩壊に関しては、小田英郎「アフリカ問題への視点―アンゴラ内戦。南部アフリカの解放。そしてＯＡＵ―」（『アジア・クォータリー』第八巻第二号、一九七六年四―六月）。九一―九三頁を参照。

（2）　Legum, Colin, *Southern Africa : The Secret Diplomacy of Detente, South Africa at the Cross Roads*, London,

Rex Collings, 1975, p. 3.

（3） 南アフリカ共和国のデタント外交については、小田英郎『南部アフリカ問題の現状と将来』、学校図書株式会社、二一―一〇頁、「南アのデタント政策と南部アフリカ情勢の将来」（『アジア』一九七六年二月）、四六―五三頁、「一九七〇年代における南部アフリカの政治変動と国際関係―南アフリカ、ローデシア、ナミビアを中心として」（『アジア経済』第二〇巻第一二号、一九七九年一二月）、九―一四頁を参照。

（4） *Southern Africa Record*（以下 *SAR*）, No. 1 (Mar. 1975), pp. 4-8.

（5） Windrich, Elaine, *Britain and the Politics of Rhodesian Independence,* London, Croom Helm Ltd., 1978, p. 238.

（6） Nolutshungu, Sam C., *South Africa in Africa: A Study in Ideology and Foreign Policy,* Manchester, Manchester Univ. Press, 1975, p. 177.

（7） ザンビアの銅輸送問題に関しては、林晃史「南部アフリカの政治変動と内陸国ザンビアの銅輸送問題」（『アジア経済』第二〇巻第一二号、一九七九年一二月）、四二―四三頁を参照。

（8） *Africa Research Bulletin*（以下 *ARB*）, *Political Social and Cultural Series,* Vol. 11, No. 10 (Nov. 15, 1974), p. 3388B.

（9） この時期のローデシア問題に関しては、小田英郎「南アのデタント政策と……」、四七―四八頁、五〇―五三頁、『南部アフリカ問題の……』、四―一〇頁、および「一九七〇年代における南部アフリカの……」、一〇―一四頁を参照。

（10） Legum, *op.cit.,* pp. 6-7.

（11） *Ibid.,* p. 7.

（12） *Ibid.,* p. 12.

（13） *ARB, Political Social and Cultural Series,* Vol. 11, No. 12 (Jan. 15, 1975), p. 3468A.

（14） *Ibid.,* p. 3470A.

（15） Sobel, Lester A., ed., *Rhodesia/Zimbabwe 1971-77,* New York, Facts on File, 1978, p. 62.

（16） Muzorewa, Abel Tendekai, *Rise up and Walk : An Auto-Biography*, London, Evans Brothers Ltd., 1978, p. 143.

（17） Sithole, Ndabaningi, *In Defence of the Rhodesian Constitutional Agreement : A Power of Promise*, Salisbury, Graham Publishing, 1978 pp. 7-8.

（18） フロントライン諸国とOAUの関係については、小田英郎「南アのデタント政策と……」、四八―五〇頁、「アフリカ問題への……」、九八―九九頁、『南部アフリカ問題の……』、五―七頁、および「一九七〇年代における南部アフリカの……」、一一―一二頁を参照。

（19） Sobel, *op.cit.*, p. 66.

（20） *Africa*, No. 45 (May 1975), p. 16.

（21） Legum, Colin ed., *Africa Contemporary Record : Annual Servey and Documents*（以下 *ACR*）, *1975-1976*, p. C73.

（22） 小田英郎「アフリカ問題への……」、一九九頁。

（23） *ACR, 1975-1976*, p. C75, なお邦訳にあたっては、小田英郎「南アのデタント政策と……」、五一頁、『南部アフリカの……』、および「一九七〇年代における南部アフリカの……」、一三頁を参照。

（24） Legum, Colin, "Southern Africa : How the Search for Peaceful Change Failed", in *ACR, 1975-1976*, p. A49.

（25） *Africa*, No. 53 (Jan. 1976), p. 9; Muzorewa, *op. cit.*, p. 166, 小田英郎「南アのデタント政策と……」、五二頁、『南部アフカ問題の……』、九頁、「一九七〇年代におげる南部アフリカの……」、一三頁。

（26） Muzorewa, *op.cit.*, p. 165.

（27） *Ibid.*, p. 168.

（28） Legum, Colin, "Southern Africa : The Year of the Whirlwind", *ACR, 1976-1977*, p. A14.

（29） Muzorewa, *op. cit.*, p. 160.

（30） Legum, "*Southern Africa : The Year of* .....," p. A20.

(31) Sithole, *op. cit.*, p. 18.
(32) Legum, "*Southern Africa : The Year of* ……," p. A20.
(33) *SAR*, No. 7 (Dec. 1976), p. 46.
(34) 小田英郎「国際関係におけるアフリカの焦点―アンゴラから南部アフリカへ―」(『アジア』、一九七六年七月)、二〇六頁。

二 スミス政権の政策転換――キッシンジャー提案とジュネーヴ会議――

アンゴラ内戦へのソビエト・キューバの軍事介入は、一九七一年のスミス・ヒューム協定以来、なんら局面打開の方策をもたず宗主国としての当事者能力を欠いていたイギリス政府を再び討議の場へと連れ戻したばかりではなく、アメリカ合衆国政府をもローデシア問題の平和的な解決に向けて積極的に介入させることになった。(1) そして後者の介入は、スミス政権に政策上の転換をもたらす主要な原因となったのである。

一九七六年四月二七日、合衆国国務長官キッシンジャーはルサカにおいて、南部アフリカにおける自決権と多数支配への支持を表明するとともに、一〇項目におよぶ対ローデシア基本方針を明らかにした。その要点は、(1)同年三月にイギリス外相キャラハン (James Callaghan) が発表した、二年以内の多数支配への移行を骨子とする「解決のための提案」を強く支援すること、(2)スミス政権を外交的にも物理的にも支援しないこと、(3)ローデシアに対する経済制裁を完全に履行すること、(4)多数支配の実現に向けてスミス政権と直接会談を行なうこと、(5)対ローデシア国境の閉鎖によって、経済的苦境に陥ったモザンビークを援助するために一二五〇万ドルを提供することと、(6)多数支配が実現した場合にも少数白人セトラーの権利は保護されるべきであり、このために援助計画を行なう用意があること、などであった。そして彼は、以上の政策を進めるうえで、フロントライン諸国と密接な討議を行なう旨を言明したのであった。(2)

こうした合衆国の対ローデシア基本方針の発表は、スミス政権にとって大きな衝撃であった。というのも次に述べるように一九七〇年以降、合衆国は、国連の経済制裁を公然と無視してローデシアからのクローム鉱の輸入を合法的に認めた七一年一一月のいわゆる「バード修正法」(Byrd Amendment)に象徴されるように、スミス政権にとっては好意的とも映るような言動を展開したからである。

一九六九年、合衆国大統領ニクソンは就任と同時に、外交全般にわたる再検討を命じたが、そのなかには対南部アフリカ政策も含まれていた。その結果、同地域に対する政策上の四つの選択肢が盛り込まれた「国家安全保証に関する調査覚え書き　第三九号(略称NSSM三九)」が提出された。そしてレーク(Anthony Lake)によれば、七〇年一月、当時、国家安全保障問題担当補佐官であったキッシンジャーは、そのなかの第二の選択肢である少数白人支配地域に対する合衆国の諸措置の部分的緩和という政策をニクソンに勧告し、ニクソンはこれを受け入れたのであった。(3)この第二の選択肢は、(1)少数白人は南部アフリカに今後も留まり、そこにおける建設的な変革は、白人によってのみ可能なこと、(2)アフリカ人は、「暴力」によっては政治的諸権利を獲得できず、こうした「暴力」はたんに混乱へと導き、さらに共産主義者にとっての好機の増大となること、を政策の前提としており、ローデシアに関しては、「イギリスおよび国連の活動を阻害することなく、スミス政権に対して柔軟な姿勢を取るべきこと」を勧告し、その政策例として、(1)領事館の存続、(2)制裁の緩和、(3)ローデシアに対する承認の考慮、などが掲げられていた。(4)

合衆国が、以上のような政策方針に即して対南部アフリカ政策を展開したか否かは明らかでない。しかし、国際的に孤立したスミス政権にとって、一九七〇年代前半の合衆国政府の言動は次の二点からみて、レークが指摘するように「単なる関心を越えた慰み」となったにちがいない。[5] すなわちそれは、(1)ローデシアの共和国宣言にともなう合衆国領事館の閉鎖問題に関して、ホワイトハウスはその決定を引き延ばし、これを直ちに閉鎖しない場合には合衆国大使に対する信任状の撤回を考慮する、という最後通告をイギリス政府が突き付けたことによって、ようやくそれを閉鎖したこと、[6] (2)議会におけるバード修正法の成立に際して、ホワイトハウスはそれを阻止するためになんら手段を講ぜず無関心を装ったこと、[7] である。

スミス政権の合衆国に対する関心は、アンゴラ内戦以後「合衆国は、共産主義者によるアフリカへの介入をこれ以上容認しないであろう」といった合衆国政府の声明によって大いに高められたみられる。[8] たとえば一九七六年三月、「合衆国は、アフリカに対してより多くの注意を払わねばならない、というフォード大統領の最近のメッセージによって、われわれは勇気づけられている。私は、アメリカが世界のなかのこの地域に大きな関心を払うことを希望するものである」[9] とスミスが語った時、彼はローデシアに対する合衆国の援助を期待している旨を表明したにほかならない。そして彼のこうした発言の背景にあるのは、次のような論理であった。すなわち、ローデシアは小国といえども自由世界の一員である。そしてローデシアが現在行ないつつある戦いは、共産主義者との戦いであり、かつ国際共産主義の侵略に対する戦いである。[10] 他方合衆国は、アンゴラへのソビエト・キューバの介入を契機として、アフリカにおける共産主義者の活動に大きな危機感を抱いている。したがって、合衆国をはじめとする自由世界は、共産主義者の侵略と戦うローデシアを支援するであろう。

しかしながら、合衆国に対する彼の期待は、キッシンジャーによって発表された対ローデシア基本方針に直面して崩れ去ってしまった。すなわち、合衆国は、スミス政権に「二年以内の多数支配の実現」を受諾させ、問題を平和的に解決することによって、次第に激化しつつあったアフリカ人解放勢力と白人政府軍の武力衝突を終結へと導き、アンゴラ内戦のようにソビエト・キューバが直接介入を行なうような条件を取り去り、あわせて南部アフリカに対するソビエト勢力の拡大を阻止しようとしたのであった。その後、キッシンジャーは、イギリス、ザンビア、タンザニアなどの各国首脳と意見を交換する一方、彼自身の言葉によれば、「南部アフリカ問題に関して平和的な解決が達成されうるとすれば、……その鍵を握っている」南アフリカ共和国政府との接触をはかり、(11)一九七六年六月二三日、二四日の両日、西ドイツにおいて、また九月四日から六日にかけてスイスにおいてフォルスターと会談した。そして「フォルスターの説得がなかったならば、スミスの合意はありえなかった」と、のちに彼が語ったように、南アフリカ共和国政府は、スミス政権に、これから述べるキッシンジャー提案を受諾させるうえで大きな役割を果たしたのであった。(12)他方、スミスは、一九七六年八月四日、こうしたキッシンジャーの活動を「わが国の状況を無視したもの」として批判しながらも、彼との直接交渉を訴える演説を行ない、(13)さらにそれを実現すべく仲介の労をとるよう再三にわたってフォルスターに要請したのである。(14)

以上のような過程を経て、一九七六年九月一四日から二一日にかけてキッシンジャーは、ダルエスサラーム→ルサカ→プレトリア→ルサカ→ダルエスサラームという行程で、いわゆる南部アフリカ往復外交を行ない、九月一七日から二〇日までプレトリアに滞在してフォルスター、そしてスミスと会談した。その結果、スミスは、九月二四日、五項目の制憲提案とローデシア経済の将来のために国際的な信託基金が設置されることを定めた経済援助に関する項目から成る「キッシンジャー提案」を、「一括協定」として受諾することを発表したのである。この五項目の制憲提案とは、

(1) ローデシアは二年以内の多数支配に同意すること、
(2) ローデシア政府代表とアフリカ人指導者は、暫定政府を組織すべく直ちに会合すること、
(3) 暫定政府は、投票権をもたない白人が議長を務め、同数の白人と黒人から成る国家評議会、およびアフリカ人が過半数を占め、アフリカ人が首相となる閣僚評議会によって構成されること。なお、暫定期間中、国防相と治安担当相は白人とされ、閣僚評議会の決定は三分の二の多数決によること、
(4) イギリスとローデシアは、この多数支配への手続きに法的権限を与える立法をそれぞれ制定すること、
(5) 暫定政府の樹立と同時に制裁は解除され、停戦が実現すること、

などをその内容とするものであった。[15]

スミスは提案の受諾を発表した際に、次のように語った。「この提案は、われわれが考えているローデシア問題に関する最善の解決策である、と述べるならば、私は不正実であろう。われわれはこの提案をある程度修正することはできたが、遺憾ながらわれわれの見解を受け入れさせることができなかったのである」[16]。たしかにこの提案は、暫定期間中の白人の役割、とりわけ国防相と治安担当相への白人の任命、そしてゲリラ活動の停止や経済制裁の解除など、白人セトラーに有利な点を含んでいたが、「二年以内の多数支配」という原則を受け入れたことは、UDI以来、少数白人支配体制を堅持してきたスミス政権にとって政策上の大転換を示すものであった。そして同政権がこの原則を受け入れたのは、「ローデシアにおいて現在の状況が続くかぎり、自由世界からのいかなる援助や支持も期待できないということが、……きわめて明白なものとなった。むしろ、われわれに対する自由世界の圧力は、増大するであろう」というスミスの言葉が示すように、先に述べた白人政権の論理が挫折したことに主要な原因があったとみてよいであろう。[17] 言葉をかえていえば、外部からの支援がまったく期待できな

いことが明らかとなったスミス政権にとって、キッシンジャー提案を受諾する以外に残された選択肢は存在しなかったのである。

ローデシア問題は、スミスがキッシンジャー提案の受諾を発表したことによって、大きく進展するかにみえた。しかしながらそれは、一九七六年九月二六日に発表されたフロントライン諸国の声明によって再び暗礁に乗りあげてしまった。すなわち同諸国は、「二年以内の多数支配」という原則をスミス政権が受諾したことに関しては評価したが、暫定政府の構成や停戦の実施に関する諸項目についてはこれに異議を唱え、こうした問題をあらためて討議するための会議の召集をイギリス政府に要請したのであった(18)。

先に述べたようにキッシンジャーは、南部アフリカ往復外交をつうじてニェレレやカウンダ等と討議を重ねた。にもかかわらず結果的にフロントライン諸国がこの提案に異議を唱えたのは、ニェレレによれば、キッシンジャーが暫定政府に関する諸項目をフロントライン諸国やアフリカ人解放勢力との協議なしにスミス政権に提案したためであった(19)。つまり、フロントライン諸国は、スミス政権に「二年以内の多数支配」という原則を受諾させるところまでをキッシンジャーに期待し、暫定政府の構成や制憲会議の召集手続、そして停戦実現への諸措置といった問題は、イギリス政府代表を議長とする会議において討議されるべきである、と考えていたのである。

これに対してスミス政権は、「二年以内の多数支配」という原則を受け入れる条件として、白人セトラーの既得権を保護するような項目をできるかぎり盛り込む形で提案を精緻化し、そうしたのちに各項目に関しては変更のきかない「一括協定」とすることを画策したのであった。こうした同政権の戦略は、一九七七年一月二八日に南アフリカ共和国下院で行なったフォルスターの演説によって裏付けることができる。すなわち彼によれば、国家評議会の議長および閣僚評議会の国防相、治安担当相を白人とすることや、閣僚評議会における三分の二の多数決による決定などの問題は、プレトリアの会談では決着がつかず、二四日の受諾発表までのあいだに暫定政府の機能に関する細部規定を含めてスミスとキッシンジャーのあいだで合意に達したのであった。[20] したがって、スミス政権にとっては、暫定政府の機能と構成に関する項目については議論の余地はまったくなかったのである。

一九七六年一〇月二八日、ジュネーヴにおいて暫定政府樹立のための会議、いわゆるジュネーヴ会議が開催された。同会議にはイギリス国連代表リチャード（Ivor Richard）を議長として、これに先立つ一〇月九日、ZAPU議長ンコモとZANU議長ムガベによって結成された愛国戦線（Patriotic front：略称PF）、ANC、ZANUシトレ派の各解放組織の代表とスミス政権の代表が出席した。しかし会議は、解放勢力とスミス政権の意見の懸隔のために休会を繰り返し、討議は進展しなかった。すなわち解放勢力側は、暫定政府の構成に関してはキッシンジャー提案を前提としない、という姿勢を崩さず、他方、スミス政権側は、同提案が「一括協定」であるために、暫定政府はそれに即して構成されるべきである、という主張を繰り返したのであった。[21] かくして両者は鋭く対立して討議は行き詰り、結局、会議は一二月一四日、翌年一月一七日まで休会することになったが、これはジュネーヴ会議の事実上の閉幕を意味することになった。しかしこの会議を契機としてイギリス政府は、合衆国とともにローデシア問題の平和的解決に向けて再び活動を開始したのである。

以上のように、一九七六年四月にはじまったキッシンジャーの南部アフリカ外交は、結果的には問題の解決を生みださなかったが、ジュネーヴ会議に至る過程で生じた二つの出来事は、白人政権の終焉と多数支配の実現に向けてローデシアの政治的潮流を大きく推し進めることになった。すなわちそれは、第一に、スミス政権が「二年以内の多数支配」という原則を受け入れたことであり、これによって同政権は、以後、多数支配への即時移行を前提とした問題の解決を模索することになった。そしてこれは、少数白人支配体制の堅持という従来の政策にかわって、多数支配という枠組のなかでいかにして白人セトラーの既得権を保持しうるか、という課題が、同政権の政策を規定することを意味した。第二は、ZAPUとZANUがPFを結成したことであり、これによって解放組織間の対立という阻害要因が取り除かれ、両組織は武力による白人政権の打倒を目指してより一層、ゲリラ活動を激化させたのであった。

（1）ローデシア問題に対する合衆国の介入からジュネーヴ会議に至るまでの時期に関しては、小田英郎『南部アフリカ問題の……』、一三—一六頁、および「一九七〇年代における南部アフリカの……」、一五—一八頁を参照。

（2）*SAR*, No. 5 (July 1976), pp. 3-4.

（3）Lake, Anthony, *The "Tar Baby" Option : American Policy Toward Southern Rhodesia*, New York, Columbia Univ. Press, 1976, p. 130.

（4）El-Khawas, Mohamed A., and Barry Chohen, eds., *The Kissinger Study of Southern Africa*, Westport, Lawrence Hill and Company, 1976, pp. 105–107.

（5）Lake, *op.cit.*, p. 157.

（6）*Ibid.*, pp. 134–141.

（7）*Ibid.*, pp. 198–226.

（8）El-Khawas and Chohen, *op. cit.*, p. 61.

（9）*Newsweek*, April 5, 1976, p. 18.

（10）*Ibid.*, p. 19.

（11）*SAR*, No. 6 (Sep. 1976), p. 35.

（12）Sobel, *op.cit.*, p. 92.

（13）*Ibid.*, p. 87.

（14）*SAR*, No. 8 (Mar. 1977), p. 45.

(15) *SAR*, No. 7 (Dec. 1976), p. 41.
(16) *Ibid.*, p. 39.
(17) *Ibid.*
(18) *Ibid.*, p. 45.
(19) Sobel, *op. cit.*, p. 93.
(20) *SAR*, No. 8 (Mar. 1977), pp. 41–42.
(21) Sobel, *op. cit.*, p. 101.

三　白人政権の終焉

(一)　英米共同提案

ジュネーヴ会議の決裂以後、スミス政権、ＰＦ、そしてイギリス・合衆国という三者の活動は、直ちに収斂しなかった。というのも、問題の平和的解決をめざしたイギリス・合衆国によるスミス政権とＰＦのあいだの積極的な調停活動をよそに、両者はそれぞれ独自に解決への処方箋を模索しはじめたからである[1]。すなわちスミス政権は、武力闘争を行なわない国内の解放勢力そしてチーフの代表を相手に問題の解決をはかるいわゆる「内部解決」へと進み、他方、フロントライン諸国の全面的な支援を獲得し、さらに一九七七年七月にリーブルビルで開かれたＯＡＵ第一四回定例首脳会議において、ローデシアを代表する唯一の組織として承認されたＰＦは、武力による解放を訴えてゲリラ活動を展開したのである。

スミス政権は、こうしたＰＦの活動に対してゲリラ・キャンプや難民キャンプのあるモザンビークへの越境攻撃で応えながら、内部解決に向けて国内的な支持を固めるべく一九七七年八月三一日、一年繰り上げて総選挙を行なった。この選挙においてRFは、過去三回の総選挙同様、白人五〇議席のすべてを独占したばかりか、これまでもっとも高い八五%という得票率（前回七四年七月の総選挙では七七%）を記録したのであった。(2)

総選挙が終了すると同時に、イギリス外相オーエン（David Owen）と合衆国国連代表ヤング（Andrew Young）は、かねて両国政府によって作成されていた解決のための提案、いわゆる「英米共同提案」をスミスに示した。この提案の特徴は、以下の六点に要約される。すなわち、(1)スミス政権の政権放棄、(2)一九七八年一二月を期限とした独立、(3)一人一票制にもとづく総選挙の実施、(4)多数支配への移行期間における、イギリス政府による暫定政府の樹立と総選挙の監視、(5)暫定期間中の平和維持のための国連軍の導入、(6)経済開発基金の設置、などである。(3)

この提案は、暫定政府におけるみずからの重要な役割を規定することによって、問題解決に向けての宗主国の責任とその積極的な姿勢を示すとともに、国連軍を導入することによってこの解決を国際的に正当化しようとするイギリス政府の意図が伺われるものであった。フロントライン諸国は、この提案が多くの不満な点を含みながらも「将来の交渉の基礎となるもの」として、これを支持する旨を明らかにしたが、(4)スミス政権とPFは、双方とも、この提案の核心をなす暫定政府におけるイギリス政府の積極的な役割と国連軍の導入を不満として異議を唱えた。(5)かくして一九七七年の初頭以来、積極的に展開されてきたイギリスと合衆国による調停活動は、この提案の発表を頂点として下降線を辿りはじめ、以後、ローデシアの政治的潮流は、スミス政権の内部解決へと流れを変えていったのである。

(二) 内部解決とムゾレワ政権の誕生

武力闘争を行なわないローデシア国内の解放組織やチーフの代表を相手に、問題の解決をはかろうとする内部解決は、すでに一九七七年のはじめ頃からスミス政権によって計画されていた。これは、国内に在住するアフリカ人指導者との提携によって、キッシンジャー提案を一方的に履行して国際的な承認を獲得し、あわせてPFのゲリラ活動を鎮圧するために外部からの支援を仰ぐことを意図したものであった(6)。そして内部解決が具体的に動きだしたのは、同年一一月に入ってからであり、それ以後スミス政権は、「統一アフリカ民族評議会(United African National Council:略称UANC)」のムゾレワ、アフリカ民族評議会シトレ派(African National Council-Sithole:略称ANC-S)」のN・シトレ、そしてチーフによって構成される「ジンバブウェ統一人民機構(Zimbabwe United People's Organization:略称ZUPO)」のチラウ(Jeremiah Chirau)等とともに内部解決交渉を行なったのである(7)。

N・シトレ、そして当初この計画に反対していたムゾレワを交渉への参加に踏み切らせた主たる要因は、OAUとフロントライン諸国がPFをローデシアを代表する唯一の組織として承認したために、彼らが孤立したことにあったとみられる。言葉をかえていえば彼らは、この交渉に参加する以外、ナショナリストとしてのみずからの主体性を主張しえないような状況に追い込まれていたのである。他方スミスにとって、ムゾレワの参加は内部解決を正当化するための必須の条件であったにちがいない。なぜならムゾレワは、先に述べたように、一九七二年、ANCの議長としてアフリカ人民衆をスミス・ヒューム協定拒否行動に動員した実績をもっていたし、また七六年一二月の帰国以後も、公称一〇万人のアフリカ人を集会に動員しうる支持基盤をアフリカ人民衆のあいだに有していたからである(8)。さらに将来のローデシア経済に関して、彼が急進的な社会主義化ではなく、彼の言葉によれば、資本主義と社会主義の長所を取り入れた「ジンバブウェ社会主義」という穏健な思想の持ち主であったことも、スミスが彼を交渉相手として選んだ大きな誘因であったといえよう。(9)

いうまでもなく、スミスにとってこの交渉における最大の課題は、多数支配への即時移行という原則を前提として、いかにして白人セトラーの既得権を保持しうるか、ということであった。そして一九七八年三月三日に調印された暫定政府の構成と新憲法に関する協定、いわゆる「ソールズベリ協定」とそれにもとづいて起草された「ジンバブウェ・ローデシア憲法」は、その内容からみてこうしたスミスの思惑を実現したものといえるであろう。

ソールズベリ協定は、主として議会の構成や白人セトラーの保護規定など新憲法に盛り込まれるべき諸項目と、暫定政府の構成と機能に関する項目からなっており、それは以下の五点に要約されうる。すなわち、

(1) 一人一票制にもとづく多数支配を規定した憲法が起草されること、

(2) 一〇〇議席からなる下院が開設され、うち七二議席は黒人に、二八議席は白人に指定され、白人議席は一〇年あるいは下院の任期で二期のいずれかのより長期にわたる期間、変更されないこと、

(3) 以上の規定は新憲法に盛り込まれ、その改正には七八の賛成票が必要とされること、

(4) 暫定政府は、スミス、ムゾレワ、N・シトレ、そしてチラウの四者によって構成される執行評議会、および同数の白人と黒人からなる閣僚評議会によって構成されること、

(5) 一九七八年一二月三一日を独立の期日とすること、

であった。(10)

以上のような協定を踏まえて起草された憲法、いわゆる「ジンバブウェ・ローデシア憲法」が、白人セトラー

に対する優遇措置として、白人指定議席の規定に加えて次のような規定を含んでいたことは、指摘されるべきであろう。すなわち第一点は、暫定規定として五年間あるいは下院の最初の任期のうちで、より長期にわたる期間、閣僚のポストは、各党が獲得した議席数にもとづいて分配されることである。[11] これは、首相の組閣に関する権限を制限することを意味し、このため一九七九年四月の総選挙でUANCが過半数の議席を獲得しながらも、ムゾレワ政権が「国民統一政府」と称する五名の白人閣僚を含む連立政府となったのは、必然的な結果であった。第二点は、国家元首、行政部、立法部、司法部に関する諸規定、および「権利章典」、憲法修正規定、暫定規定などは特別条項とされ、その改正には七八の賛成票が必要とされたことである。[12] これは、白人議員が主要な憲法規定の改正に関して拒否権を行使しうることを意味した。第三点は、行政官庁、警察、防衛軍（政府軍）などの国家諸機関の（公務員）人事に関する権限が、各機関ごとに設置される委員会に排他的に付与されたことである。たとえば議長を含めて五人からなる（行政官庁の）委員会の場合、うち三名は長官、副長官、そして次官のいずれかのポストにあった者、あるいはそれと同等のポストに最低五年間在職した者でなければならないと規定されたが、こうしたポストはすべて白人によって占められていた。したがって、国家機関における人事権は事実上、白人に委ねられることになったのである。こうした公務員に関する人種差別に関しては若干、述べておく必要があろう。

ローデシアにおいては、一九六〇年に当時の首相ホワイトヘッド（Sir Edger Whitehead）が、アフリカ人およびカラードを行政官庁職員として採用することを禁じた一九三一年の行政官庁職務法（Public Servies Act 1931）を修正するまで、アフリカ人の正式な行政官庁職員は存在しなかった。[14] そしてこの修正法によって六三年半ばまでには、全職員二二四七人中九三人、さらに六五年には旧ローデシア・ニヤサランド連邦の職員がローデシア政府によって採用されたために、九九〇五人中一六五二人のアフリカ人公務員が誕生した。[15] しかし彼らは下級職にしか就けず、またその職種はほとんど教育関係に限られており、農務、財務、厚生の各省や地方自治体はすべて白人によって独占されていたのである。[16] RFが政権の座に就くと、同政権はアフリカ人に行政官庁職員への道を閉ざし、アフリカ人職員の数を削減しはじめた。その結果、六六年から六九年までのあいだに任用候補者数は、白人が一六九〇人であったのに対し、アフリカ人はわずか一九人であり、またアフリカ人の職員数も六九年には八〇二人に削減され、さらに七一年には、教育関係を除くアフリカ人行政官庁職員の総数は一五人となったのであった。[17]

こうした状態は、昇進に関するかぎり防衛軍、警察でも同様であり、アフリカ人は、前者においては下士官、後者においては警部補以上には昇進できなかったのである。[18] したがって、たとえ多数支配への移行と同時に、一挙に公務員をアフリカ人化することが非現実的で不可能なことであったとしても、将来に向かってこうした国家機関における白人の独占を改善し、アフリカ人を積極的に公務員として採用し、彼らに昇進への道を開くべきであったとすれば、その人事に関する排他的な権限を白人が多数を占める委員会に委ねたことは、大きな誤りであったといえよう。

以上のようにソールズベリ協定と、それにもとづくジンバブウェ・ローデシア憲法は、白人の拒否権、国家機関における白人優位体制の温存などに示されるように白人セトラーの既得権を大幅に認めたものであり、多数支配が実現しても彼らの意向を無視しえないように配慮されていたのである。この意味において内部解決は、一人一票制にもとづく多数支配への即時移行を認めながらも、スミスにとっては大きな成果であったといえよう。しかしPF、フロントライン諸国は、当然のことながら内部解決を認めず、さらに国連安保理も一九七八年三月一四日、これを非難する決議を採択したために、内部解決グループの大きな目標であった国際的な承認、経済制裁の解除、そしてゲリラ活動の停止は実現しなかったのである。

こうした外部の動きをよそに内部解決グループは、次々と既成事実を積み重ねていった。すなわち、一九七八年四月一二日には閣僚評議会の人事が発表されて暫定政府が活動を開始し、同年一二月の独立は実現しなかったが七九年一月二日には先に述べた新憲法が発表され、同月三一日、それは大多数を白人選挙人が占める国民投票によって承認されたのであった。そして同年四月一七日から五日間、ローデシア初の一人一票制にもとづく総選挙が実施され、その結果ムゾレワの率いるUANCが、得票率六七パーセント、五一議席を獲得して第一党となり、六月一日、「ジンバブウェ・ローデシア」という新たな国名のもとに、ムゾレワを首班とする初の黒人政権が誕生したのであった。(19)

ところで、内部解決とその結果としてのムゾレワ政権の誕生は、ローデシアの政治的潮流のなかにどのように位置づけられるべきであろうか。ローデシア問題がたんにイギリスの一植民地の問題にとどまらず、フロントライン諸国、OAU、さらには国連までも巻き込んだ国際的な側面を有していたとすれば、内部解決グループがこうした側面を無視して一方的に問題を解決しようとしたことは大きな誤りであったし、また同グループがイギリス政府の提案する全当事者会議へのたび重なる参加要請に応ぜず、さらにOAUが唯一の代表として承認したPFを除外して協定を締結したことは、著しくその正当性を損うものであったといえよう。

しかしながら、内部解決に関して評価すべき点も存在したことは、看過すべきではなかろう。すなわちそれは少数白人政権の終焉をもたらし、白人セトラー至上主義のRFを政権の座から降ろしたことである。そして次に述べるローデシア問題解決のための全当事者会議、いわゆる「ランカスター・ハウス会議」が、当初の予想に反して成功をおさめることができたのは、一つにはまさにこの事実のためであった。この点からみて、内部解決とムゾレワ政権はくしくも「ジンバブウェ・ローデシア」という国名が示したように、少数白人支配体制のローデシアから国際的に認知された多数支配体制のジンバブウェへの橋渡しをする過渡的な現象であった、ということができよう。そしてムゾレワ政権の誕生は、ローデシア問題の解決を告げる序曲となったのである。

（1）英米共同提案と内部解決に関しては、小田英郎『南部アフリカ問題の……』、一一六－一一八頁、および「一九七〇年代における……」、一八－一九頁を参照。また一九七七年におけるローデシア情勢のより詳細な考察に関しては、林晃史「七七年の南部アフリカ情勢－ローデシア問題を中心に－」（『海外市場』、一九七八年三月）を参照。
（2）*Newsweek*, Sep. 12, 1977, p. 12; *ARB. Political Social and Cultural Series*, Vol. 11, No. 7 (Aug. 15, 1974), p. 3309C.
（3）*SAR*, No. 12 (May 1978), pp. 5-9.
（4）Sobel, *op. cit.*, p. 132.
（5）*Newsweek*, *op. cit.*, p. 11; *Zimbabwe Review*, Vol. 6, No. 11, 1977, p. 7; Sobel, *op. cit.*, pp. 132-133.
（6）*Africa*, No. 66 (Feb. 1977), pp. 40-41.
（7）ムゾレワは帰国後、組織名をＵＡＮＣと改称し、他方Ｎ・シトレは、帰国（一九七七年七月）後、組織名をＡＮＣとした。その後七八年五月に、ＺＡＰＵとＺＡＮＵの非合法化が解除されるとともに、彼は組織名をＺＡＮＵと改称した。
（8）Sobel, *op. cit.*, p. 103.
（9）Muzorewa, *op. cit.*, pp. 244-245.
（10）*SAR*, No. 12 (May 1978), pp. 244-245.
（11）*Proposals for a New Constitution for Rhodesia* (Cmd. R. R. 2-1979), N. D., p. 4.
（12）*Ibid.*, p. 11.

(13) *Ibid.*, p. 6.
(14) Palley, Claire, *The Constitutional History and Law of Southern Rhodesia, 1888-1965 : with Special Reference to Imperial Control*, Oxford, Clarendon Press, 1966, p. 475.
(15) *Ibid.*
(16) Mlambo, Eshmael, *Rhodesia : The Struggle for a Birthright*, London, C. Hurst and Company, 1972, pp. 101-102.
(17) Palley, Claire, "Law and the Unequal Society : Discriminatory Legislation in Rhodesia under the Rhodesian Front from 1963-1968", *Race*, Vol. 7, No. 2 (1970), p. 150 ; Mlambo, *op. cit.*, p. 102 ; *ACR, 1971-1972*, p. B423.
(18) Wilkinson, Anthony R., *Insurgency in Rhodesia, 1957-1973 : An Account and Assessment*, London, The International Institute for Strategic Studies, 1973, p. 33.
(19) *ARB, Political Social and Cultural Series*, Vol. 16, No. 4 (May 15, 1979), p. 5240C.

四　合法的路線への復帰——ランカスター・ハウス会議への潮流——

一九七九年五月三日のイギリス総選挙の結果、新たに保守党が政権の座に就いた。同政権は、一四年間続いたローデシアの反乱を終結へと導いてそれを合法的路線へ復帰させるとともに、国際的に承認された多数支配の実現という課題を果たしたことは否定できない事実である。しかしながらイギリス保守党政権の政策のみがローデシア問題を解決へと導いたとはいえない。すなわち、ローデシア問題は、ＰＦそしてムゾレワ政権という直接的な当事者に加えて、フロントライン諸国、ＯＡＵアフリカ諸国、アメリカ合衆国、さらには英連邦諸国といった外部の諸勢力（あるいは間接的当事者とも呼ぶべきアクター）とイギリス政府の相互作用によって解決されたのである。

こうした観点からローデシアの政治的潮流を考察するならば、保守党政権の誕生した一九七九年五月から問題が最終的に解決された同年一二月までの期間を、八月の英連邦諸国首脳会議を境として二つの時期に分けて考えることができよう。つまり英連邦諸国首脳会議に至るまでの時期は、イギリス政府にとってローデシア問題の解決をはかるための準備期間であり、この間、同政府の政策は大きく揺れ動いた。そして英連邦諸国首脳会議以後、ローデシア問題は最終段階を迎え、その解決に向かって一挙に動きだしたのであった。

(一) 保守党政権の政策と英連邦諸国首脳会議

新たに政権の座に就いた保守党政権のローデシア問題に対する姿勢は、五月七日、首相サッチャー（Margaret Thatcher）が、ムゾレワ政権の承認と経済制裁の解除を強く示唆し(1)、さらに同月中旬、ムゾレワとの会談のために政府特使としてダフ卿（Sir Anthony Duff）が派遣されたことなどに示されるように、ムゾレワ政権に対して好意的なものであった。非妥協的なスミス政権にかわって白人セトラーとの協調を前面に押しだし、急激な現状変革に消極的であったムゾレワ政確が誕生したことは、保守党政権にとってローデシア問題を解決する好機の到来と映ったにちがいない。そして同政権は、次のような論理によってみずからの姿勢を正当化したのであった。すなわち、一人一票制にもとづく総選挙が四月に行なわれたことによって、ローデシアには根本的な変化が生じた。その結果、議会においてはアフリカ人が多数派を構成し、アフリカ人政権が誕生した。他方イギリス政府は、これまでローデシアに関するみずからの責任を認識してきた。そしてこの責任は、政治的なものであるとともに、道徳的なものである。したがって、ローデシアの人々の六四パーセントが票を投じた選挙を無視することは道徳的な誤りであるし、またローデシアの人々の希望を尊重することは、われわれの義務である。[2]

こうしたイギリス政府の論理が、四月の総選挙の正当性を前提とするものであったことは、いうまでもない。総選挙の客観的な正当性に関しては諸説分かれるところであるが、[3]結果として同政府は、(1)総選挙は公正かつ自由なものであり、(2)それは、「ジンバブウェ・ローデシア憲法」に関する国民投票をなすものであった、との結論に達したボイド卿(Lord Boyd)の調査報告を採用したのであった。[4]このようにイギリス政府が総選挙の正当性を問題視した理由は、それが単に「根本的な変化」としてみなされたばかりではなく、ローデシア独立のための「五原則」のなかの第五番目の原則に関わっていたからである。すなわち、イギリス政府は、多数支配への前進、アフリカ人の政治的地位の改善、そして人種差別の廃止といった第一から第四までの諸原則が、「ジンバブウェ・ローデシア憲法」によって遵守されたと考えていた。したがって「問題解決のための基礎は、民衆全体に受け入れられねばならない」という第五原則が、総選挙によって遵守されたとすれば、それは同政府にとってローデシアの独立を承認する基本的条件がすべて満たされたことを意味したのであった。

以上のような論理にもとづいてイギリス政府は、外相キャリントン(Lord Carrington)によれば、ローデシア問題解決のための「第二段階」として、外務兼英連邦関係省次官デイ(Derek Day)をソールズベリに常駐させてムゾレワ政権との「密接な接触」を維持する一方、五月二七日、ローデシアを合法的な路線へ復帰させるための方策を討議すべく、アフリカ諸国へ政府特使ハーレック卿(Lord Harlech)を派遣することを発表した。[5]しかしながら、これまでみずからの論理にしたがって一方的に活動を展開してきた保守党政権も、ハーレック卿の帰国報告によって、その政策を修正せざるをえなくなった。ハーレック卿は、タンザニア、ザンビア、モザンビーク、アンゴラ、ボツワナなどのフロントライン諸国およびマラウイ、ナイジェリアを訪問して政府首脳と会談を行なった。これら諸国の首脳に加えて、彼がルサカとマプトにおいてPFの代表と会見したことは、アフリカ諸国の強い要請によるものと見なすことができる。というのもサッチャーは、PFに対する特使の派遣について、これまではっきりとした姿勢を示していなかったからである。(6)

これら一連の会談の結果としてハーレックは、アフリカ諸国が穏健派にいたるまで、「ジンバブウェ・ローデシア憲法」に対して強い敵意を示していることを報告した。(7)そして一九七九年七月一七日から二一日まで、モンロピアで開かれた第一六回OAU定例首脳会議においてアフリカ諸国が、イギリスとアメリカ合衆国に対して、ムゾレワ政権の承認は全アフリカ諸国に対する敵対行為とみなされるであろうという警告を発したことは、同諸国のムゾレワ政権に対する否定的な姿勢をイギリス政府にはっきりと認識させるものであった。(8)さらに合衆国政府が、四月の総選挙の正当性に関して否定的な見解を表明していたことは、ムゾレワ政権に対するアフリカ諸国の強い批判とともに、同政権を中心に据えて問題の解決をはかろうとするイギリス政府に、再考を促す大きな要因として作用したとみなすことができる。(9)

かくして一九七九年七月一〇日、キャリントンは、上院での演説のなかでムゾレワ政権の誕生を「根本的変化」としてとらえる従来の方針を繰り返しながらも、来るべき英連邦諸国首脳会議が終了するまでは最終的な政策を決定することはできない、と語った。(10)また同月二五日、サッチャーも内部解決を「大きな前進」として評価し、四月の総選挙に関しては「素直」であらねばならないと語りながらも、「素直さ」と「外交」は常に両立するとはかぎらず、同選挙が第五原則を遵守するものであるかどうかはいまだ決定されていない、と言明したのである。こうした彼女の言葉は、一方的なイギリス政府の政策が、ムゾレワ政権に対して批判的な国際世論に直面して、再考を余儀なくさせられたことを示すものといえよう。そして彼女は、英連邦諸国首脳会議における討議ののちに、イギリス政府が制憲問題に関する確固たる提案を行なうことを予告したのであった。[11]

一九七九年八月一日から七日まで、ルサカにおいて開かれた第二二回英連邦諸国首脳会議においては、かねて予想されたようにローデシア問題が主要な議題となった。そして同問題の討議は、同月三日、ニェレレが「ジンバブウェ・ローデシア憲法」を非難する演説を行ない、さらに(1)全当事者の合意にもとづく民主的な憲法の制定、(2)国際的に監視される自由かつ公平な選挙、(3)英連邦による再入植計画と白人セトラーのための救済基金の設置、などから成る提案を提示したことによって開始された。[12] これに応えてサッチャーは、「ジンバブウェ・ローデシア憲法」に対する国際的な批判を諒解するとともに、イギリス政府の対ローデシア基本方針を発表した。すなわちそれは、黒人多数支配への全面的なコミットメント、独立承認に関するイギリス固有の義務の確認、そして全当事者に対する解決のための提案の早期提示、などを内容とするものであった。[13]

こののちローデシア問題は、オーストラリア首相フレーザー(Malcom Fraser)、サッチャー、ナイジェリア外務委員アデフォペ(Hery Adefope)、ジャマイカ首相マンレー(Michael Manley)、ニェレレ、そしてカウンダ等のあいだで討議が続けられ、その結果八月六日、イギリス政府は二週間以内に新たな制憲提案を発表することを明らかにし、さらに九項目から成るローデシア問題解決のための協定、いわゆる「ルサカ協定」が起草されて英連邦首脳のあいだで正式に採択されたのであった。[14] この内容は、以下の五点に要約されよう。

(1) 内部解決憲法は、重要な側面において欠点を有するものであること、
(2) 恒久的な解決は、全当事者によって模索されねばならないこと、
(3) 多数支配にもとづく独立は、少数派に対する適切な保護規定を含む民主的な憲法の採用を必要とすること、
(4) イギリス政府および英連邦諸国のオブザーバーによる監視のもとで、自由かつ公平な総選挙が実施される

こと、

(5) 全当事者が出席する制憲会議の召集、というイギリス政府の意向を歓迎すること。[15]

この協定は、まさにイギリスとアフリカ諸国双方による譲歩を示すものであった。というのもイギリス政府は、ジンバブウェ・ローデシア憲法の欠陥を認めるとともに、全当事者が出席する制憲会議の召集に合意し、他方アフリカ諸国は、白人セトラーに対する保護規定がもり込まれた新憲法の起草を諒解したからである。そして英連邦諸国首脳会議は、ムゾレワ政権を中心に据えたこれまでのイギリス政府の政策からみて、同政府の政策転換を期すものであった。

会議の終了に際してニェレレとサッチャーは、「ルサカ協定」がローデシア問題の平和的解決のための「最後の機会」であると語った。[16] そして彼らの言葉どおり、ローデシアの政治的潮流は、問題の最終的な解決に向けて急激に動きだしたのである。

(二) ランカスター・ハウス会議

一九七九年八月一四日イギリス政府は、英連邦首脳会議における公約に則して、九月一〇日からロンドンにおいてキャリントンを議長とする制憲会議を開催することを明らかにした。同時に彼は一一項目から成る制憲提案を発表し、PFとムゾレワ政権に会議への参加を呼びかけた。この制憲提案はのちに、より精緻化されて両者に提示されたが、その最大の特徴は「ルサカ協定」にもり込まれた白人セトラーに対する保護規定を、下院に白人指定議席を設置することによって具体化したことであった。[17]

こうしたイギリス政府の呼びかけに応えて、ムゾレワ政権は、その翌日には制憲会議への参加を発表した。同政権を会議への参加に踏み切らせた直接の要因は、英連邦諸国首脳会議において、イギリス政府が新憲法の起草、制憲会議の召集、そして総選挙の実施などを表明したことによって、ムゾレワ政権に対する早期承認と制裁の解除という希望が断たれたことにあったとみてよいであろう。しかしその背景として、同政権の公約の破綻という国内問題が存在したことを看過できない。

ムゾレワ政権は、戦争状態の終結と平和の回復、そして国際的承認と経済制裁の解除を二大公約としていた。[18]そして前者に関しては、ゲリラ兵に対する投降の呼びかけとモザンビーク、ザンビアに対する越境攻撃という和戦両様の戦略で臨んだが、これは政権発足後二カ月を経てもまったく功を奏さなかった。他方、後者に関してはイギリス政府のムゾレワ政権を中心に据えた政策によってその実現が期待され、またムゾレワみずからも一九七九年七月、合衆国とイギリスを訪れて説得にあたったが、これも英連邦諸国首脳会議の諸決議によって挫折してしまったのであった。

このようにムゾレワ政権がその公約を実現できなかったことは、デラップ（Mick Delap）が指摘するように、四月の総選挙においてアフリカ人選挙民が「平和と繁栄」のために一票を投じたとすれば、同政権の威信を著しく低下させる要因となったにちがいない。[19]したがってムゾレワは、制憲会議をテコにしてこうした問題を一挙に解決しようとしたとみられる。

他方、ＰＦは八月二〇日、イギリス政府の発表した制憲提案を受け入れることはできないが、これまでも交渉による問題解決という原則を承認してきた、と述べて会議への参加を表明するとともに、現在ローデシアの大半の地域に解放区が設置され、国土の九〇％がＰＦの作戦地域となっていると発表した。[20]ＰＦの武力闘争が、どの程度進展していたのかを断定することはできないが、たとえば、一万五〇〇〇人から二万人のゲリラ兵を国内に送り込んでいたと伝えられるＺＡＮＵは、その機関紙によれば、一九七八年末までに国土の約八五％を作戦地域とし、七九年七〜八月にはこれが九五％以上となり、その三分の一の地域に解放区を建設していた。[21]他方、約五〇〇〇人の兵士を国内に送り込んでいたと伝えられるＺＡＰＵは同年四月に、解放闘争が解放区に行政機構を確立する段階に到達したことを宣言していたのである。[22]そしてこうしたＺＡＰＵとＺＡＮＵの発表は九月三日、ムゾレワ政府軍司令部がローデシアのほぼ全域に戒厳令が公布された、と発表したことによってある程度、裏づけられたといえよう。[23]

ＰＦとムゾレワ政権が会議への参加を受諾したことにより、ローデシア問題解決のための制憲会議、いわゆる「ランカスター・ハウス会議」は、九月一〇日、予定どおり開催された。同会議においては制憲問題、独立までの暫定期間の問題、そして停戦問題の順で討議が行なわれた。結論から先にいうならば会議の成功は、イギリス側が示した諸提案の大幅な変更を認めなかった議長キャリントンの強引ともいえるイニシャティヴと、この会議を問題の平和的な解決のための「最後の機会」とみなしていたフロントライン諸国の調停活動によってもたらされたのであった。

〔制憲問題〕

制憲問題に関する討議は九月一四日、イギリス政府が先の制憲提案にもとづいて作成した憲法草案を提示したことによって開始された。この草案は、次の三点をその特徴とするものであった。すなわち、

（１）大統領を元首とする議員内閣制を統治形態とすること、
（２）下院には一定期間、白人指定議席が設置されること、
（３）首相の勧告にもとづいて行動する大統領に対して、国家諸機関を統轄する委員会のメンバーの任命権、

および必要な場合には同委員会の活動に関して全般的な指導を行なう権限を付与すること、であった。[24]

ムゾレワ政権は同月二一日、イギリス提案の全般的な原則に同意することを伝えたが、PFはこれに対抗する形で、(1)アメリカ型大統領制を統治形態として採用すること、(2)下院は一二〇議席から構成されること、を骨子とする制憲提案を発表したのであった。[25] 制憲問題に関する論議の焦点となったのは、白人指定議席の問題であったが、これに関してPFは同月二四日に「拒否権をもたない二〇パーセントの白人議席」に合意するとともに、次のような具体案を提出した。すなわち、(1)一二〇議席の内二四議席を白人議席とし、その内訳は一五議席を白人選挙人名簿から、残り九議席を普通選挙人名簿から選出すること、あるいは(2)九六議席は黒人選挙人名簿から、残り二四議席は白人選挙人名簿から選出すること、であった。[26]

これまでPFは、白人指定議席を「人種主義的要素」として非難していたにもかかわらずこれを受け入れたのは、「ルサカ協定」に白人セトラーに対する保護規定が盛り込まれていたからであろう。しかしながらキャリントンは一〇月三日、こうしたPFの提案を無視する形で、イギリス政府が一方的に作成した最終的な憲法草案を提出し、ムゾレワ政権とPFに対してその受諾を迫った。これは先に提案された憲法草案をより精緻化したものであり、ここではその特徴として次の二点を指摘しておきたい。すなわちそれは、

（1）一〇〇議席から構成される下院に二〇議席の白人指定議席が設置され、この規定は独立から七年間、満場一致によってのみ改正しうるものとすること、

（2）国家諸機関を統轄する委員会のメンバーは、首相の勧告にもとづいて活動する大統領によって任命され、また各委員会が決定を下す際には、国家機関における適切な人種的構成をめざした大統領の全般的な政策

指導を斟酌することが求められること、である。(27)

いうまでもなく。これらの規定は、ジンバブウェ・ローデシア憲法の主要な欠陥として指摘されていた諸規定を改善したものであった。ムゾレワ政権は一〇月五日、この憲法草案と新たな総選挙の実施に同意し、経済制裁の解除を強く主張した。(28)しかしながらチナマノによればPFは、市民権の問題と白人農園主に対する補償問題という二点に関連してこの憲法草案に異議を唱えた。(29)すなわち前者に関してPFは、イギリス提案によればローデシアへUDI以後に移住した白人にも市民権が認められることになるが、これではムゾレワ政府軍の傭兵にも市民権が認められることになる、と論難した。

後者は土地問題に関連しており、これに関するPFの議論をまとめれば次のようになる。すなわち、ローデシアにおいては現在、国土の半分、そして肥沃な土地の八〇%以上を白人セトラーが所有している。したがって土地の再配分は、独立後の大きな課題である。しかしイギリス提案にもり込まれた「権利章典」には私有財産の保護が明記されており、このため公共目的のために土地を接収する場合にも、国家がその所有者に対して十分な補償を行なうことが義務づけられる。さらにこの規定は独立後一〇年間、満場一致によってしか改正できないことになっていた。(30)これは白人農園主に対して十分な補償を行なうことができなければ、新生ジンバブウェの政府は一〇年間、土地の再配分政策を実施しえないことを意味したのであった。そのためPFは、白人農園主に対する補償をイギリス政府が提供することを要求した。しかしこれらの問題に関する討議は、容易に進展しなかった。

かくしてキャリントンは一〇月一五日、PFがイギリス提案を受諾するまで会議への参加を認めないという強行措置を発表して、問題を一挙に解決しようとした。こうした事態に直面して同月一七日、フロントライン諸国は、緊急首脳会議を召集して会議の行き詰りを打開すべくＰＦ代表と協議を行ない、席上、ニェレレは土地の再配分にともなう補償問題が、「制憲問題ではなく、たんなる政策上の問題であり、したがってイギリスとその同盟国によって容易に解決されうるであろう」と述べて、イギリス政府に譲歩を促した。[31] そして同諸国首脳は会議終了後、ランカスター・ハウス会議は「全当事者会議であり、したがってＰＦを除いた問題の解決は受け入れることができない」というコミュニケを発表して、イギリス政府の一方的な議事運営を非難したのであった。[32] こうしたフロントライン諸国の行動が功を奏したのか否かは定かでないが、一〇月一八日、ＰＦは、土地の再配分にともなう補償問題に関して、イギリスと合衆国が中心となって財政援助を行なうという言質をとりつけたと述べて、イギリス提案の受諾を発表した。[33] ンコモは、「合衆国の介入がなかったならば、この問題の進展は非常に困難であったろう」と語ったが、この時、カーター政権はローデシアとその隣接諸国に対して一〇〜二〇億ドルの財政援助を検討中であったといわれている。[34] このように合衆国が会議の行き詰りを打開するうえで、重要な役割を果たしたことは看過できない。

制憲問題に関して付け加えておきたい出来事は、ムゾレワ政権がイギリス提案を受諾する際に、代表団の一員として参加していた前首相スミスが唯一人これに反対したことである。彼はこの提案を「狂気の沙汰」として非難し、それへの反対運動に白人セトラーを結集すべく帰国してしまった。しかしながらムゾレワ政権の一閣僚にすぎない彼にとって、もはや歴史の潮流に逆行する昔日の力はなかったのである。[35]

〔暫定期間に関する協定〕

暫定期間に関する討議は、一〇月二二日にキャリントンが「独立までの暫定期間に関する提案」を提示したことによって開始された。この提案は、次の七点をその骨子とするものであった。すなわちそれは、(1)新憲法にもとづく総選挙を実施し、それに向けての平和的な選挙運動を保証することは、イギリス政府の法的責任であること、(2)イギリス政府は、この責任を履行するために行政および立法に関する全権を掌握する総督を任命し、他方、すべての政治指導者は、選挙運動に携わること、(3)総選挙の監督は、イギリス政府が任命する選挙監督官によって行なわれること、(4)選挙監督官の諮問機関として選挙評議会が設置され、これは選挙監督官を議長とし、選挙に参加する各組織の代表によって構成されること、(5)英連邦諸国は、総選挙の監視のためにオブザーバーを派遣すること、(6)政府軍の指揮官は、総督に対して責任を負うこと、(7)警察は総督の指揮下に入り、暫定期間の治安維持にあたること、であった。[36] そしてキャリントンは、暫定期間を二カ月とすることを提案したが、これは、のちの最終提案に明記されたように、同政府が「ローデシア民衆が、みずからの政治的将来を決定する機会に先立つ暫定期間が長ければ長いほど、政治的不安定の期間は長くなり、停戦が崩壊する危険性が増大する」と考えたからであった。[37]

これに対してPFは、すでに発表されていた独自の提案をあらためて提出した。それは、(1)イギリス政府代表を議長として、八名から構成される暫定政府評議会が設置される。八名の内訳はPFの代表四名、そして残り四名はイギリス政府およびムゾレワ政権の代表とすること、(2)PF軍と政府軍の代表から成る暫定防衛評議会が設置されること、(3)国連平和維持軍が導入されること、などをその内容とするものであった。[38] 要するにPFは、暫定期間中、みずからが主要な重要な役割を果たすことを要求したのである。他方、ムゾレワ政権は、総選挙がイギリス政府によって監視されることには同意しながらも、自分たちはローデシアを統治するために選出され、また大半のメンバーはUDIと無関係であり、したがって暫定期間中も自分たちが統治すべきである、と主張した。[39]

このように両者はおのおの、みずからが暫定期間中、主導権を握ることを主張したのであったが、これに対してイギリス政府は、次のように反論して両者の要求を退けた。すなわち暫定期間は、各組織が総選挙に向けて自由に選挙運動を行ないうることを目的とするものである。したがって政治指導者の仕事は、選挙民に対してみずからの政策を説明することであって、暫定期間中の国家行政に携わることではない、と。[40] そしてキャリントンは、一一月二日、PFとムゾレワ政権の議論を踏まえることなく先の提案を精緻化した最終提案を両者に示した。ムゾレワ政権は同月五日にこれを受諾したが、この提案に新たに盛り込まれた主な内容は、以下の通りである。(1)行政官庁、警察および政府軍などのすべての国家機関は、総督の指揮に従うこと。(2)暫定期間中、総督は既存の行政機構によって統治にあたること。(3)総督の着任と同時に、ローデシアはイギリスの自治領として合法的路線へ復帰すること。(4)総督は制憲会議の終了後、ただちにローデシアへ派遣され、暫定期間中、ムゾレワ政権はその機能を停止すること。(5)イギリス政府は、難民の帰国を支援すること。(6)PF軍および政府軍の役割は、停戦を遵守することであり、両軍の指揮官は総督に対して責任を負うこと。また、停戦状態を確保するために、両軍の指揮官から構成される機関が設置されること。(7)総督は就任後、ただちに総選挙の日程を発表すること。[41]

イギリス政府は会議と並行して、一一月七日、経済制裁を一五%解除するための法案、および総督に対する権限の付与を含むローデシアの合法的路線への復帰のための法案を議会で可決させて既成事実を積み重ねた。こうした同政府の活動は、いまだ最終提案に対する態度を保留していたPFを牽制する意図を含んでいたとみてよいであろう。

PFはイギリス政府の最終提案に対して[42]その核心をなす総督の「独裁的権限」を批判する一方で、最大の論点としてPF軍の地位の明確化を要求した。すなわちPFは、停戦監視のためには同軍と政府軍が対等の立場に立つことが是非とも必要であり、したがってイギリス政府にＰＦ軍を総督の指揮下に正式に編入するよう要求したのであった。これは従来、「ゲリラ兵」ないしは「テロリスト」の名称で呼ばれてきたＰＦ軍にとって、その正当性を示すための必須の条件であった。この問題に関してキャリントン、ムガベ、そしてンコモによる協議が行なわれた結果、キャリントンは政府軍と同様「愛国戦線軍もまた、総督の指揮に従うことが求められる」という規定を加えることに同意し、かくて一一月一五日、ＰＦはイギリス政府の最終提案を受諾したのであった。

ところで一一月八日から三日間、イギリスを訪れたカウンダは、ＰＦおよびイギリス政府首脳と個別に会談し、両者の調停にあたったと伝えられる。[43] 彼が、ニェレレと同様、問題の解決は全当事者の合意にもとづくものであらねばならず、またランカスター・ハウス会議がそれを達成する「最後の機会」である、という強い認識をもっていたことはいうまでもない。したがって、最終的にＰＦがみずからの提案を取り下げてイギリス提案をほぼ全面的に受諾したこと、他方、キャリントンも、この提案を「交渉の余地なき文書」と呼びながらもＰＦ軍の地位に関する規定を加えたこと、などからみて、カウンダが両者に譲歩を促したことは十分考えられよう。

〔停戦協定〕

制憲協定と暫定期間に関する協定が合意に達したことによって、会議は残された最後の課題である停戦に関する討議へと進み、一一月一六日イギリス政府は、停戦に関する計画案を提示した。これは、(1)全当事者によって構成される停戦委員会は、両軍による停戦の遵守を監視すること、(2)停戦監視軍が総督の権限のもとに設置され、これは英連邦諸国から派遣される数百名の軍隊によって構成されること、(3)ザンビア、ボツワナ、そしてモザンビークは、越境攻撃の停止に協力するよう求められること、(4)ＰＦ軍と政府軍は、地理的に分離されること、(5)

停戦は、一〇日以内に実施されること、などを骨子とするものであった。[44] これに対してPFは独自の停戦計画を示したが、その特徴は以下の四点にまとめることができる。すなわちそれは、(1)イギリス提案の英連邦派遣軍が、停戦の監視だけを目的としたものであったのに対し、停戦を強制しうる権限をもつ数千名の英連邦平和維持軍を導入すること、(2)停戦が実施されているか否かを決定する権限は、総督にではなく英連邦停戦監視委員会に付与されること、(3)PF軍と政府軍双方の支配地域に境界を設け、停戦と同時に両軍を再編成すること、(4)市民を武装解除すること、であった。[45]

しかしながらキャリントンは、こうしたPFの提案を考慮することなく議事を進め、一一月二二日にはPFとムゾレワ政権に対して翌日までに越境攻撃を停止すること、および先のイギリス案を踏まえて起草された最終的な「停戦提案」に対する態度を二六日までに明らかにすること、を要求したのであった。この「停戦提案」は一五項目から成り、停戦を履行するための基本的な枠組を詳細に規定しているが、それを整理すると次の五点に要約される。すなわち、(1)PF軍と政府軍の指揮官は、停戦維持に関して総督に直接、責任を負うこと、(2)総督の軍事顧問を議長として、両軍の代表から構成される停戦委員会が設置され、停戦を監視すること、(3)イギリス、オーストラリア、ニュージーランド、ケニヤ、フィジーの各軍によって編成される停戦監視軍が創設され、政府軍の各基地とPF軍の集結地点、および国境通過地点に配置されること。なお、同軍は自衛のための武器のみを携行すること、(4)PF軍は、停戦維持のためにあらかじめ定められた一五の地点に集結すること、(5)停戦の実施は、二段階の手続を経て行なわれること。すなわち第一段階は、所定の日時に全当事者が停戦協定履行のための命令を発表し、越境軍事活動は停止され、そして停戦監視軍がローデシアへ派遣されること。第二段階は、停戦発効日に停戦委員会が発足し、停戦監視軍は配置につき、国内におけるすべての敵対行為は停止されること。な

おＰＦ軍の集結および停戦監視軍の配置は、七日以内に完了されること、であった。(46)

ムゾレワ政権は、一一月二六日、この提案をわが国の主権およびわが軍の指揮官の権限に対する「耐えがたい侵害」と評しながらも、その受諾を発表した。しかしＰＦは、キャリントンの強引な議事運営を強く非難し、同月二四日、ンコモおよびムガベ等は、ダルエスサラームにおいてフロントライン諸国首脳と協議を行なったのである。さらに交渉の行き詰りを打開すべく英連邦事務総長ランパル（Shridath Ramphal）等が、ＰＦの説得にあたった結果、ＰＦはみずからの提案を取り下げ、かわって停戦にともなうＰＦ軍の安全、ローデシア空軍に関する措置、英連邦監視軍の拡大、そして南アフリカ共和国軍の駐留といった諸点を明確にするようキャリントンに要求した。これに応えて彼は、ＰＦ軍の安全はイギリス政府が保証すること、およびローデシア空軍は停戦監視軍によって効果的に監視されることを確約し、また停戦監視軍の規模に関しては、それを一二〇〇人に増大させることに譲歩した。さらに、推定一二〇〇人といわれた南アフリカ共和国軍のローデシア駐留に関して彼は、暫定期間中、南アフリカ共和国を含む外部勢力の介入はありえないことを言明するとともに、南アフリカ共和国外相ボータ（Roelof F. Botha）に対して総督着任と同時に同軍を撤退するようすでに警告した旨をＰＦに伝えたのであった。(47)かくしてＰＦは、一二月五日、イギリス提案を受諾して会議は停戦の具体的な日程に関する討議を残すのみとなった。

イギリス政府は、制憲協定、暫定期間に関する協定、そして停戦提案が当事者間で合意に達したことを踏まえて、一二月七日、ソームズ卿（Lord Soames）を総督に任命するとともに、植民地としてのローデシアに共和国としての地位を付与する「ジンバブウェ法案」を発表した。こうしたイギリス政府の行動は、会議における合意事項を一刻も早く履行することによって、問題の解決を確実なものにしようとした同政府の意図を示すものといえよう。これに対応してジンバブウェ・ローデシア議会は、同月一一日、「ジンバブウェ・ローデシアは独立国としての地位を放棄し、イギリス自治領の一部となる」ことを規定した法案を満場一致で採択し、翌日、ソームズ卿が到着したことによって、ローデシアはＵＤＩ以来一四年間を経て「合法的路線」へ復帰したのであった。

一方ランカスター・ハウス会議においては、停戦の履行期日をめぐって討議が進められていた。イギリス政府は、先の「停戦提案」に具体的な日程を盛り込んだ停戦協定案を示した。すなわちその日程とは、(1)一九七九年一二月二一日二四時を期してＰＦ軍と政府軍は、越境軍事行動を停止すること、(2)同月二八日二四時を期してローデシア国内におけるすべての敵対行為は停止され、両軍の指揮官は各々、武力衝突を避けるように命令を下すこと。そして同時に停戦委員会が発足し、停戦監視軍は配置につくこと、(3)ＰＦ軍の集結は、八〇年一月四日二四時までに完了されること、であった。[48]

ムゾレワ政権は一二月一五日、この停戦協定案を受諾し、他方ＰＦもキャリントンが集結地点の増加を認めたことによって同月一七日、これに合意したのであった。かくして一二月二一日、イギリス政府、ＰＦ、そしてムゾレワ政権の各代表は、会議での合意事項を記した公式文書に調印し、一〇二日間の長きにわたって開催されたランカスター・ハウス会議はその幕を閉じた。そしてローデシアの政治的潮流は、国際的に承認された多数支配にもとづく独立に向けて動きはじめたのであった。

（1） *ARB, Political Social and Cultural Series,* Vol. 16, No. 5 (June 15, 1979), p 5273A.
（2） *SAR,* No. 17 (Oct. 1979), pp. 38-41.
（3） 四月の総選挙の正当性に関する議論は、Delap, Mick, "The April 1979 Elections in Zimbabwe-Rhodesia", *African Affairs,* Vol. 78, No. 3 (Oct. 1979), pp. 431-438 を参照。

（4） *Ibid.*, p. 432.
（5） *SAR*, No. 17 (Oct. 1979), p. 40.
（6） *Ibid.*, p. 42.
（7） *ARB, Political Social and Cultural Series*, Vol. 16, No. 6 (July 15, 1979), p. 5316B.
（8） Margolis, Joseph, "OAU Summit : Dissension and Resolution", *Africa Report*, Vol. 24, No. 5 (Sep.-Oct., 1979), p. 53.
（9） *SAR*, No. 18 (Dec. 1979), p. 11-12.
（10） *Ibid.*, pp. 22-27.
（11） *ARB, Political Social and Cultural Series*, Vol. 16, No. 7 (Aug. 15, 1979), p. 5347C.
（12） *Africa*, No. 97 (Sep. 1979), p. 17.
（13） *ARB, Political Social and Cultural Series*, Vol. 16, No. 8 (Sep. 15, 1979), pp. 5358C-5359A.
（14） *Ibid.*, p. 5360A.
（15） *Ibid.*, p. 5360B-C.
（16） *Ibid.*, p. 5360C.
（17） *Ibid.*, p. 5389C.
（18） *SAR*, No. 17 (Oct. 1979), pp. 43-51.
（19） Delap, *op. cit.*, p. 438.
（20） *Zimbabwe People's Voice*, Vol. 2, No. 34-35 (Aug. 25 to Sep. 1, 1979), p. 12.
（21） *Africa*, No. 92 (Apr. 1979), p. 42 ; *Zimbabwe News*, Vol. 11, No. 2 (July-Aug., 1979) p. 16.
（22） *Zimbabwe People's Voice*, Vol. 2, No. 14 (Apr. 7, 1979), p. 1.
（23） *ARB, Political Social and Cultural Series*, Vol. 16, No. 9 (Oct. 15, 1979), p. 5418C.
（24） *Ibid.*, p. 5417.

(25) *Zimbabwe People's Voice,* Vol. 2, No. 38 (Sep. 22, 1979), p. 4.
(26) *Zimbabwe People's Voice,* Vol. 2, No. 39 (Sep. 29, 1979), p. 1.
(27) Zimbabwe Rhodesia, *Proposals for Independence* (Cmd. R. ZR. 18-1979), N. D., p. 12, 15, 16.
(28) *ARB. Political, Social and Cultural Series,* Vol. 16, No. 10 (Nov. 15, 1979), p. 5449B.
(29) *Zimbabwe People's Voice,* Vol. 2, No. 42 (Oct. 20, 1979), p. 1.
(30) Cmd. R. ZR. 18-1979, p. 4, 17.
(31) *ARB. Political, Social and Cultural Series,* Vol. 16, No. 10 (Nov. 15, 1979), p. 5451A.
(32) *Ibid.*
(33) *Time,* Oct. 29, 1979, p. 31.
(34) *Ibid.,* p. 30.
(35) *Time,* Oct. 22, 1979, p. 34.
(36) *SAR,* No. 19 (Apr. 1980), pp. 21-22.
(37) *Ibid.,* p. 24.
(38) *Time,* Oct. 1, 1979,p. 21.
(39) *SAR,* No. 19 (Apr. 1980), p. 23.
(40) *Ibid.,* p. 39.
(41) *Ibid.,* pp. 25-30.
(42) *Zimbabwe People's Voice,* Vol. 2, No. 47 (Nov. 17, 1979), p. 2.
(43) *Newsweek,* Nov. 26, 1979, p. 29.
(44) *ARB, Political Social and Cultural Series,* Vol. 16, No. 11 (Dec. 15, 1979), p. 5488A-B.
(45) *Ibid.,* p. 5488B.
(46) Zimbabawe Rhodesia, *Report of the Constitutional Conference, Lancaster House London, Saeptember-*

December, 1979 (Cmd. R.ZR 3-1980), N. D., pp. 39-43.
(47) *Time*, Dec. 17, 1979, p. 31.
(48) Cmd. R. ZR 3-1980, pp. 24-25.

むすびにかえて

本章および前章において扱った一九七〇年代という時期は、一言でいい尽すならば次のようにいうことができる。すなわち、一九七〇年代前半は一方的な白人セトラーの支配とそれに対するアフリカ人の従属という従来の図式が、次第に変化しはじめた時期であり、そしてこうしたローデシアの政治的潮流は、七〇年代後半に入って少数白人政権の終焉と多数支配の実現に向けて決定的に変化した、と。そこで以下、七〇年代におけるローデシアの政治変動を、手短にまとめることによって本章のむすびとしたい。

一九七〇年代前半の時期に生じた二つの事件は、これまで白人セトラーのイニシャティヴによってその方向が決定されてきたローデシアの政治的潮流を変化させ、それを少数白人政権の終焉、多数支配の実現へと導くうえで重要な意義を有するものであった。すなわちそれは、第一に、アフリカ人民衆の拒否反応によるスミス・ヒューム協定の挫折（七二年）であり、第二に、ＺＡＰＵとＺＡＮＵによる武力闘争の拡大（七二年末以降）である。これらの事件は、白人政権に大きな衝撃を与え、その結果として白人セトラー至上主義のＲＦ政権は、六二年に政権の座に就いて以来はじめて、アフリカ人解放勢力と制憲交渉（七三〜七四年）を行なわざるをえない立場に置かれ、さらにアフリカ人解放勢力の武力闘争に対して積極的な防衛措置を講じざるをえないような状況に追い込まれたのであった。

一九七四年のポルトガル・クーデターとその植民地体制の崩壊、とりわけアンゴラとモザンビークの独立は、南部アフリカに大きな変動をもたらした。こうした情勢の変化に機敏に対処したのが、UDI以来スミス政権を支援してきた南アフリカ共和国であり、他方、アフリカ人解放勢力を支援してきたフロントライン諸国であった。両者は、ローデシア問題の平和的解決をはかるべく努力を重ね、その結果として七四年一二月にルサカ会談が、さらに七五年八月にはビクトリア・フォールズ会議が開催された。言葉をかえていえば、七四年から七五年の時期におけるローデシアの政治的潮流は、南アフリカ共和国のデタント政策とそれに積極的に呼応したフロントライン諸国によって、その方向が決定されたといえよう。しかし、このように外部勢力のイニシャティヴによって問題解決のための枠組みが設定されて事態が進展したために、スミス政権とアフリカ人解放勢力にはこうした潮流の変化に十分対応するだけの準備が整っておらず、したがって具体的なレベルの交渉が両者に委ねられたときにも成果を生みだすことができなかったのである。

こうしたローデシア問題の行き詰りは、アメリカ合衆国の介入によって打開され、ローデシアの政治的潮流は白人政権の終焉と多数支配の実現に向けて大きく動きだすことになった。というのも、スミス政権が「二年以内の多数支配への移行」という規定を盛り込んだキッシンジャー提案（一九七六年九月）を受け入れたからである。これは、七一年のスミス・ヒューム協定以来、「多数支配」という原則は認めながらも、その「即時実現」については まったく非妥協的な姿勢を貫いてきたスミス政権にとって政策上の大転換を記すものとなったのである。この結果、同政権は、以後、多数支配への即時移行を前提とした問題の解決を模索せざるをえなくなり、多数支配という枠内でいかにして白人セトラーの既得権を保持しうるか、という課題が同政権の政策を規定することになった。

スミス政権のキッシンジャー提案受諾を踏まえて開かれたジュネーヴ会議（一九七六年一〇月～一二月）は、結局、問題の解決を生みだすことができなかったが、この会議を前にして、これまで対立を続けてきたZAPUとZANUが共同戦線としてPFを結成したことは、解放闘争を進めるうえでの大きな成果であった。そしてこのジュネーヴ会議以後、ローデシアの政治情勢は、スミス政権の「内部解決」をめぐって揺れ動いた。

武力闘争に加担しない国内在住のアフリカ人指導者を相手に、一方的に問題の解決をはかろうとするこの内部解決政策は、一九七九年四月の総選挙によってローデシア初の多数支配とムゾレワ政権を生みだした。しかしPFそしてフロントライン諸国はこれを認めず、さらに国連安保理も内部解決を非難する決議を採択したのであった。この内部解決に関して評価すべき点があるとすれば、それは少数白人政権の終焉をもたらし、白人セトラー至上主義のRFを政権の座から降ろしたことである。そしてランカスター・ハウス会議が当初の予想に反して成功をおさめることのできたのは、一つには、まさにこの事実のためであった。この点からみて内部解決とムゾレワ政権は、くしくも「ジンバブウェ・ローデシア」というその国名が示したように、少数白人支配体制のローデシアから国際的に承認された多数支配体制のジンバブウェへの橋渡しをする過渡的な現象であったといえよう。

一九七九年五月のイギリス総選挙の結果誕生した保守党政権は、UDI以来一四年間続いたローデシアの「反乱」に終止符を打ち、国際的に承認されたジンバブウェの独立をもたらした。たしかにイギリス政府は、問題を解決するうえで重要な役割を果たしたのであるが、同政府の政策だけでそれが解決されたといい切ることはできない。すなわちローデシア問題は、PFおよびムゾレワ政権という当事者に加えて、フロントライン諸国、OAUアフリカ諸国、合衆国、さらには英連邦諸国といった外部のアクターとイギリス政府の相互作用によって解決されたとみるべきであろう。

当初、ムゾレワ政権を中心に据えて問題の解決をはかろうとしていたイギリス政府は、アフリカ諸国の強い非難に直面したためにその政策の再考を余儀なくされ、さらに一九七九年八月の英連邦諸国首脳会議を境にして、制憲会議の召集に向けて活動を開始した。そして九月二〇日から一二月二一日までの約三カ月間にわたって開催されたランカスター・ハウス会議において、イギリス政府、PF、そしてムゾレワ政権の三当事者は、制憲問題、暫定期間の問題、および停戦問題に関して合意に達し、その結果、ローデシアはジンバブウェという新たな国名のもとに独立することが確定したのであった。しかしこの会議の過程で、フロントライン諸国が、イギリス政府とPFのあいだの調停を行なって会議の行き詰りを打開し、さらにアメリカ合衆国が間接的ではあっても財政援助の問題において重要な役割を果たしたことは看過しえないであろう。

かくしてローデシア問題は、解決された。そして白人セトラーの「反乱」の終焉は、歴史の流れには逆行しえないことを、あらためて示すものとなったのである。

第五章　暫定期間

――平和維持から平和建設へ――

問題の所在

本章では、ジンバブウェ現代史において「暫定期間（Interim Period）」と呼ばれる時期について考察する。ジンバブウェの現代史においてこの時期の持つ意味は、以下の四点を指摘することができる。すなわち第一点は、法的側面から見てこの時期が他の英領植民地と同じように植民地の独立過程における最終段階であるとともに、特殊ジンバブウェ的な現象として、合法的路線への復帰の時期としての意味を持っているということである。これまで述べてきたように一九六五年一一月一一日、ＲＦ政権は、少数白人支配の永続化を目指して歴史逆行的なＵＤＩを行なった。しかしながら宗主国イギリスはこれを承認せず「イギリス国王に対する反乱行為」とみなし同政権を違法政体と規定した。こうした意味において「暫定期間」は、違法政体から合法的政体へと復帰し、イギリス総督が直接統治権を行使した時期なのである。そしてのちに述べるように総督が直接、立法、および行政権を掌握して統治にあたるという形態は、ローデシアが一九二三年に自治領としてイギリスの統治下に編入されて以来、最初で最後の出来事であった。

「暫定期間」の持つ意味の第二点は、少数白人支配体制の「ローデシア」とそれに続く見掛け上の多数支配体制の「ジンバブウェ・ローデシア」から国際的に承認された多数支配体制の「ジンバブウェ」への移行期であったこと、第三点は、一九七二年以降、次第に激化してきたPFと政府軍のあいだの戦争状態から平和状態への移行期であったということ、そして第四点は、ジンバブウェの歴史においてはじめて国際的に承認された一人一票制による総選挙が実施された、ということである。

このように暫定期間はジンバブウェの現代史において様々な意味をもつ重要な時期であるが、本章において特に注目したいのは、先に触れた戦争状態から平和状態への移行期としての側面である。これまで様々な地域において内戦状態から平和への移行プロセスが見られた。そして国連主導による平和維持活動、いわゆるPKOが極めて積極的に行なわれていることはその代表的な事例であろう。ガリ前国連事務総長は、国連平和維持活動が、停戦の監視、緩衝地帯の管理、武器の流出の調査、そして対立の再燃防止をその任務とする、いわばその大部分が軍事的な側面に力点を置いた「伝統的な平和維持活動」に加えて、既存の行政の監督、選挙の運営、警察の監視、人権の促進、難民の帰還、そして国家の復興といった幅広い文民活動を含むものになっており、したがってその活動は、単なる「平和維持」から「平和建設」へと拡大している、と指摘した(1)。こうした現代における平和維持の問題を踏まえて、ジンバブウェの場合を考えるならば、「暫定期間」はまさに「平和維持から平和建設へ」の道を開く時期であったといえよう。

ジンバブウェにおいて暫定期と呼ばれる期間は、一九七九年一二月一二日から翌年四月一七日までの約四カ月間、そしてより正確にいうならば独立のための総選挙実施(八〇年二月下旬)までのわずか二カ月間であった。しかしこの間に総督は、軍事面に力点を置いた伝統的平和維持活動から現代的な平和建設へ向けてのさまざまな文民活動にいたるまで多くの課題に取り組まねばならなかった。にもかかわらずのちに述べるように、総督は形式的には強力な権限を持ちながらも、その行使に関しては既存の行政機構に依存せねばならなかったし、さらに停戦を強制する独自の手段も持たなかった。しかしながらたとえば独立のための総選挙の運営に携わった選挙管理委員会、同選挙の監視にあたった英連邦選挙監視団、そしてその他の民間選挙監視団は、いずれもその最終報告書においてこの選挙が「公平かつ自由」なものであったという結論を下した。それではなぜジンバブウェの場合、停戦の発効、停戦の維持、そして総選挙の実施というまさに「平和維持から平和建設へ」というプロセスが順調に運んだのであろうか。本章の主題はまさにこの問題の解明にある。

(1) *Dateline UN*, No. 172 (May 1992), pp. 3-4.

一　暫定期間をめぐる諸状況

前章で述べたように、一九七九年一二月一二日、ローデシア暫定政府の総督としてソームズ卿が、ソールズベリ（現ハラレ）に到着すると同時に一四年間にわたる少数白人セトラーの歴史逆行的な「ローデシアの反乱」は終止符を打ち、ローデシアはイギリス自治領の一部として合法的な路線へと復帰し、さらに同日、イギリスの経済制裁措置も解除された。他方、ジンバブウェ・ローデシア議会もその前日の一一日、満場一致でその独立を放棄してイギリス領自治植民地となることを決議した。そして同月二一日、イギリス、PF、そしてジンバブウェ・ローデシアの各代表は、すでに当事者間で合意に達していた制憲協定、暫定期間に関する取り決め、および停戦協定の三つの協定からなる、いわゆる「ランカスター・ハウス協定」に正式に調印して、ローデシアの政治的潮流は停戦そして総選挙に向けて大きく動きはじめたのである。

(一) 国内の社会・経済的状況

総督が着任した当時、停戦協定はいまだ当事者間で合意に達しておらず、ローデシアは依然として戦争状態にあった。すなわち戦火を逃れるために農村から流出した二五万人以上のいわゆる国内流民（internally displaced person）が都市部に流入し、たとえばハラレ地区（現在のムバレ地区）の世帯数は、一九七八年六月から同年七月のわずか一カ月間に四九九世帯から六二五世帯へと急激に増加した。(1) そのため市当局は国内流民のための専用居住地区を設定しなければならなかったほどである。さらにこうした形で都市部に流入した人々が、すべて職に就くことができたわけではなかった。七九年は前年に比べて農業を除くその他の部門の雇用数が増加しているが、それもわずか三八〇〇人にすぎない。(2)

国内流民以外のアフリカ人都市生活者の生活に関しても、それはかなり厳しいものであった。すなわち一九七八年の調査によると夫婦と子供二人の家庭における貧困線（ＰＤＬ）は月額七七・九ローデシア・ドルと推定されたが、当時の製造部門の月平均賃金が八五・四ローデシア・ドル、建設業においては六八・五ローデシア・ドル、流通・サーヴィス部門においては七五・八ローデシア・ドル、そして家内労働者にいたってはわずか三八ローデシア・ドルであり、いずれの職種の労働者も、貧困線に近い生活を強いられていたことがわかる。(3) 他方、近隣諸国に流出した難民数は、一九七九年末の時点で二二万八〇〇〇人にのぼり、その内訳はモザンビーク、一六万人、ザンビア、四万五〇〇〇人そしてボツワナ、二万三〇〇〇人と推定された。(4) かくして全体では戦争の結果、八五万人が家を失ったといわれている。(5)

こうした社会的不安定によって生み出されたヒトの流れに加えて、一九七〇年代、農村部へのゲリラの浸透に対処すべく白人政権が設置した強制収容キャンプ「保護村」に五〇万人以上の人々が生活していた。(6) さらに七九年に入ると戦争の激化によって、同年の一月から九月までに六〇一九人が死亡したが、この数字は七二年から停戦までの七年間の死亡者数一万八〇〇〇人の約三三％にあたり、特に四月と五月だけで一七〇〇人以上が死亡した。さらにランカスター・ハウス会議の開催中にも戦闘は続き、一二月八日から九日にかけて政府軍がザンビアとモザンビークに対して越境攻撃を行なった。

以上のような戦争の激化の結果、大部分の地域における行政の破綻、戦場となった農村部の社会的不安定、さらに七八年から七九年にかけて発生した旱魃などによって、農業生産は大きな打撃を受け七九年度の食料生産は前年比で二〇％低下した。(7) たとえばアフリカ人の主食であるメイズの生産量は、前年比で二五・四％（一二〇万五〇〇〇トン）低下し、「部族信託地域（現在の共同体地域）」では七％減（四二万トン）、そして「アフリカ人購入地域（現在の小規模農園地域）」では四五％（三万五〇〇〇トン）低下した。(8)

当時の保険医療および教育状況をみると、国内社会が戦争によって大きく歪められていたことをさらに明確に理解することができる。たとえば政府およびキリスト教宣教団が運営していた四五〇カ所のアフリカ人のための病院および診療所のうち、一五五カ所が閉鎖された。(9) 他方、学校教育については一九七二年から七八年までに、一〇九四カ所の初等学校と三〇カ所の中等学校が閉鎖され、七八年から七九年までに六一七の初等学校と三〇の中等学校が閉鎖された。その結果、初等学校においては一七万三〇二一人の児童と三〇四六人の教員、そして中等学校においては八六〇四人の生徒と四五一人の教員が放逐されたのである。(10)

他方、成人白人の大部分は武器を携行し、またその大半を白人が占める公務員は、白人至上主義を掲げるRF

戦線政府のもとに置かれ、さらに過去七年間はアフリカ人解放勢力との戦争状態のなかでその業務を行なってきた。こうした社会・経済的な状態は人種間の不信感をより一層強めることになったであろうし、また人種を越えた人心の荒廃を招いたといえよう。しかしその一方で、人々のあいだに平和への渇望を生み出していたことは否定できないであろう。

戦争の激化そして人々の平和への渇望は、兵役義務の拡大とそれへの人々の対応に示されている。白人男性に対する兵役義務は、七六年から七七年にかけて大幅に拡大された。すなわちそれは七六年五月、一八歳から二五歳までの白人男性に対しては一二カ月から一八カ月に延長され、また七七年一月、二五歳から三八歳までの白人男性の兵役義務期間が年間一九〇日と定められ、さらに二月には三八歳から五〇歳までの白人、アジア人、そしてカラードの男性に対して年間七〇日の兵役義務が課せられたのである。[11] そして七九年一月には、都市在住の五〇歳から五九歳までの白人、アジア人、およびカラード男性に対しても年四二日間の兵役義務が課せられた。[12] 他方アフリカ人に対する徴兵制度は、七八年九月からはじめて導入され、七九年八月には一六歳から五〇歳までのアフリカ人男性が兵役義務の対象とされたのである。[13] こうした政府の徴兵制度に対してアフリカ人ばかりではなく白人のあいだにも激しい反響を生み出した。すなわち七八年二月には徴兵制度に反対するアフリカ人学生六五〇人以上が逮捕され、さらに七九年一月の時点においてアフリカ人兵役義務者一五四四人のうち一二四四人がこれを拒否したのであった。また白人のあいだにも徴兵拒否者が続出し、同じ七九年一月の時点で白人兵役義務者一五〇〇人のうちこれを拒否したものは四一五人にのぼったのである。[14] 七年間にわたる内戦は、人々のあいだに人種を越えた厭戦感を生み出したといえよう。

(二) 外部アクターの動向

当時の状況、そして平和維持および平和建設という問題を考える上で踏まえておかなければならないのが、ジンバブウェをめぐる外部アクターの動向である。宗主国イギリスにとってローデシア問題の平和的解決が長年に渡る懸案であったことはこれまでに述べてきたとおりである。またアメリカ合衆国も、キッシンジャー提案以来、問題の解決に向けて直接影響力を行使したという意味において、問題解決の準当事者として位置づけることが可能であり、ランカスター・ハウス会議の期間中も会議の成功に向けてイギリス政府と協力関係にあった。(15) しかしながらここで注目すべき点は、政治的、経済的、そして軍事的に解放勢力を支援してきた南部アフリカ周辺諸国の動向である。

これまでみてきたように内戦期間中、周辺諸国が解放勢力の基本的な方向性を規定すべくその影響力を行使してきたことは否定できない事実である。したがってこうした周辺諸国の積極的な関与なしには問題解決、そして平和維持と平和建設を実現することは極めて困難であった。この意味において周辺諸国は問題解決のための準当事者として位置づけることができよう。暫定期間に関する周辺諸国の一致した姿勢は、この期間をランカスター・ハウス協定の枠の中で平和的に終了し国際的に承認された多数支配のもとにジンバブウェを独立させることにあった。このために周辺諸国はランカスター・ハウス会議に消極的であったＺＡＮＵ・ＰＦに対して、同会議に出席させるべく影響力を行使したことが知られており、また同会議にモザンビーク政府はオブザーバーを派遣し、ザンビア大統領カウンダも訪英して当事者間の調停にあたった。(16)

このように問題の平和的解決を目指して周辺諸国が積極的に活動した誘因について以下の諸点を指摘しておくならば十分であろう。たとえばザンビアは、経済制裁を目的として七三年から閉鎖していた対ジンバブウェ国境を、同国の公海へのアクセスの問題から七八年に再開せざるを得なくなり、再びローデシアの輸送網に依存する状況に追込まれていた。[17] 他方ジンバブウェ・ローデシア政府は、こうしたザンビアの内陸国としての弱点を利用して同国に圧力をかけるべく、七九年中、主要幹線道路および河橋に対する越境攻撃を集中的に行なった。さらに同年一二月、同政府は、自国を経たザンビアへのメイズ輸送を禁止する旨を発表したのである。当時、旱魃と肥料不足によってメイズの圧倒的な不足に直面していたザンビアにとって、これは大きな打撃であった。いうまでもなく、ジンバブウェ・ローデシア政府の意図は、直接的な軍事的・経済的影響力を行使することによって解放勢力に対するザンビアの支援を抑制することにあった。そしてザンビア政府にとっても内戦状態のこれ以上の継続は、国家存続の危機を意味したといっても過言ではなかろう（カウンダは、一一月、戦争状態を宣言し、予備役兵の召集と正規兵の休暇取り消しを決定した）。経済面においてもザンビアは対ローデシア経済制裁によって七七年までに、七億五〇〇〇万ドルの損失を被っていたのである。[18]

他方、モザンビークについてもローデシアの内戦状態によってもたらされた社会・経済的弊害はザンビアと同じような状況であった。先に述べたようにモザンビークは、約一六万人のローデシア難民を抱え、独立以来の対ローデシア経済制裁の実施によって五億ドル以上の経済的な損失を被り、さらに政府軍の越境攻撃によって一三三八人のモザンビーク人が死亡したのであった。[19] これに加えてローデシア政府軍によって組織された第五列、すなわち「ＭＮＲ」（モザンビーク抵抗運動）による破壊活動によって国内治安が次第に悪化してきたことも国家建設を阻む大きな要因となっていた。[20]

以上のようにローデシアにおける暫定期間が平和的に終了し、国際的に承認された多数支配国家が誕生することは、周辺諸国とりわけザンビアとモザンビークにとっては国益に直結する重要な意味を持つものであった。そしてこうした事態に直面していた両政府の意向が暫定期間におけるＰＦの行動を規制したことはいうまでもないであろう。

（1） *Africa Contemporary Record*（以下 *ACR* と略す）, *1979-1980*, p. B986.
（2） *Ibid*., p. B989.
（3） *Ibid*.
（4） *Southern Rhodesia Elections, February, 1980: The Report of the Commonwealth Observer Group on Elections leading to Independent Zimbabwe*（以下　*COG Report* と略す）, London, Commonwealth Secretariat, 1980, p. 22.
（5） Parliament of the Commonwealth of Australia, *Zimbabwe: Report of the Joint Committee on Foregin Affairs and Defence*（以下 *Australian Report* と略す）, Canberra, Australian Government Publishing Service, 1980, p. 166.
（6） *Ibid*., p. 169.
（7） *ACR, 1979-1980*, P. 169.
（8） Agricultural Marketing Authority, *Economic Review of the Agricultural Industry of Zimbabwe 1980*, Harare, Agricultural Marketing Authority, 1980, p. 1.
（9） *Ibid*., p. 95.
（10） *Australian Report*, p. 169.
（11） *Ibid*.
（12） *Ibid*., pp. 162-163.
（13） *Ibid*., p. 163.
（14） *ACR, 1979-1980*, p. B1005.
（15） Davidow, Jeffrey, *A Peace in Southern Africa: The Lancaster House Conference on Rhodesia*, 1979, Boulder,

Westview Press, 1984, pp. 86–90.
(16) *Ibid*., pp. 72–73 and 89.
(17) *ACR, 1979–1980*, p. B951.
(18) Davidow, *op.cit*., p. 45.
(19) *Ibid*., and *ACR, 1979–1980*, p. B728.
(20) MNRについては，Metz, Steven, "The Mozambique National Resistance and South African Foregin Policy" *African Affairs*, Vol. 85, No. 341 (Oct. 1986). を参照。

二　暫定政府の構造とその動態

(一)　暫定政府の構造

イギリス政府は制憲協定、暫定期間に関する取り決め、そして停戦の諸原則に関する合意が当事者間で成立したことを踏まえて、停戦の具体的な日程に関する当事者間の合意を待つことなしに総督ソームズをローデシアへ派遣した。こうしたイギリス政府の政策はソームズによれば、次の二つの理由にもとづくものであった。第一は、ローデシアが合法的路線に復帰するまでイギリス政府は、法的見地から停戦のための機構を確立できなかったこと。第二は、停戦協定の調印を契機に速やかに停戦が発効しうるような条件を整えておく必要があったこと、である。(1) これに加えてイギリス政府としては一刻も早く既定の合意事項を実行に移すことによって既成事実を作り上げ、もはや後戻りがきかないような状況を生み出すことを目指した、とみることができよう。

独立に至るまでの暫定的な統治機構は、前章において述べたようにランカスター・ハウス会議において一九七九年一一月中に当事者間で合意に達した「暫定期間の取り決め」に規定されているが、ここであらためてその基本的な合意事項を列挙してみよう。

(1) 立法権と行政権は総督に付与され、警察、政府軍を含むすべての公務員と各種公共機関、ならびにZANLAおよびZIPRAは、総督の命令に従うこととし、したがってジンバブウェ・ローデシア政府はその機能を停止すること。

(2) 副総督、軍事顧問、警察顧問、選挙管理委員会議長、そしてその他の政治・法律に関する補助職員が任命され、これらの職員はすべてイギリス人とされること。

(3) 総督職の設置を定める緊急勅令がジンバブウェの暫定憲法として施行されるが、その他は現行法が適用されること（同緊急勅令は、七九年一二月三日、イギリス議会において可決された）。

(4) ジンバブウェの日常行政については、既存の行政機構を通じて行なわれること。

(5) 暫定期間における治安維持にはイギリス人警察官とともに現地の警察官が当てられること。[2]

以上のようにイギリス政府は、暫定期間におけるみずからの積極的な役割を規定したが、こうした方針は一九七九年八月一日から七日にかけてルサカで開かれた第二二回英連邦諸国首脳会議で採択されたいわゆる「ルサカ協定」の「自由かつ公平な選挙はイギリス政府当局によって監視されること」という項目にもとづくものであり、「暫定行政と選挙管理にあたる国連特別代表の招聘」および「停戦監視のための国連平和維持軍の導入」が盛り込まれた一九七七年の「英米共同提案」と比較するならば、暫定期間におけるイニシャティヴを握ろうとしたイギリス保守党政権の積極的な姿勢をより明確に理解することができる。[3] また立法・行政の両権を掌握する総督の権限に関して、ＰＦはそれを「独裁的権限」と評して不満を漏らしたが、実際にはこの暫定政府は非常に不安定な基盤に立脚していたことに注意する必要があろう。

総督の権限そのものについて、ソームズは次のように語っている。「私の責任は全包括的なものであったが、実際の権力は取るに足らないものであった」。すなわち「私は法律的には完全な行政権と立法権を持っていたけれども、実際には他の二当事者が自由行為者として調印した協定の一当事者にすぎなかった。これら二当事者は双方とも私の法的権限を受け入れたけれども、私の自由裁量に委ねられたものよりもはるかに大規模な軍隊を自由に使うことができたのである。実際のところ総督直属の総督軍を設置することが盛り込まれた協定に関する合意など成立する余地はなかったであろう」(4)。また「ルサカ協定」にもとづいて総選挙の監視のために派遣された「英連邦選挙監視団」(以下COGと略す)議長ダヤール(Rajeshwar Dayal)も、この点について次のように指摘している。「総督は、絶対的な――ほぼ独裁的な――権限を有していたが、それを強制するうえで何ら独立した手段を持たなかった。彼は行政・軍事に関する諸機関の応諾に依存せねばならなかったのである」(5)。

このように総督は、立法権と行政権を委ねられながらも、みずからの決定を強制する物理的な手段を欠いており、また日常行政も既存の行政機関に依存せねばならなかった。とくに後者の問題は、イギリス政府が暫定機関におけるイニシャティヴを握ろうとする限り、これに代わる実際的な選択肢を案出することは不可能であり、不可避的なものであった(6)。しかしながら総督が停戦を強制する手段を何ら持たなかったことは停戦それ自体を不安定なものにしたし、また日常行政を既存の行政機構に依存したことはキャンベル(Bonnie Campbell)が指摘するように、難民の順調な帰還を阻害することになった(7)。さらに総選挙に関してもCOGの報告書によれば、選挙運営に携わっていた公務員は、七年間にわたる戦争を通じてアフリカ人解放組織を特定の方法で考えるような状態に置かれてきたために、こうした姿勢を一夜にして取り除くことができず、したがって同組織の支持者や運動

員をかなりの疑惑を持って処遇する傾向があった。(8)

要するに暫定政府の枠組みは、ソームズの言葉を借りれば三当事者の「信頼ないしは不信のバランス」のうえに築かれていたのである。敷衍していうならば、暫定期間そのものが、ランカスター・ハウス協定に明記されているように「全当事者が総督の権限を積極的に受け入れる」という全当事者の意思を前提としていたのである。(9)そしてこうした側面がもっとも端的にあらわれたのが停戦を巡るさまざまな状況であった。

(二) 停戦の実施

前章にて述べたように、一九七九年一二月二一日、イギリス政府、PF、そしてジンバブウェ・ローデシア政府の各代表は、先に合意に達した制憲協定、暫定期間の取り決め、そして停戦協定から成る「ランカスター・ハウス協定」に正式に調印し、同年九月一〇日から一〇二日間にわたって開催されたランカスター・ハウス会議はその幕を閉じた。そしてソームズはこの正式調印に歩調を合わせる形で、宗主国イギリスに対する反乱行為に荷担した人々、および戦争に参加することによってローデシア(そしてジンバブウェ・ローデシア)の国内法に違反した人々に対する特赦を規定した「特赦令一九七九年」を布告すると同時に、ZANU・PFとPF・ZAPUの非合法化の解除、さらに「モト」や「ジンバブウェ・タイムス」などの反政府系出版物の発禁処分の解除を行ない、ローデシアは停戦に向けて動きはじめたのである。

停戦は、「停戦の諸原則」および「停戦協定」にもとづいて次のような二段階のプロセスを経て行なわれた。すなわち、

(1) 第一段階においては、一九七九年一二月二一日二四時からPF軍および政府軍の越境軍事活動はすべて停

止され、イギリス、オーストラリア、ニュージーランド、そしてフィジーの各国軍から構成される「停戦監視軍（Ceasefire Monitering Force, 以下CMFと略す）が、ローデシアに派遣される。

(2) 第二段階においては、同年一二月二八日二四時からローデシア国内におけるすべての敵対行為は停止されて停戦が発効し、ソールズベリに「停戦委員会」が設置される。この時点から国内に存在するPF軍（具体的にはZANLAと、ZIPRA）は、携帯する武器と装備を「指定集合地点（rendezvous positions,略称RP）」に報告し、その後、国内一六カ所の「集結地点（assembly places,略称AP）」へ移動する。なおAPへの移動は八〇年一月四日二四時までに完了する。他方、政府軍は基地にとどまる。CMFは政府軍とその基地、およびPF軍の指定集合地点と集結地点に展開され停戦の監視にあたる、というものであった。[10]

以上のようなプロセスを経て停戦は実施されたが、この停戦計画からも解るようにイギリス政府は停戦実施のためのいかなる物理的手段をも欠いており、グレゴリー（Martyn Gregory）も指摘しているように停戦と非軍事化のプロセスは政府軍とPF軍のまさに「自発的な協力」に依存していたのである。[11] CMFは総督の軍事顧問の指揮下に置かれ、停戦履行に際しての「中核的な存在」であり、その規模は一定ではなかったがある時点においては約一五〇〇人に達していた。[12] しかしながらCMFの役割はあくまでも停戦を監視することであって停戦を強制することではなく、またCMFの兵士は自衛のためにのみ武器の携帯を許されていた。[13]

こうしたCMFの受動的な性格は、停戦の発効と同時に設置された「停戦委員会」にも同様に見いだすことができる。同委員会は、総督の軍事顧問が議長を務め、政府軍とPF軍の代表各三人から構成されていたが、その機能は次の三点に要約される。すなわち第一点は、両軍の停戦協定の遵守を確保し、停戦違反を裁決すること。

第二点は停戦に対する実際の、あるいは予想される違反を調査すること。第三点は停戦維持のために総督が委託したその他の課題を果たすことであり、同委員会が決して停戦を強制する機能を有していなかったことが理解されよう。[14]

停戦違反に対処するために総督に与えられた唯一の権限は、総督の権限を受け入れた軍隊をそれに対して用いることができるというものであった。すなわち総督は停戦協定を遵守している軍隊を、たとえば集結地点に移動しない違反分子の取り締まりのために利用することができる、ということである。[15]しかしながら後に述べるように総督はこの権限を行使する際に、政府軍だけを利用したためにPF側の非難を招くことになった。

ところで停戦は上述の日程表にしたがって行なわれたが、グレゴリーによれば、両軍による敵対行為は停戦発効日である一九七九年一二月二八日以降も続き、また多数のPF軍は八〇年一月四日までに集結地点に移動しなかった。[16]したがって多数のPF軍兵士は、協定上、総督の権限を受け入れない違法分子となり、また多くの停戦違反が発生した。停戦委員会は、八〇年二月二六日までに二〇七件の停戦違反を調査し、次のような結論を下した。すなわち、政府軍による停戦違反二件、ZIPRAによるもの二四件、ZIPRAの旧作戦地域で生じたものの一二件、ZANLAによるもの九九件、ZANLAの旧作戦地域で生じたもの三五件、元PF軍兵士によるものの一七件、そして不明一八件である。[17]このようにZANLA兵士による停戦違反は全体の五〇％近くを占めているが、この数字は多数のZANLA兵士が集結地点に移動しなかったことを意味している。この点についてZANU・PF議長ムガベは、これは意図的な戦術ではなく、停戦への移行期間があまりにも短いために、ZANLA兵士全員に指令を伝えることが困難であり、[18]また停戦違反の兵士数も暫定政府の推定した四〇〇〇人よりもはるかに少なかった、と述べている。こうしたムガベの発言の真偽を確定することはできないが、集結地点に移動しなかったPF軍兵士、とりわけZANLA兵士によって引き起こされた停戦違反行為が暫定期間における国内治安を不安定化させる要因として作用したことは否めないであろう。

しかしながら停戦全体を見るならば、七年間続いた戦争状態からわずか一週間の準備期間を経て予定通り停戦が発効し、一九八〇年一月一三日までにZANLA兵士約一万六〇〇〇人、そしてZIPRA兵士約六〇〇〇人の計二万二〇〇〇人にのぼるPF軍兵士が集結地点に集合したことは注目すべき事実であり、さらに七九年一二月末から翌年二月末までの二カ月間の死者数二九〇人が停戦直前の二カ月間の死者数の一〇%に過ぎなかったことは、この停戦が政府軍とPF軍の「自発的な協力」という不安定な基盤に立脚しながらも著しい成果を上げたことを示すものといえよう。[19]

このように停戦が全体として成功した理由として、政府軍およびPF軍の停戦協定の順守を指摘できるが、それに加えてCMFの果たした役割も積極的に評価されるべきであろう。たとえばCOGの報告書はCMFが大多数のPF軍兵士の信頼と尊敬を獲得していたことを指摘するとともに、CMFがこうした信頼や尊敬を勝ち取ることができなかったならば、はるかに少数のPF軍兵士しか集結しなかったであろう、と指摘している。[20]

ところでPF軍の集結地点への移行期限が経過した直後の一九八〇年一月六日、ソームズは国内の治安維持に携わる警察への支援、という理由から停戦協定に即して政府軍の動員に踏み切ることを発表し、翌日からこれを実行に移した。彼によればこの措置は次のような理由にもとづくものであった。すなわち停戦協定によって課せられた義務に対する大多数のPF軍兵士の対応は好ましいものであったけれども、協定違反の同軍兵士の存在は、法と秩序にとって深刻な脅威となるものである。[21] 治安維持を目的とした政府軍の動員は、政府軍とPF軍の取り扱いに関する不平等は、当然のことながら内外から激しい批判を招いた。こうした問題に加えて、ソームズの措置がＺＡＮＵとＺＡＰＵの激しい非難を惹起した理由は、国内に展開された政府軍の中に「政府軍補助部隊」が含まれていたためである。「政府軍補助部隊」とは、兵力二万三〇〇〇人ないし二万五〇〇〇人を有し、一九七九年三月の「内部解決」直後にＵＡＮＣの軍事部門として組織され、同年九月に政府軍に編入された。[22]しかしながら同部隊は、その組織過程からみても解るようにＵＡＮＣに近い存在であり、したがってこの動員に対してＰＦが異議を唱えたことは当然であろう。そして治安維持を目的とした同部隊の展開は、選挙キャンペーン期間中に有権者に対する脅迫行為など様々な問題を引き起こすことになったのである。

以上のような批判に対してソームズは後に次のように述べている。「私の権限を受け入れたＰＦ軍を展開しなかったことを理由に私を批判する人々に対し、私は実際にＰＦ軍の連絡将校のネットワークを充分に活用したことを付け加えておかねばならない。彼らは緊張を緩和するうえでもっとも重要な役割を果たした。（しかしながら）こうした利用範囲を越えてＰＦ軍を展開することは、率直に言って賢明なことではなかったであろう」。[23]いずれにしてもキャンベルが指摘しているように、治安維持を目的とした政府軍動員という措置によって、ランカスター・ハウス協定に盛り込まれた脆弱な軍事的バランスは明らかに政府軍へ傾斜したのである。[24]

ＣＯＧの報告書によれば、少数のＺＩＰＲＡ兵士が政府軍との合同パトロールに動員された。しかしながら同報告書は同時に、総督が大部分のパトロールに政府軍を動員したことは、期日までに集合地点へ行くことのできなかったＰＦ軍兵士のあいだに総督に対する不信感を生み出したことを伝えている。[25]さらにソームズが述べたように、彼がランカスター・ハウス協定に定められた政府軍とＰＦ軍の同等性を充分に考慮せず、政府軍を偏重したことは事実である。したがって以上のような事実に照らして、政府軍の動員という問題についてＣＯＧが下した結論は、妥当性を有するものといえよう。すなわち「すべての軍隊を用いるという決定がなされたならば、停戦はより意味のあるものになっていたであろうし、また集結地点への移動という義務を怠った若干数のゲリラ兵も同地点へ向かったであろうし、さらに彼らが非合法活動に荷担することも阻止できたであろう」[26]。

以上のような総督の政府軍を偏重した姿勢そして既存の行政機構への依存は、難民の帰還についても大きな障害となったのである。

(三) 難民の帰還

難民の帰国問題は、ランカスター・ハウス協定によって暫定政府に課せられた主要な課題の一つであった[27]。というのも、できるかぎり多数の人々が選挙に参加すべきである、というのが同協定の主旨であったからである。先に述べたようにCOGの推定によれば難民の総数は二二万八〇〇〇人であり、その内訳はモザンビークに一六万人、ザンビアに四万五〇〇〇人、そしてボツワナに二万三〇〇〇人であった。難民の帰国は、国連難民高等弁務官事務所(UNHCR)が難民の帰国準備を行ない、暫定政府が難民の入国を管理するという手続きがとられた。しかしながら暫定政府の入国管理が順調に進まなかったために、難民の入国に大きな支障をきたしたのである。COGの報告によれば、難民の再定住および輸送などの問題を勘案して、一カ月間に六万人から七万人の帰国者が想定されていたが、実際には一九八〇年一月二一日から二月二四日までに三万三四三〇人が帰国したにすぎなかった。国別の難民の帰国状況は以下の通りである。ボツワナからの難民の帰国は八〇年一月二一日から開始され、組織的な帰国は二月一五日に完了し、帰国者総数の約九六%はUNHCRの支援によって帰国した[28]。そして難民の入国に際しても、手続き上何ら問題が生じなかったといわれる[29]。

これに対してザンビアおよびモザンビークからの難民の帰国は大幅に遅れ、一九八〇年二月四日から開始された。その理由は、国境通過地点および難民収容センターの設置が遅れたためである。[30]しかしながらこうした行政上の不手際があったとはいえ、二〇万人を越える難民を抱えるザンビアとモザンビークからの帰国者総数が、ボツワナからの帰国者数一万九九〇八人におよばない一万五二二七人であったことは注目に値する事実である。[31]

モザンビークからの難民の帰国が順調に進まなかった原因の一つとして、三カ所予定されていた国境通過地点が一カ所になってしまったことを挙げることができるが、[32]この点に関してCOGの報告書はそれが暫定政府の政策であったと指摘している。すなわち、ランカスター・ハウス協定によれば、一九七九年一二月二一日以降、PF軍兵士の越境は認められず、民間人による国境通過だけが認められていた。[33]したがって暫定政府は、この規定を帰国を希望する兵役年齢に達した男子に対して厳格な審査を要求するものとして解釈してこれを実行したのである。その結果、たとえばモザンビークの国境通過地点と難民収容センターは、一日に一〇〇〇人までの難民の帰国手続きを処理できる能力を持ちながらも、一日平均五〇〇人ほどがローデシアへの入国を許可されたにすぎず、[34]多くの難民は再びモザンビーク領内に戻ったのである。他方、ザンビアからの難民の帰国に関しては、国境通過地点における厳格な審査の過程でPF軍兵士であることを自白させるために拘禁、虐待、さらには拷問さえも行なわれたという報道が難民の帰国に悪影響を及ぼしたといわれている。[35]

難民の審査に固執する暫定政府に対してCOGは難民の帰国促進を要請したが、ソームズは、次の二点を挙げてこの要請を退けた。すなわち第一点は、ランカスター・ハウス協定は一九七九年一二月二八日以降、ザンビアからのPF軍兵士の越境を認めていないにもかかわらず、ザンビアからの帰国者の中には兵士が含まれているために帰国審査が複雑になること、そして第二点は、モザンビークからの帰国者に関しては入国後、数人の難民が停戦協定違反のZANLA兵士のグループに合流したという証拠が存在するために、兵役年齢該当者の入国は一日四〇〇名に制限したこと、であった。[36]

以上のようにザンビアとモザンビークからの難民の帰国は、暫定政府の政策によって意図的に制限されたが、こうしたソームズの措置は総選挙に向けて国内治安を確保するという彼の基本的姿勢にもとづくものといえよう。すなわち停戦は、ランカスター・ハウス協定に即して計画通り実施されているが、停戦違反は頻発し、また集結地点に移動しなかったPF軍兵士の存在も確認されている。こうした状況においてPF軍兵士が多数混入していると推定される難民を大量に帰国させることは国内治安をさらに悪化させることになろう。難民の帰国に関するソームズの慎重な態度は、このような彼の考え方によるものといえよう。そして国内治安の維持という課題に対するソームズの専心とPFに対する彼の不信は、ローデシアに駐留する南アフリカ共和国軍の扱いにも端的に表れているのである。

(四) 南アフリカ共和国軍の駐留問題

ローデシア国内における南アフリカ共和国軍の存在は、ランカスター・ハウス会議の主要な論点の一つであった。この問題に関して同会議の議長キャリントン卿は、暫定期間に外部勢力の介入はあり得ないことを保証したが、一九八〇年一月六日、ソームズが、ベイブリッジに近いローデシア領内に南アフリカ共和国軍が総督の同意を得て駐留していることを認めたことは、内外に大きな反響を引き起こした。たとえばムガベは、同年一月九日、総督による政府軍の動員と南アフリカ共和国軍の駐留を激しく非難して同軍の即時撤退を要求するとともに、これが実現しない場合にはZANLAは停戦を遵守しないであろう、と警告した。[37] また同年二月六日から一四日までアジスアベバで開かれた第三二回OAU閣僚会議においても南アフリカ共和国軍の駐留に対する非難決議が採択され、さらに同月二日、国連安保理においても同軍の撤退を求める決議が採択されたのであった。[38]

こうした国内・国際世論の激しい非難に直面して、ベイブリッジ付近に駐留していた南アフリカ共和国軍は撤退したが、総選挙後、南アフリカ共和国首相ボータ（P. W. Botha）は、これとは別の南アフリカ共和国軍が選挙期間中にローデシア国内に駐留し、投票結果の発表後に撤退したこと、そしてこの事実をソームズは知っていたこと、などを明らかにした。[39] ソームズによれば南アフリカ共和国軍の駐留問題に関して、彼は相対立する二つの圧力をはかりに掛ける必要があった。すなわち一方は南アフリカ共和国軍の撤退を求める国際的な「嵐」であり、他方は同軍の駐留を求める国内の白人セトラーの世論、とりわけ政府軍の要求であった。[40] したがってボータの発言が事実であるとするならば、ソームズはベイブリッジの南アフリカ共和国軍を撤退させて国際的な非難をかわす一方で、引き続き別の南アフリカ共和国軍の駐留を認めることによって政府軍を満足させるという手段を講じたのである。国内的な治安維持に専心しながらもそれを強制する独自の手段を持たず、そのため政府軍に依存せざるをえなかったソームズにとっては、政府軍の服従を確保することは必要不可欠なことであった。したがって彼が政府軍の要求を入れて一部の南アフリカ共和国軍の駐留を認めたことは十分にあり得ることである。

ソームズによる政府軍の動員、難民の帰国制限、そして南アフリカ共和国軍の駐留は、彼にとって治安維持という観点から必要な措置であったとしても、彼に対する不信感をＰＦとりわけＺＡＮＵに植え付ける結果を招き、両者の対決姿勢は選挙運動期間中に次第に強まっていったのである。

（1）　Rt. Hon. Load Soames, "From Rhodesia to Zimbabwe", *International Affairs*, Vol. 53, No. 3 (Summer 1980), p. 411.

（2）　Zimbabwe Rhodesia, *Proposals for Independence* (Cmd. R. ZR. 18-1979), N.D. pp. 24-25.

(3) *Commonwealth Head of Government: the Lusaka Communiqué, August*, 1979, London, Commonwealth Secretariat, N. D., p. 4.

(4) Soames, *op. cit*., p. 412.

(5) Dayal, Rayeshwar, "Zimbabwe's Long Road to Freedom", *Third World Quarterly*, Vol. 2, No. 3 (July 1980), p. 476.

(6) Zimbabwe Rhodesia, *Proposals*....., p. 24.

(7) Campbell, Bonnie, "Report on the Zimbabwe Elections February", *International Journal*, Vol. 35, No. 4 (Autumn 1980), p. 708.

(8) *COG Report*, p. 22.

(9) Soames, *op.cit*., p. 412.

(10) Zimbabwe Rhodesia, *Report of the Constitutional Conference, Lancaster House, London, September-December 1979* (Cmd. R-ZR, 3-1980), N. D., pp. 24-30 and pp. 39-43.

(11) Gregory, Martyn, "The Zimbabwe Election: the Political and Military Implications", *Journal of Southern African Studies*, Vol. 7, No. 1 (Oct. 1980), p. 28.

(12) *COG Report*, p. 27.

(13) Zimbabwe Rhodesia, *Report of* ......, p. 25.

(14) *Ibid*., p. 24.

(15) *Ibid*., p. 26.

(16) Gregory, *op.cit*., p. 28.

(17) *COG Report*, p. 27.

(18) *Ibid*., p. 31.

(19) Gregory, *op.cit*., p. 28.

(20) *COG Report*, p. 30.
(21) Soames, *op.cit*., p. 414.
(22) *COG Report*, pp. 33-35.
(23) Soames, *op.cit*., p. 413.
(24) Campbell, *op.cit*., p. 709.
(25) *COG Report*, p. 32.
(26) *Ibid*.
(27) Zimbabwe Rhodesia, *Proposals*......, p. 25.
(28) *COG Report*, pp. 2-23.
(29) *Ibid*., p. 22.
(30) *Ibid*., p. 23.
(31) *Ibid*., p. 174.
(32) *Ibid*., p. 170.
(33) Zimbabwe Rhodesia, *Proposals*......, p. 25.
(34) *COG Report*, p. 23.
(35) *Ibid*.
(36) *Ibid*., p. 24.
(37) *Africa Research Bulletin*（以下，ARB と略す）, *Political Social and Cultural Series*, Vol. 17, No. 1（Feb. 15 1980）, p. 5548A.
(38) *Ibid*., pp. 5548C-5549B.
(39) Gregory, Martin, "Zimbabwe 1980: Politicisation Through Armed Struggle and Electional Mobilization", *Journal of Commonwealth and Comparative Politics*, Vol. 19, No. 1（Mar. 1981）.

(40) Soames, *op.cit.*, p. 414.

三　総選挙の運営と実施

先に述べたように暫定期間の基本的な課題は、「自由かつ公平な選挙」を実施することにあった。そして前述のような状況を背景として、ランカスター・ハウス協定にもとづき一九八〇年二月一四日、二〇議席をめぐって白人（アジア人とカラードを含む）選挙人名簿による選挙が、そして同月二七日から二九日まで、八〇の議席をめぐって普通選挙人名簿による選挙が行なわれた(1)。

(一)　総選挙の運営・管理

選挙の方式としては、白人選挙人名簿による選挙はいわゆる小選挙区多数代表制、そして普通選挙人名簿による選挙は政党名簿方式にもとづく比例代表制が採用された。選挙区の構成は前者が全国を二〇の選挙区に分割し、後者は既存の行政区画である八つの州をそのまま選挙区として利用して各州の人口に応じて議席を配分した。なお普通選挙人名簿選挙においては選挙人登録は行なわれず、したがって選挙人名簿も作成されなかった（白人選挙人名簿は作成された）。有権者（アフリカ人）は直接投票所へ赴き、その場で身元が確認された場合に投票が認められた。

暫定期間における行政は、ランカスター・ハウス協定によって既存の行政機構を通じて行なわれることが定められていたために、総選挙の管理・運営もこれに準じた。すなわち公務員によって構成される国家選挙管理団が投票所の運営、投票の立ち会い、そして開票などの選挙の運営、管理、および広報の業務を行ない、各選挙区ごとに選挙管理官を頂点として、その下に複数の行政地区選挙管理官が任命された。なお各州の選挙管理官には州知事が、そして各行政地区の選挙管理官には地区行政官が任命され、前者は州全体の選挙管理、そして後者は地区内の選挙管理にあたった。

こうした既存の行政機構に立脚した選挙管理・運営システムとは別に、イギリス政府はもっぱらイギリス人によって構成される選挙管理・運営システムを構築した。すなわちこれはイギリス選挙管理委員会を頂点として、同委員会のもとに州および地区に派遣される監視官九〇人、そして投票所の監視にあたるイギリス人警官五八一人によって構成された。選挙の管理・運営に関して二系統の異なる装置が存在することは、両者の対立を招く可能性も存在したが、同選挙委員会の報告書によればこうした事態は発生せず、選挙期間中両者は協力関係を維持することができた。[2]これは一つには選挙管理委員と監視官の適切な人選が功を奏したといえよう。というのも彼らの大半がアフリカ植民地官吏の経験を有するか、あるいはイギリス国内において選挙管理・運営の経験を有する者であったからである。[3]なお選挙管理委員会の諮問機関として、選挙管理委員会議長と選挙参加政党の代表からなる選挙評議会が設置された。選挙管理委員会の報告書によれば、同評議会においては、選挙の主催者側と参加者側のあいだで選挙運営・管理に関する率直な意見の交換が行なわれ、その効果は当初予想された以上のものがあった。[4]そして選挙監視のために派遣されたCOGの存在はそれ自体が、たとえそれがオブザーバーとしての権限しか持たなかったとしても、準当事者としての立場から多大な貢献をなし得たことは看過することができない。そして暫定政府はCOGそして英連邦諸国を納得させることのできるような選挙管理・運営を行なう責任と義務を課されていたのである。

(二) 選挙運動と威嚇行為

暫定政府が選挙運動期間中に果たすべき課題は、平和的かつ合法的な政治活動を参加政党に確約させる一方で、運動・集会・表現の自由を確保しつつ政党の安全を保証するために適切な措置を行なう、ということであった。要するに、七年間にわたる内戦を経た停戦直後という特殊な社会状況を背景としながらも、常態のもとで想定される総選挙を行なう、というのが暫定政府の役割であった。したがって選挙運動の期間中、各政党が自主的にこうした確約を遵守するということが「自由かつ公平な総選挙」を実現するための不可欠な条件であり、他方暫定政府にとっても選挙管理・運営という見地から各政党の活動を一定の枠の中に押しとどめる強力な権限が必要であった。

ところで選挙運動期間中に最も問題となったことは、各選挙区で発生した「威嚇行為」であった。この威嚇行為には、暗殺の示唆および殺意を伴う脅迫、暴行、財産の破壊、誘拐、そして候補者、党員、支持者の殺害などが含まれた。イギリス選挙管理委員会の報告書によれば、こうした威嚇行為は停戦違反と同様、マニカランド州とヴィクトリア州、中部マショナランド州および東部マショナランド州それぞれの農村部、さらにミッドランド州東部において発生し、有権者の投票行動に影響を与えたと指摘している(5)。

こうした威嚇行為は、「公平かつ自由な選挙」をめざす暫定政府の選挙運営・管理にとっては重大問題であったことは明らかであり、同政府はこれに対処すべく二つの勅令を公布した。すなわち特定政党の集会に制限を課すとともに、特定の候補者の選挙運動を停止し、さらに特定の政党に対し特定地域における選挙への参加を禁止するというもの(「破壊活動防止に関する選挙勅令一九八〇年」、八〇年二月五日公布)、および特定の地域における選挙を中止するというもの(「破壊活動に関する選挙勅令第二号、一九八〇年」、八〇年二月一二日公布)である。これらの権限にもとづき暫定政府は、二月一一日にはZANU・PF候補者ンカラ（Enos Nkala）の選挙運動を禁止し、さらに一四日にはヴィクトリア州の一部の地域におけるZANU・PFの選挙運動を禁じたのであった。

このような総督の強力な権限とその行使は、イギリス選挙管理委員会の報告書によればその後の威嚇行為の減少に寄与したといわれるが、基本的にはこうした措置は、COGが指摘しているように「訓戒ならびに警告」として意図されていたといえよう。(6) しかしながら重要な点は、選挙の実施それ自体を中止しうるような強力な権限を総督が付与されていたことであり、そしてこれが抑止力となって諸政党による逸脱を最小限にとどめることができたということである。すなわち平和的かつ合法的な選挙活動という確約を諸政党が遵奉することが前提条件であり、また絶対条件であったとしても、同選挙のように特殊な社会状況を背景とするならば、暫定政府にとってこの確約を諸政党に遵奉させる強力な権限が不可欠であったということである。

選挙運動期間中に威嚇行為が多発した原因としては、同選挙がアフリカ人にとってはすべての政党が競合するはじめての普通選挙であったことが混乱を生み出したと見ることが可能である。そのため候補者、党員、支持者、そして一般有権者のあいだに選挙のルールに関する共通理解が確立していなかった。たとえばUANCはソールズベリにおける選挙集会の際に一六万人分の食事を一日二回無料で提供し、さらにボクシング、ウエートリフティング、民族舞踊といった余興が行なわれ、全国のUANC支持者を動員するために九本の列車と五〇〇台のバスを借り切った。(7) こうした選挙運動は、有権者に政策上の選択肢を提示するという選挙集会本来の主旨から明らかに逸脱したものといえよう。しかしながらここで再度確認しておかねばならないことは、この選挙が先に述べたような社会・経済状況、そして七年間の戦争状態を経た停戦の直後に実施されたということである。

すなわち当時、一方にはZANLAとZIPRAの両軍が武器を携行したまま集結地点に集合し、他方には政府軍およびその補助部隊が治安維持のために全国に展開されていた。さらにこれに加えて南アフリカ共和国軍が国内に駐留するといった状態のなかで諸政党は選挙運動を展開したのである。こうした社会的な緊張状態において、競合する政党のあいだの熾烈な有権者の勧誘、そして有権者の動員をめぐる政党間の対立・確執などが発生し、それが威嚇行為へと発展したことは十分にありうることである。また「威嚇行為」という言葉それ自体が、政党間の競合状態のなかで相手政党の活動を誹謗する「歌い文句」として使用されたことも指摘されている。(8)

八〇年総選挙が実施された当時の社会的状況を踏まえるならば、威嚇行為の発生は不可避的なものであったとみなすことができる。しかしながら重要な点は、同選挙に参加した諸政党が、消極的であれ積極的であれ平和的な選挙運動を確約し、かつそれを遵守したことである。他方、暫定政府に関しては、暫定期間におけるもっとも重要な課題であった「公平かつ自由な選挙」の実施を同政府が中止できることを勅令を通じて一般有権者、特に参加政党に認識させ、これを非合法的な選挙運動を防止するための抑止力として利用したことに注意すべきである。総選挙の実施が暫定期間の存在理由であり、また暫定政府の最大の課題であることを考えるならば、全面的であれ部分的であれ総選挙の中止は暫定政府にとってはみずからの存在理由を否定することである。しかしながら暫定政府が総選挙を中止することのできる権限を勅令という形で明示したことは、参加政党に選挙運動に一定の枠組みが存在することを再確認させたであろうし、また暫定政府とのあいだに相互不信とは別に一定の緊張関係が存在することをあらためて認識させたといえよう。

ＣＯＧの報告書は、八〇年総選挙は全体として自由かつ公平なものであったと結論づけており、イギリス選挙管理委員会も「威嚇行為」に留意しながらも同選挙の有効性を確認した。(9)総選挙の管理・運営、そして参加政党の選挙活動に関していえることは、総選挙を実施する側、選挙競合を行なう側、そして選挙権を行使する側、という三当事者のあいだに総選挙を成功裏に終了させようという基本的なコンセンサスが存在したということである。すなわち暫定政府は、停戦に関してはこれを強制するような物理的手段は持ち合わせていなかったが、総選挙の中止といういわばみずからの存在理由を否定するような勅令を公布することによって、その潜在的な影響力を参加政党に示すことができた。他方、参加政党は、一定の緊張状態を強いられながらもその一方で「選挙評議会」の存在や二月中旬のソームズ・ムガベ会談に示されるように、総選挙の実施に際して暫定政府側と諸政党側のコミュニケーションが円滑に行なわれていたことに留意すべきであろう。そして一般有権者も推定投票率九三・六％という数字が示しているように、この選挙の持つ意味をよく理解しており、COGも一般有権者の政治意識が極めて高かったことを報告している。[10] このように総選挙の実施をめぐって三当事者のあいだに肯定的な相互作用が存在したことが総選挙を成功に導いた主要な要因であったということができよう。

(三)　選挙結果の分析

最後に普通選挙名簿による選挙結果について簡単に分析しておきたい。同選挙には九政党が参加したが、実質的にはZANU・PF、PF・ZAPUそしてUANCの三政党のあいだで選挙戦が闘われた。選挙区別の各党の獲得議席数は以下の通りである。マニカランド選挙区、ZANU・PF一一議席、PF・ZAPU無し、UANC無し。ヴィクトリア選挙区、ZANU・PF一一議席、PF・ZAPU無し、UANC無し、中部マショナランド選挙区、ZANU・PF六議席、PF・ZAPU無し、UANC無し。東部マショナランド選挙区、ZANU・PF一四議席、PF・ZAPU無し、UANC二議席。西部マショナランド選挙区、ZANU・PF六議席、PF・ZAPU一議席、UANC一議席。ミッドランズ選挙区、ZANU・PF八議席、PF・ZAPU四議席、UANC無し。北部マタベレランド選挙区、ZANU・PF一議席、PF・ZAPU九議席、UANC無し。南部マタベレランド選挙区、ZANU・PF無し、PF・ZAPU六議席、UANC無し。計、ZANU・PF五七議席、PF・ZAPU二〇議席、そしてUANC三議席である。なおZANU・PFとPF・ZAPUは総選挙を前に統一戦線を解消し、それぞれ単独で選挙戦に臨んだ。

本選挙の特徴は、有権者が各政党によって提示された政策上の選択肢を選ぶというよりはむしろいずれの政党が平和をもたらすことができるか、という論点に関する有権者の選択であったといえよう。事実、三政党の政策には基本的には大きな違いはなく、それぞれの政党が程度の差こそあれ既存の経済システムの維持、土地改革に言及していた。(11) したがって一九七九年四月の内部解決にもとづく総選挙によって政権の座に就いたUANCが、戦争状態を終結できなかったためにわずか三議席にとどまったことは決して偶然ではなかったのである。そこで以下ZANU・PFとPF・ZAPUの二つの政党に焦点を合わせて選挙結果を分析してみたい。

選挙結果を左右した基本的な要因としては、次の二点を指摘することができる。すなわち第一点は、解放闘争期における民衆に対する政治教育（政治化）、そして第二点は、民族集団の投票行動である。COGの報告書によれば、地理的に確定することは困難であるが、解放闘争の期間中に解放組織が既存の統治機構に代えて独自の統治機構を確立していた地域が存在し、こうした地域においては住民に対するいわゆる政治教育が行なわれた。(12) そしてこうした解放勢力による統治行為は、ZANU・PFの浸透地域においてZAPUのそれよりも積極的に行なわれていたという。(13) これはPF・ZAPU議長ンコモ自身が指摘しているように、ZANLAとZIPRAの軍隊としての性格の違いによるものである。(14) すなわちZIPRAが軍事活動をもっぱらとする組織であったのに対して、ZANLAはいわゆる政治的軍隊であって、軍事活動に加えて民衆に対する政治教育も重要な任務で

表　各州における言語集団の比率とZANU・PFおよびPF・ZAPUの得票率

	ショナ語系住民%	ZANU・PF得票率%	ンデベレ語系住民%	PF・ZAPU得票率%	その他の言語%
マニカランド	92.4	84.1	0.3	1.6	7.3
ヴィクトリア	89.7	87.3	1.1	1.9	9.2
中部マショナランド	77.4	83.8	0.2	2.3	22.4
東部マショナランド	85.3	80.5	0.7	4.6	14.1
西部マショナランド	69.6	71.9	1.2	13.4	29.1
ミッドランズ	78.3	59.7	16.5	27.1	5.2
北部マタベレランド	14.6	10.0	64.8	79.0	20.6
南部マタベレランド	19.5	6.8	59.8	86.4	20.7
計	70.8	63.0	14.6	24.1	14.6

出典　Lionel Cliffe, Joshua Mpofu and Barry Munslow, "Nationalist Politics in Zimbabwe: The 1980 Elections and Beyond", *Review of African Political Economy,* No. 18 (1980). p. 58.

あった。したがってZANLAの活動地域には、内戦期間中にZANU・PFの支持基盤が形成されていたとみることができよう。そしてZANLAの政治的軍隊としての性格のために、一部のZANLA兵士が意図的に集結地点に向かわずに武器を捨て農村部にとどまり、ZANU・PFの政治委員として民衆の組織化に当たるということが可能であった。そしてこうしたZANLA独自の統治機構の存在とZANU・PFの政治委員の活動の結果、COGが報告しているように一部の地域が他の政党にとっては「立入禁止地域」となり、これを暫定政府や他の政党がZANU・PFの「威嚇行為」とみなしたのであった[15]。

選挙結果を左右した第二の要因については、**表**を見れば明らかなように、各州における民族集団（言語集団）、すなわちショナ人の割合とZANU・PFの得票率、そしてンデベレ人の割合とPF・ZAPUの得票率のあいだにはそれぞれ相関関係を見いだすことが可能である。

この点についてはクリフ（Lionel Cliffe）等の指摘を待つまでもなく、マショナランドの諸州およびその他のショナ人住民が多数を占める州においてはZANU・PFが、そして他方マタベレランド諸州においてはPF・ZAPUが圧勝したことは、それぞれの民族集団と政党との密接な関係を強く示している。(16)そしてこれが意味することは、八〇年総選挙においてジンバブウェにおける多数民族であるショナ人がZANU・PFの勝利に大きく貢献した、ということである。

(1) 白人選挙人名簿においては、二〇の選挙区中一六の選挙区が無競合であった。そして選挙結果はRFが二〇議席すべてを独占した。

(2) *Southern Rhodesia, Independence Elections 1980, Report of the Election Commissioner Sir John Bynton*, MC, London, HMSO, pp. 2-5.

(3) *Ibid*., pp. 4-7.

(4) *Ibid*., pp. 51-56.

(5) *Ibid*., p. 61.

(6) *COG Report*, p. 38.

(7) *The Times* (London), 22nd and 25th, Februrary 1980.

(8) *COG Report*, p. 38.

(9) *Ibid*., p. 41.

(10) *Ibid*., p. 42.

(11) Gregory, *Zimbabwe 1980: Politicsation*......, pp. 76-78.

(12) *COG Report*, pp. 28-29.

(13) *Ibid*., p. 29.

(14) Nkomo, Joshua, *Nkomo: THe Story of My LIfe*, London, Methuen, 1984, p. 39.

(15) *COG Report*, p. 39.

(16) Lionel Cliffe, Joshua Mpofu and Barry Munslow, "Nationalist Politics in Zimbabwe: The 1980 Elections and

Beyond", *Review of African Political Economy*, No. 18 (1980), p. 58.

むすびにかえて

前国連事務総長ガリは、平和維持活動について次のように述べている。「平和維持は、紛争当事者の平和維持活動の受け入れ合意と平和維持活動に対する協力姿勢にかかっている。また戦いを続けることによって紛争は解決しないとすべての当事者が認識しない限り、平和維持は成功しない(1)」。ジンバブウェにおける暫定期間は、ガリの指摘する平和維持のための条件をまさに満たしていたといえよう。

いうまでもなくジンバブウェの場合、平和維持活動を実施する主体は宗主国であるイギリスであった。同政府は暫定期間中の統治にあたる総督を派遣して彼に全権を委任した。そして紛争の当事者であるイギリス政府、ZANU・PFそしてPF・ZAPU、ジンバブウェ・ローデシア政府代表は、ランカスター・ハウス協定に調印したことによって平和維持から平和建設へ、すなわち暫定期間の構造、停戦の実施、そして新憲法にもとづく総選挙という基本的な枠組みに合意した。しかしながら問題は平和維持活動そして総選挙を管理・運営する暫定政府に現地の当事者がどこまで積極的に協力するか、という動態面にあった。

総督は既存の行政機構に依存して日常行政を行なわねばならず、また平和維持についてもこれを強制するのではなく監視するという消極的な権限しかもたない英連邦停戦監視軍に依存しなければならなかった。さらに国内の治安維持に関しても総督にとっては旧政府軍を使用する以外に選択の余地はなかった。確かに総督は総選挙を中止する権限を有していたが、これはあくまでも威嚇行為に対する抑止力として見なされるべきものであって、この権限の行使はそれ自体が暫定政府の存在理由の否定を意味することにつながる。したがって暫定政府は、実質的には現地の当事者に暫定期間の取り決めを積極的に遵守させる直接的な影響力を持たなかった。要するに暫定期間における平和維持から平和建設へのプロセスは、ジンバブウェ・ローデシア政府、ZANU・PFそしてPF・ZAPUの自発的な協力なしには実現しなかったのである。

先に述べたように一九七九年当時、内戦状態は悪化の一途をたどっており、政府軍そしてZANLA、ZIPRAそれぞれの戦死者は急増していた。CIO（中央情報局）長官フラワー（Ken Flower）によれば、政府軍は七〇年代後半以降「負け戦」を戦っていたのであり(2)、他方ZANLA最高司令官トンゴガラ（Joshua Tongogara）がランカスター・ハウス会議の開催中に平和的な解決に向けて積極的に活動したことは、ZANLAが武力による解決だけを目指していたわけではないことを示している(3)。要するに当事者のあいだには、戦いを続けることによって紛争は解決しないという認識が存在していたといえるであろう。こうした背景にはUANCにとっては、ジンバブウェ・ローデシアに対する国際的な承認がえられなかったために、暫定政府に協力する以外選択の余地はなかったのであり、他方ZANU・PFとPF・ZAPUにとっては、両組織を全面的に支援してきたザンビアとモザンビークが紛争の平和的解決に向けて両組織に対しその直接的な影響力を行使したという事実が存在する。さらに準当事者として停戦監視軍、および総選挙の監視のためにオブザーバー・グループを派遣した英連邦諸国、さらにCOGの運営・管理に当たった英連邦事務局などの果たした直接・間接的な役割も看過することはできない。

このようにローデシアにおける暫定期間、すなわち平和維持から平和建設へのプロセスが順調に伸展した主たる理由は、直接的な当事者間の合意と協力姿勢が存在したばかりではなく、一方には国民の平和への渇望が存在し、他方には準当事者が当事者間の合意と協力姿勢を積極的に支援したということに求めることができるであろう。

（1） *Dateline*, 前掲書, 七頁。
（2） Ken Flower, *Serving Secretly: An Intelligence Chief on Record, Rhodesia into Zimbabwe 1964 to 1981*, Harare, John Murray, 1987, p. 119.
（3） Davidow, *op.cit.*, pp. 81-82.

第六章　連立政権の誕生と崩壊

問題の所在

本章は、一九八〇年四月一八日の独立から、八二年二月までのジンバブウェの政治的潮流を連立政権を中心にして再構成しようとするものである。これまでに述べたように、少数白人支配の問題としてのローデシア問題は、一九七九年九月一〇日から一二月二日まで、ジンバブウェ・ローデシア政権、そして武力闘争を積極的に推進しつつあったムガベを党首とするZANUとンコモの率いるZAPUの共同戦線としてのPF、そして宗主国イギリス政府の各代表が出席してロンドンで開かれた全当事者会議、いわゆるランカスター・ハウス会議において解決された。その結果、六五年の白人政権による一方的独立宣言以来続いていたローデシアの反乱は終わりを告げ、また七二年以降、年々激しさを増していた政府軍と急進派解放勢力のあいだの戦争状態もここに終止符を打った。その後、ローデシアは、八〇年二月の総選挙で勝利をおさめたZANU・PF（ZANUが改称したもの）ムガベ政権のもとに、ジンバブウェとしてこの年の四月一八日に独立した。

ZANU・PFは、八〇年総選挙において一〇〇議席中五七議席を獲得したにもかかわらず、PF（ZAPU

が改称したもの）との連立政権を樹立した。本章の主たる問題意識は、一九八〇年四月から八二年二月まで続いたこの連立政権の存在理由とはいったい何であったのか、というところにある。そしてこの問題を解明するためにその誕生からPF議長ンコモが閣僚のポストを解任されて事実上、両政党の連立が崩壊するまでの時期における同政権のめざしたもの、そしてその主要な政策さらに国家の主導権をめぐる政権内部の両党の確執が分析の対象となるであろう。

ところで二月の総選挙当時、ムガベのZANU・PFが勝利をおさめた場合、ジンバブウェは、全面的な秩序の崩壊や極端な独裁主義といった「最悪の悲劇の舞台」となるであろう、という予想が支配的であった。(1)というのも、一般的な評価としてZANU・PFとムガベは、「過激なゲリラ組織」、「マルクス・レーニン主義の革新政治家」、とりわけローデシアの白人セトラーのあいだでは、「テロリスト集団」あるいは「黒人人種主義者」としてみなされていたためである。

しかしながら、こうした予想はことごとく的中しなかった。たとえば国内治安についてみるならば、のちに述べるようにムガベ政権の最大の課題であった解放軍と政府軍の統合は、ZANLAとZIPRAとのあいだで八〇年一一月と八一年二月に、大規模な武力衝突事件が発生したが、八一年一一月には完了した。他方、社会・経済面についてみるならば、白人セトラーの出国は、当初予想されたほどの急激な増加はみられなかった。すなわち、八〇年には一万八〇〇〇～二万人の白人が出国したが、八一年には約二〇万人が残留していた。(2)また経済面に関しても、ジンバブウェは、八〇年度に一〇％の経済成長率を記録し、八一年から八四年までのあいだに、年八％の経済成長が見込まれていた。(3)そして、八一年から八四年にかけての「国家開発三カ年計画」に必要な財源も、八一年三月二三日から二七日にかけて、西側諸国を中心とした四四カ国と国連機関一六、国際援助機関一一の代表が参加してソールズベリ（当時）で開かれた援助会議である「ジンバブウェ復興開発会議（Zimbabwe Conference on Reconstruction and Developement, 略称ＺＩＭＣＯＲＤ）」の結果、確保することができた。

こうした点からみてジンバブウェは、内戦から常態への移行へというプロセスを順調に進んでいるように思われた。しかしながら、ムガベ政権そのものは独立以来、必ずしも順調な歩みを続けてきたとはいえず、その帰結が連立政権の崩壊であった。また当時しばしば指摘されたことはジンバブウェが、一貫性を欠いた政策を行なっている国家である、という点にあった。というのも、ムガベ政権が、「社会主義」を唱えながらも国内の資本主義的経済構造を温存し、西側の資本主義諸国に援助を要請していたからである。したがってムガベ・ンコモの連立政権の誕生と崩壊、そして連立政権の存続と密接に関連していたと思われる軍の統合過程を跡づけるまえに、ムガベの提唱した社会主義とは何か、また同政権の政策理念、政策方針とは何か、といったムガベ政権の根幹に関わる問題について考える必要があろう。

（１） Anglin, Douglas G., "Zimbabwe: Retrospect and Prospect," *International Journal*, Vol. 35, No. 4 (Fall 1980), p. 682.

（２） *Africa*, Vol. 118 (June 1981), p. 22.

（３） *Africa*, Vol. 117 (May 1981), p. 52.

一　ムガベ政権の基本方針

(一)　ジンバブウェ社会主義

ムガベはみずからの政権の目標として、「最大多数の最大幸福」、あるいは「最大多数のジンバブウェ人のための社会的な最大幸福」を掲げ、これは白人とアフリカ人のあいだの支配従属関係というジンバブウェにおける歴史的矛盾の解消にある、と語った。[(1)] 彼によれば、こうした目標を実現するためのイデオロギーが社会主義であり、社会主義のみが最大多数のジンバブウェ人に社会的な最大幸福をもたらし、ジンバブウェの歴史的な矛盾を解消することができると主張した。ムガベは、次のように語っている。独立は、従来の社会経済関係に何らの影響も与えなかったために、この面において「変革が行なわれなければ、……植民地主義の社会、経済的な不正と不公平」は、温存されることになる。[(2)] つまり、「政治的独立が、それ自体一つの目標となり、社会経済的な目標を見失ってしまうような状況においては、植民地政府の後継者は、知らず知らず植民地主義者の番犬となってしまう」。[(3)] したがってムガベは、「独立と社会主義のイデオロギーを通じて」、白人とアフリカ人の社会・経済的支配そして従属関係を変革し、「最大多数のジンバブウェ人に社会的な最大幸福をもたらすことができる」と主張した。[(4)] このようにジンバブウェにおいても他のアフリカ諸国と同様に、「脱植民地化のイデオロギー」そして「発展のイデオロギー」として社会主義の役割を見いだすことができよう。[(5)] これに加えてムガベの提唱する社会主義は、それが「アフリカ性」を志向している点で、他のアフリカ国家における社会主義と共通性をもっていた。この点についてムガベは、聖書を引き合いに出しながら次のように論じている。「土地、森林、川、獣、鳥、魚、そしてその他の天然物に対するアフリカの伝統的な共同所有制は、聖書の考え方に似ている」。というのも、神は最後に人間を作り、魚、鳥、大地などに対する支配権を人間に与えた、という聖書のなかの記述は、「あらゆる人が、天然資源に対する支配権をもっている」ということ意味するために、「われわれの共同体的伝統は、マルクスの社会主義や共産主義の理論よりも数世紀も先行するものである」というわけである。[6] したがって、アフリカの共同体的伝統とマルクス主義は、「互いに矛盾するものではない」ために、ジンバブウェの社会主義は、「マルクス・レーニン主義、そしてわれわれの伝統的社会の理論と実践から、その基本的な思想と原理を引出している」と、ムガベは説明した。[7] 以上のようなムガベの提唱するジンバブウェの社会主義は、小田英郎の言葉を借りれば、「植民地化される以前のアフリカの各共同体のなかに、『社会主義』的伝統をみいだし、それを現代的に復元するとともに、ヨーロッパの近代的テクノロジーと融合させ、もって公正をともなう社会の無階級的発展を推進しようとするアフリカ的社会主義と総称されるイデオロギー運動」そのものであったといえよう。[8]

(二) 民族和解政策の理念

小田は、国家建設期におけるアフリカ的社会主義について次のように述べている。「アフリカ的社会主義は、熱狂的な独立期にはユートピア的未来像をえがく一種の政治的宗教として、独立政府の権力に正統性をあたえ、脱植民地的変革の方向性を指し示し、さらに一種の規範として変革過程そのものを大枠において律し、社会成員のあいだに一体感を生みだすといった機能を相当程度はたした」。[9] しかしながら、それは国家建設の段階において、「実践的有効性を目指してのイデオロギー的、制度的、政策的再編成を要求され」ながらも、「実効性のある制度や政策の形に結実することがなかった」のである。[10] ムガベ政権は、一九六〇年代~七〇年代を通じてアフリカ的社会主義の「実践性の希薄さ」や「幻想性」、さらには、アフリカ的社会主義とは称していないが、アンゴラやモザンビークにおける急激な社会主義的変革による社会、経済的混乱を十分に認識していたにちがいない。ジンバブウェ独立当時の蔵相ンカラ（Enos Nkala）の「ジンバブウェ社会主義の適用は、実際的であるとともに穏健なものとなるであろう[11]」という言葉は、他のアフリカ諸国における社会主義の挫折という事実を、十分に踏まえたものといえるであろう。そしてムガベは、次のように語っている。「社会主義を上から押しつけるならば、それは深く根をはることができない。また、歴史的な要因や周囲の状況を無視するならば、社会主義はいかなる明るい見通しももちえないであろう[12]」。それではムガベの意図した具体的な政策方針とは何かということであるが、この点に関して彼はユーゴスラビアのチトー大統領（当時）の次のような考え方を全面的に支持している。すなわちチトーの考え方とはムガベによれば、「本当に新しい社会・経済体制は、完璧なものとして登場してくるものでもないし、また単に二つの科学理論に由来するものでもない。新しい社会とは古い社会から成長し、古い社会の基本的な社会・法律関係を徐々に変革するものであって、歴史的推移から生じた物理的条件はただちに変革することはできない」というものであった。そしてムガベによれば、こうした漸進主義的、現実主義的な路線こそがジンバブウェの歩むべき道なのである[13]。

かくしてムガベ政権は、社会主義を唱えながらも、急激な社会主義的変革を棚上げして、漸進主義的、現実主義的な政策方針を採用したが、同時に、同政権にとっての緊急課題として政策方針を規定したのが平和の回復、いいかえれば常態への復帰であった。ムガベは独立一周年記念の演説において次のように語っている。「平和、平和、そしてさらなる平和こそが、われわれのすべての目標の中でもっとも緊急を要する目標となった[14]」。したがってムガベ政権は、平和な状態を回復しつつ、漸進主義的・現実主義的な社会・経済政策を行なう必要にせまられたのであるが、この二つの命題をみたす政策理念として提唱されたのが「和解（reconciliation）」の理念であり、これにもとづく「和解政策（policy of reconciliation）」あるいは「国民和解政策（policy of national reconciliation）」であった。ムガベによれば「和解」とは、「平和を達成するうえで欠くことのできない様式」であり「われわれ一人一人の変質を要求する」ものである。そしてこの「和解」の精神によって、「われわれを分裂させるのではなく団結させ、変革という現実を受け入れてそれを拒まず、国民性という共通の性格を身につけて部族的、人種的、地域的な吸引力に対抗し、選挙における勝者を尊重すると同時に、選挙における敗者をけなし侮辱するのではなく彼らと和解し、われわれの戦争が真の平和のための手段であって戦争のための戦争ではなかったことを認め、そしてすべてのジンバブウェ人の愛を求め、呼び起こし、人々のあいだに誤った憎悪をあおることを拒絶する」ことができるのである。[15]上記のようにムガベは、常態への復帰、そしてこれにとって大きな障害となると思われる「国民」の分裂を回避すべく「和解」の精神を人々に訴えたのであった。

(三)　国民和解政策の背景

白人と黒人のあいだの過去の敵対関係を解消し、アフリカ人の「部族」的相違を超越して、ジンバブウェ人としての一体感と帰属意識を生みだそうとする「和解」の理念は、しかしながら単なる政治的なスローガンとして生まれたものではなかった。すなわちこの「和解」の理念と「国民和解政策」は、ムガベ政権が直面していたジンバブウェの現実的な要請にもとづくものであった。その現実的な要請とは、国軍の創設作業と総選挙の結果それぞれに由来していた。

独立当時ジンバブウェには、おのおの独立した三つの軍隊が存在した。すなわちそれは、旧ZANLA軍（約二万六〇〇〇人）、旧ZIPRA軍（約九〇〇〇人）、そして旧ローデシア正規軍（一万五〇〇〇人）であった。[16]いうまでもなくＺＡＮＬＡとＺＩＰＲＡは、わずか数カ月前までローデシア軍と敵対関係にあり、またＺＡＮＬＡとＺＩＰＲＡは、共同戦線として「愛国戦線」の名のもとに表面上は協力関係にあったにもかかわらず、内戦期間中、両者はたびたび衝突事件を起こしていた。したがって独立後、これら三つの軍隊がジンバブウェ国軍として平和裡に統合されるか否かは、国家の存続に直結する重大問題であった。

他方八〇年総選挙の結果は、ムガベ政権に「和解」の精神と「国民和解政策」を採用させるもう一つの大きな要因であった。ムガベの率いるＺＡＮＵ・ＰＦは、憲法によって定められた八〇議席のアフリカ人指定議席中（ほかに二〇議席の白人指定議席）五七議席を獲得した。しかしこの議席の内訳をみるならば、ＺＡＮＵ・ＰＦは、その支持基盤であるショナ人が多数を占める五つの選挙区においては五三議席中四九議席を獲得して圧倒的な強さを示したが、ンデベレ人が多数派の二つの選挙区においては、一六議席中わずか一議席しか獲得できなかった。これに対してンコモの率いるＰＦ・ＺＡＰＵは、その支持基盤であるンデベレ人が多数を占めるの二つの選挙区においては一六議席中一五議席を獲得したが、ショナ人が多数派の五つの選挙区では、五三議席中わずか一議席しか獲得できなかった。すなわち、八〇年総選挙の結果は、ショナ人が全アフリカ人人口の七七％、そしてンデベレ人が同一九％を占めていることからみて、ジンバブウェにおける両民族の人口比を明確に反映したものとなった。[17] したがってＺＡＮＵ・ＰＦは、過半数の議席を獲得しながらも、民族的紐帯を越えた国民的一体性を生み出し、ンデベレ人の政府に対する帰属意識を確保するうえで、「和解」の精神にもとづいてＰＦ・ＺＡＰＵに対して政権への協力を要請する必要があったのである。

（1） Zimbabwe, Department of Information, "Prime Minister Opens Economic Symposium," *Press Statement*, 547/80/RH (Sep. 8 1980), pp. 2-4, and 5; "Prime Minister's Independence Anniversary Speech to the Nation,

April 17 1981," *Policy Statement*, No. 4（April 1981）, p. 1.
（2）"Prime Minister Opens....," p. 4.
（3）*Ibid*., p. 5.
（4）*Ibid*.
（5）小田英郎「現代アフリカにおける社会主義とナショナリズム」（日本国際政治学会編『社会主義とナショナリズム』、国際政治65）所収、日本国際政治学会、一九七九年、一〇三－一〇六頁。
（6）"Prime Minister Opens....," p. 4.
（7）*Ibid*., p. 5.
（8）小田前掲論文一〇六頁。
（9）同右論文一一三頁。
（10）同右。
（11）Zimbabwe, Department of Information, "Minister of Finance Addresses Economic Resources Conference," *Press Statement*, 529/80/RH（Sep. 1 1980）, p. 2.
（12）"Prime Minister Opens....," p. 5.
（13）*Ibid*., p. 6.
（14）"Prime Minister's Independence........, p. 1.
（15）*Ibid*., p. 2.
（16）Gregory, Martyn, "The Zimbabwe Election: The Political and Military Implications," *Journal of Southern African Studies*, Vol. 7, No. 2（Oct. 1980）, p. 29.
（17）*Africa Research Bulletin*（以下 *ARB*）, *Political Social and Cultural Series*, Vol. 17, No. 1（Feb. 15 1980）, p. 5552.

二　連立政権の誕生と軍の統合の開始

一九八〇年三月四日、総選挙におけるZANU・PFの圧倒的勝利が発表された直後、ムガベは、ラジオ、テレビをつうじて次のように国民に訴えた。「私は、黒人であろうと白人であろうと、悲惨な過去を忘れ、他の人々を許し、新たな親交のもとに手に手を取って、ともにジンバブウェ人として人種主義、部族主義、そして地域主義を忘れ、かつ無視して経済機構を再生するために、わが社会を再建し、復興すべく懸命に働くことを私とともに誓約するよう切に訴えるものである」(1)。このように彼が人種、部族を越えた「和解」を強く訴えたことは、とりわけわずか数カ月まえまで、「教条主義的マルクス・レーニン主義者」、「黒人人種主義者」としてムガベを恐れていた白人にとって、アングリン(Douglas S. Anglin)の言葉をかりれば「目のくらむような啓示」であったにちがいない(2)。そしてムガベが、ZANLA、ZIPRA、そして政府軍という三軍の統合に関する統帥権を、政府軍最高司令官として長年、解放勢力と戦ってきウォールズ中将(Peter Walls)に委ねたことは、ジンバブウェ国民全体、とくに三軍の兵士にとっては大きな驚きであったことであろう。さらに彼は、「国益という観点」から連立政権を樹立するために、ンコモと協議しつつあることを明らかにした(3)。

連立政権の樹立に関するZANU・PFとPF・ZAPUの交渉は数日にわたって行なわれた。当初、ZANU・PF側は、「ジンバブウェ・ナショナリズムの父」というンコモの名声を踏まえて彼に大統領への就任を求めたが、彼は行政上の権限をもたない大統領職を拒否し、政府閣僚の地位を要求した(4)。その結果、ZANU・PFは、ンコモに内相の地位を与えたが、地方自治体全般、特捜部(Special Branch)と呼ばれる秘密警察、そして情報局に対する管轄権は、「内相」の権限から除かれ、警察に対する統轄権のみがその権限として残されたに

すぎなかった。(5)

こうしたプロセスをたどって三月一一日、ムガベは、その連立政権の顔ぶれを発表した。同政権は、二三名の閣僚から構成され、それにはンコモを含む四人のPF・ZAPU党員、および二人の白人閣僚が含まれていた。このように連立政権は、ムガベの提唱する「国民和解」を体現するものとなり、同政権の「国民的性格」をアピールするうえで十分な効果をもつものであった。とりわけ商工相には白人政権当時の蔵相および商工相を歴任したデビッド・スミス（David Smith）、そして農相にはジンバブウェにおける商品作物の八〇〜九〇％を生産する白人農園主の代表組織、商業農園主同盟（Commercial Farmer's Union, 略称 CFU）の議長、ノーマン（Dennis Norman）という二人の白人を任命したことは、単なる「人種的和解」という理由だけではなく、経済の再建には経済的実権を握る白人の協力が不可欠である、というムガベの現状認識にもとづくものであったにちがいない。(6)

ところでコーンウェル（Richard Cornwell）によれば、ZANU・PFの閣僚たち（一七人）は、三つのグループに分けることができる。第一のグループは穏健派、第二のグループはテクノクラートと称すべき人々、そして第三のグループは急進派である。第一のグループは、副首相兼外相に就任したムゼンダ（Simon Vengai Muzenda）を長とする凝集性の弱いグループであり、彼は長年にわたってZAPUとの協力を提唱してきた人物であった。そして彼は穏健かつ柔軟な性格によって、ZANU・PF内部における安定装置としての役割を果たしてきた。第二のグループは、重要な行政ポストに就いていたテクノクラートたちであり、このグループには、元国連のエコノミストである経済・計画相のチジェロ（Bernard Chidzero）、元ダルエスサラーム大学教授の情報・観光相のシャムヤリラ（Nathan Shamuyarira）、元アメリカ大学講師の地方自治相兼住宅供給相のズォゴ（Eddison Zvobgo）、そして元レソト大学法律学部長の司法兼憲法問題相のムバコ（Simbi Mubako）等が含まれる。彼らは、

ZANU・PFの党内問題に関してはほとんど発言権をもたず、またZANLAとのつながりも希薄であった。第三のグループは、労働力・計画・開発担当相でありZANU・PF書記長のテケレ（Edgar Tekere）を中心とするグループであり、これには、保健相ウシェウォクンゼ（Herbert Ushewokunze）、輸送・電力担当相カドゥングレ（Ernest Kadungre）、土地・再入植・農村開発担当相セケラマイ（Sydney Sekeramayi）、そして蔵相ンカラ（Enos Mzombi Nkala）等が含まれた。(7)彼らの共通点は、彼らがすべてZANU・PFの最高決定機関である中央委員会（Central Committee）のメンバーであり、また解放戦争中、ZANLAとの深い結びつきがあったことである。そしてこのグループは、急進的な改革を望み、漸進主義を好まず、またンコモとの密接な連帯にも批判的であった。(8)したがってのちに彼らが、連立政権内でのンコモとの対立、ひいてはZANU・PF内での穏健派との対立の起爆剤となったことは、けだし必然的な結果であった。

ところで連立政権におけるZANU・PFとPF・ZAPUの閣僚ポスト数だけをみても分るように、両者の関係は実際には対等の立場にあるパートナーでは決してなかった。したがってZANU・PFは、政策決定過程において常にリーダーシップを握っていた。そしてこのような実状を端的に示したのが上院議員選挙であった。上院は四〇議席で構成されるが、そのうち一〇議席は下院に割り当てられた二〇人の白人議員により、また一四議席は同じく下院の八〇議席のアフリカ人指定議席の議員により、そして一〇議席はアフリカ人チーフ（首長）の代表機関であるチーフ評議会（Council of Chiefs）によってそれぞれ外部の候補者から選出され、残り六議席は首相の勧告にもとづく大統領の任命によるものであった。(9)三月一九日、上院の選挙が行なわれたが、ZANU・PFは下院のアフリカ人議員によって選出される一四人の上院議員のうち、わずか一人のPF・ZAPU候補者を支持したにすぎなかった。しかしながらこれでさえもZANU・PFにとっては消極的な理由によるものであった。つまり、この時に選出されたPF・ZAPU党員は、ムシカ（Joseph Musika）であったが、彼は、天然資源・灌概開発相にリスト・アップされていた。ところで憲法によれば大臣および副大臣は、上院または下院に議席を持つことが義務づけられていたが、ムシカは総選挙において落選していた。したがって、彼が閣僚となるためには、上院に議席を有する必要があったのである。(10)

このようにPF・ZAPUに対しては強い姿勢を取る反面、ムガベは任命による上院議員の中に一九五四年から五八年までローデシアの首相であり、白人リベラル派として著名なトッド（Garfield Todd）を加え、またンデベレ人のバナナ（Canaan Banana）に大統領への就任を要請して彼の提唱する「国民和解」を具体化していった。そして独立前夜、ムガベは、テレビ、ラジオをつうじて次のように語った。「昨日、私は敵としてあなた方と戦っていたとしても、今日、あなた方は友人であり、また国益、忠誠心、権利と義務をわかちあう盟友となった。昨日あなた方は、私を嫌っていたとしても、今日、あなた方は、あなた方を私に、そして私をあなた方に結び付ける愛から逃れることはできない……過去の過ちは、いまや許され、また忘れ去らねばならない(11)」。

こうした連立政権の形成と並行して、軍の統合も着手された。「合併作戦」（Operation Merger）と呼ばれるZANLA、ZIPRA、そして政府軍の統合計画は、二月の総選挙の投票が行なわれると同時に実行に移され、その第一段階として、ZANLA兵、ZIPRA兵それぞれ六〇〇人、それに政府軍兵士を加えた合同訓練が、イギリスおよび英連邦諸国から派遣された軍事顧問の監督のもとに開始された。(12)そして四月一五日には、ウォールズ中将を最高司令官とする合同最高司令部の設置が発表された。いうまでもなくこれは、三軍の統合に関する軍の最高決定機関であり、政府軍の陸軍と空軍、およびZANLAとZIPRAそれぞれの司令官によって構成された。五月一四日、大統領バナナは、議会開会演説において、「平和の確保」を政府の「第一の目標」として掲げ、この目標を達成するために、「かつて敵対していた軍隊の融合と、ジンバブウェの防衛のための強力かつ統一された軍隊へのそれらの転換は、できうるかぎり速やかに続けられつつある」と語った[13]。

ところでムガベ政権は、軍の問題に関して二つの政策を行なった。一つは、先に述べた軍の統合計画としての「合併作戦」であり、もう一つは、「SEED作戦」と呼ばれるものであった。SEEDとは、「経済開発における兵士雇用」(Soldiers Employed in Economic Development) の略称であり、その具体的な内容は、当初の計画では、ZANLAとZIPRAの兵士計一万七〇〇〇人を除隊させ、灌漑および穀物生産計画に彼らを投入しようとするものであった[14]。そしてこの計画にもとづいて六月までに二〇〇〇人のZIPRA兵が、除隊して再入植し、さらに六三〇〇人が彼らに続く予定であった。他方ZANLAも、計八〇〇〇人が除隊して、灌概施設の補修および農業生産に従事する計画が立てられた[15]。また軍の統合は、独立当時五八人であったイギリスの軍事顧問が同年六月にはさらに八〇人が新たに到着して本格的に開始された[16]。

(1) *Address to the Nation by the Prime Minister, 4th March, 1980, For the Record*, No. 1 (March 1980), p. 3.
(2) Anglin, *op. cit.*, p. 682.
(3) *Ibid.*, pp. 682–683.
(4) Gregory, *op.cit.*, p. 36.
(5) Cornwell, Richard, "Zimbabwe: The Politics of Conciliation," *Africa Insight*, Vol. 10, No. 3/4 (1980), p. 143.
(6) アングリンによれば当初ムガベは、トッドとバロン (Leo Baron) という二人の白人リベラル派の人物を閣僚ポストに任命するつもりであったが、総督ソームズがこれら二人は白人の意見を代表していないとムガベに勧告したために取りやめられた。Anglin, *op.cit.*, p. 683.
(7) Cary, Robert and Diana Mitchell, *African Nationalist Leaders in Rhodesia: Who's who*, Bulawayo, Books of

Rhodesia, 1977, p. 209.

（8）Coornwell, *op.cit.*, p. 148.

（9）Southern Rhodesia, *The Zimbabwe Constitution Order 1979*, Salisbury, N. D., pp. 68–69.

（10）*Ibid.*, p. 88.

（11）*Southern Africa Record*, Vol. 20（Aug. 1980）, p. 43.

（12）Gregory, *op.cit.*, p. 29.

（13）*Presidential Directive for the Development of Zimbabwe, May 14, 1980, Policy Statement*, No. 4（May 1981）, pp. 2–3.

（14）Anglin, *op.cit.*, p. 684. 同作戦の実施状況については，Andrew Nyathi with Jhon Hoffman, *Tomorrow Is Built Today; Experiences of War, Colonialism and The Struggle for Collective Co-operatives in Zimbabwe*, Harare, ANVIL Press, 1990, pp. 48–50. を参照されたい。

（15）*ARB, Political Social and Cultural Series*, Vol. 17, No. 6（July 15, 1980）, pp. 5718.

（16）*ARB, Political Social and Cultural Series*, Vol. 17, No. 5（June 15, 1980）, p. 5674 and Vol. 17, No. 6（July 15, 1980）, p. 5717.

三　連立政権における不協和音のはじまり

ムガベ政権における不協和音は、独立後わずか二カ月にして顕在化した。そしてこれは、ZANLAとZIPRAの統合問題に端を発した。

六月一九日、ムガベは議会において、警察と軍隊が武装した反政府分子を鎮圧すべく派遣されており、こうした不穏な状態はマタベレランドにおいてもっとも著しく、彼らが政治的野心を抱いている、と語った。[1] そして同月二六日には彼は、組織化されたＺＩＰＲＡの一団が政府の権威を失墜させようとしている、としてＺＩＰＲＡを名指しで非難し、さらに政治的不安定を発生させるとともに一般市民から略奪を行ないつつあるＺＩＰＲＡ兵士を検挙すべく、ジンバブウェ中部のズィンバ部族信託地へ五〇〇人の兵士と警察官を派遣したことを発表した。[2] こうしたムガベの非難に対してンコモは、一部のＺＩＰＲＡ兵士が国内治安を乱していることを認めたが、同時にそれにはＺＡＮＬＡ兵士も加担していると主張した。そして彼は、ムガベの非難が「法外かつ悲劇的」な中傷であり、またそれはＰＦ・ＺＡＰＵに対する侮辱である、と語った。さらに彼は、ＰＦ・ＺＡＰＵが政府と協力して武装不満分子を根絶するためになしうるすべてのことを行なった、と訴えた。[3]

しかしＺＩＰＲＡそして間接的にはンコモに対する非難は、これに止まらなかった。ブラワヨで開かれた集会において今回は、ンカラがンコモ非難の口火を切った。彼は、他の政党が政府の基盤を掘りくずそうとするならば一党制の導入を検討するであろう、と述べるとともに、治安を乱す一部の不満分子はンコモが政権の座に就くことができなかったことを理由に、第二の解放戦争を主張するンデベレ人である、と指摘した。[4] さらに七月半ばに入るとテケレがンコモ非難に加わり、ＺＡＮＵ・ＰＦとＰＦ・ＺＡＰＵのあいだの緊張関係はさらに悪化した。

こうしたＺＡＮＵ・ＰＦとＰＦ・ＺＡＰＵのあいだの関係悪化は、軍の統合が順調に進展しなかったことにその原因をもとめることができよう。すなわち、ＺＡＮＬＡとＺＩＰＲＡそれぞれ六〇〇人からなる初の統合部隊、第二一歩兵大隊は、六月末に編成を完了したものの、統合訓練中の両軍の兵士のあいだには、衝突が絶えなかった。またランカスター・ハウス協定にもり込まれた停戦協定にもとづく集結地点に赴かなかった両軍の兵士、さらには集結地点から脱走した兵士等が、国内治安をより一層不安定なものにしていたことも看過できない。こうした軍の統合をめぐる諸問題は、合同最高司令部内に緊張を生みだした。そして七月のウォールズ中将の突然の辞任は、一つにはZANLA司令官であり同司令部のメンバーでもあったノンゴ（Rex Nhongo, 本名 Solomon Tapfumaneyi Mutuswa Mujuru）と意見が対立していたためであった。(5)

要するに、連立政権における不協和音は、軍の統合問題を契機として生じたものといえるであろう。すなわち、長年にわたるZANLAとZIPRAの対立関係は、軍の統合を遅滞させ、他方、ムガベ政権に不満を抱く一部のZIPRA兵士や、両軍の脱走兵による不穏な活動は、国内治安を悪化させた。こうした国内情勢は、「平和の確保」をその第一目標とするムガベ政権にとっては早急に解決されるべき問題であった。と同時にこうした事態を招いた責任の所在をめぐってZANU・PFとPF・ZAPUは、非難の応酬をはじめた。こうした連立政権内部の不協和音は、ZANLAとZIPRAのあいだの対立関係をより一層助長することになり、軍の統合はさらに遅れることになった。そしてこのことは再びムガベ政権にフィードバックされて連立政権内部の不和を増大させたのである。

ジンバブウェ国内の治安が悪化した結果、ムガベ政権は七月二三日、独立前から施行されてきた国家非常事態をさらに六カ月間、延長することを決定した。非常事態の延長にあたり内相ンコモは、治安悪化の原因が武装不満分子の存在、集結地点を離れた一部のZANLA、ZIPRA兵士による犯罪行為への加担、そして一般市民の不法な銃器所持にあると指摘するとともに、政党間の敵対状態が不穏な状況を生みだすもう一つの要因であると訴えた。(6) さらに彼は一方ではムガベに、他方ではテケレによって攻撃されているために、「戦争は終わったが、平和は、いまだに戻ってはこない」とみずからの苦境を語った。(7)

他方、テケレによるンコモ批判は、ムガベ批判へと発展していった。彼は、漸進主義に対して不満を述べるとともに、一部のＺＡＮＵ・ＰＦ党員の日和見主義的傾向を批判し、さらにリーダーシップに腐敗要素があることを糾弾した。さらにテケレを中心とする党内急進派が作成したと目される怪文書が流布されたが、その内容は、ムガベを白人の「傀儡」そして南部アフリカで「もっとも危険な男」として非難する一方、テケレを解放闘争における英雄として賞賛するものであった。さらにこの文書においてムガベは、議会における白人指定議席の設置に同意したこと、また総選挙後、一度もＺＡＮＬＡの集結地点を訪問していないことを非難されていた。[8]

テケレを中心とする党内急進派によるンコモおよびムガベ批判は、連立政権の崩壊、さらにはＺＡＮＵ・ＰＦの内部紛争へと一挙にエスカレートするかにみえた。しかし、テケレの白人農園主殺害事件は、こうした潮流を部分的に押し止めたのである。

（1） Cornwell, *op.cit.*, pp. 142-143.
（2） *ARB, Political Social and Cultural Series,* Vol. 17, No. 6 (July 15 1980), p. 5718.
（3） *Ibid.*
（4） *Ibid.*, p. 5719.
（5） *ARB, Political Social and Cultural Series,* Vol. 17, No. 7 (Aug. 15 1980), p. 5747.
（6） *Ibid.*, p. 5749.
（7） *Ibid.*
（8） Cornwell, *op.cit.*, p. 147.

四　ムガベ政権の内閣改造

軍統合の遅滞、国内治安の悪化、そしてその結果として生じた連立政権内部における不協和音は、一九八一年一月の内閣改造に帰結した。すなわちこの内閣改造によってンコモは、内相から安全保障および軍統合担当の無任所相へ降格され、またテケレは、労働力・計画・開発担当相のポストを解任された。そしてムガベがこうした内閣改造を行なう契機となったのが、八〇年八月四日に発生したテケレとそのボディーガードによるＺＩＰＲＡ兵士に対する殺人未遂と白人農園主の殺害事件、そして一〇月から一一月にかけて発生した一連のＺＡＮＬＡとＺＩＰＲＡの両兵士による衝突事件であった。

白人農園主殺害事件は、現職の閣僚であるとともにＺＡＮＵ・ＰＦ書記長という要職にあり、急進派と目されていたテケレが殺人容疑で逮捕され、さらに被害者が白人であったことから国内世論に大きな衝撃を与えた。そしてこの事件は、「国民和解政策」を推進するムガベにとって大きな打撃であったにちがいない。しかしながら、ムガベ政権は、この問題には政府として介入しないという姿勢を一貫して取り続けた。テケレの裁判は、一二月八日に開かれた。テケレとその七人のボディガードは、ＺＩＰＲＡ兵に対する殺人未遂と農園主に対する殺人罪で起訴されていたが、高等裁判所判事ピットマン（John Pittman）は、テロリズムの鎮圧を目的として、またはそれに関連した善意の行為には刑法は適用されない、という「免責・賠償法一九七五年」（Indemnity and Compensation Act 1975）を適用して、彼らに無罪判決を下した。(1) ムガベは内閣改造の発表直後の記者会見において、テケレの解任はこの事件とは何の関係もないと語りその理由について、「私は、彼がいくらかの休養を必要としていると感じたため、彼にそれを与えることに決めた」と述べた。(2) しかしながら、この殺害事件がテケレ解任の直接の理由であったとみてよいであろう。

他方、ンコモ降格の主たる原因となったのは、一〇月から一一月にかけて発生したZANLAとZIPRAの衝突事件とみることができる。ジンバブウェの国内治安は独立以来、加速度的に悪化していった。そして九月末には、元ゲリラ兵による白人農園に対する襲撃事件が頻発し、さらにZANU・PFの支持者が警察を襲撃して拘禁中のZANU・PF党員を救出するという事件まで発生した(3)。こうしたZANU・PF支持者による警察権を無視した行動は、一つには警察が内相ンコモの権限下にあるために、彼らが警察をンコモの軍隊と同一視したことにその原因があった(4)。これらの事件に加えて、九月二七日には、ソールズベリ郊外のホテルに何者かが手投弾を投げ込み、機関銃を乱射して、二人の死者と二〇人の負傷者を出すという事件が起こった(5)。ムガベは、こうした国内治安の悪化に直面して、一〇月一日、テレビ放送で次のように呼びかけた。「……一部の不満分子と心得違いの党支持者が、平和への呼びかけを完全に無視する行動に出たことは残念である。私は、再三にわたって彼らに対し政府が徹底的な措置をとると警告してきた。……しかしこれらの警告は無視されてきた。……したがって、いまや私は、……被害地に警官隊とともに統合されたわが国軍の数部隊を派遣することを命じた。……凶悪分子は一掃されねばならず、しかもすみやかに一掃されねばならない(6)」。こうしたムガベの決然たる態度にもかかわらず、ZANLAとZIPRAの衝突事件を阻止するには至らなかった。

両軍の衝突事件は、一〇月三〇日から三一日にかけてソールズベリ郊外のチトゥングウィザで、そして一一月一〇日から一一日にかけてブラワヨ郊外のエントゥンバネで発生した。前者は、わずか一人の死者を出しただけで収拾されたが、後者は、死者六〇人、負傷者五五〇人以上を出す大規模なものであった(7)。この二つの事件は、九月に政府がこれまで駐留していた集結地点から両軍の兵士一万七〇〇〇人をチトゥングウィザへ、また三〇〇〇人以上をエントゥンバネへと移動したことに遠因があった。当時、国内治安が急激に悪化していた最中に大規模な軍隊が都市部に移動された理由は、両軍の兵士も政府軍兵士と同様、快適な都市生活を享受する権利があると政府が釈明したように、六カ月以上にわたって仮設の兵舎に閉じ込められてきた両軍兵士の生活条件に対する不満を抑えることがもはや限界に達していたことを指摘できるであろう。(8)

ところで、エントゥンバネにおける両軍の衝突は、ブラワヨで開かれたZANU・PFの集会で、ZANU・PF閣僚、とりわけンカラがPF・ZAPUを攻撃し、一党制を考慮中であると述べたことにその直接の原因があった。(9)そしてこの事件は、連立政府内部のZANU・PFとPF・ZAPUの対立が軍の動向に直接的な影響を及ぼしたことを端的に示すものといえよう。すなわち両軍は、依然として両党の軍隊だったのである。ムガベは一二月三一日、テレビ、ラジオを通じて放送された年頭演説において、この事件を「許しがたい流血の紛争」と形容し、「これは、ジンバブウェがくり返すことのできない嫌悪すべきものであった」と語った。(10)

こうした事件を背景として、一九八一年一月一〇日、ンコモの公務員担当相への降格が発表された。この措置は次の三つの理由にもとづくと考えることができよう。第一は、彼が警察を統轄する内相の地位にありながら、治安を維持できなかったこと。第二は、エントゥンバネの軍事衝突事件の責任を取らされたこと。第三は、ZANU・PF急進派のテケレを解任した関係から、ンコモを降格させて、連立政権におけるZANU・PFとPF・ZAPUのバランスを保つとともに、テケレ解任によって生ずる可能性のある党内急進派の批判を抑えることである。しかしながらンコモは、PF・ZAPUが安全保障行政に参加する権利があると述べて公務員担当相への就任を拒否した。(11)その結果、ムガベは、ンコモに対し安全保障と軍の統合問題に発言権を持つ無任所相への就任を提案し、一月二七日ンコモもこれを受諾して、政治的には両者の妥協が成立した。しかしZANLAとZ

ＩＰＲＡの和解は、いまだ成立していなかったのである。

（1） *ARB, Political Social and Cultural Series*, Vol. 17, No. 12 (Jan. 15 1981), p. 5911.
（2） *ARB, Political Social and Cultural Series*, Vol. 18, No. 1 (Feb. 15 1981), p. 5926.
（3） *ARB, Political Social and Cultural Series*, Vol. 17, No. 9 (Oct. 15 1980), p. 5810–5811.
（4） *Africa*, No. 111 (Nov. 1980), p. 41.
（5） *ARB, Political Social and Cultural Series*, Vol. 17, No. 9 (Oct. 15 1980), p. 5810.
（6） Department of Information, *Prime Minister's Address to the Nation*, Oct., 1 1980, p. 2.
（7） *ARB, Political Social and Cultural Series*, Vol. 17, No. 11 (Dec. 15 1980), p. 2.
（8） *Africa*, No. 111 (Nov. 1980), p. 41.
（9） *ARB, Political Social and Cultural Series*, Vol. 17, No. 12 (Jan. 15 1981), p. 5912
（10） "Prime Minister's New Year Speech to the Nation, December 31, 1980, "*Policy Statement*, No. 2 (Jan. 1981), p. 2.
（11） *ARB, Political Social and Cultural Series*, Vol. 18, No. 1 (Feb. 15 1981), p. 5926.

五　ＺＡＮＬＡとＺＩＰＲＡの武力衝突

一九八一年一月の内閣改造によってＺＡＮＵ・ＰＦとＰＦ・ＺＡＰＵのあいだの党レベルの対立は、一時的に終息した。しかしンコモの降格は、ＺＩＰＲＡ内部にムガベ政権、そしてＺＡＮＬＡに対する不満を増大させ、それは二月半ば、六〇〇人以上の死傷者を出したＺＡＮＬＡとＺＩＰＲＡの武力衝突事件となって爆発した。

この事件は、二月九日、ブラワヨのビアホールにおけるＺＡＮＬＡとＺＩＰＲＡ両兵士の口論が発端となった。

この口論を契機に両軍兵士約二五〇〇人の間で武力衝突が発生し、さらにこれは、ブラワヨ近郊のンタバジンドゥナとグレンヴィル、そしてジンバブウェ中部の都市クウェクウェ近郊のコネマラの各基地に駐屯していた統合されたばかりの三つの大隊に波及した。[1] その結果これらの大隊は、元ZIPRA兵と元ZANLA兵に分裂し、両派は激しい戦闘を行なった。こうした状況に加えて、ブラワヨ東方のエセックスヴァールの基地に駐屯する統合待機中のZIPRA軍がこれらの戦闘に加わるべく移動を開始し、さらにジンバブウェ西部のグワイ・リバーに駐屯する装甲車、対空砲、ロケット砲、曲射砲を備えた約五〇〇〇人のZIPRA軍にも不穏な動きが出はじめたことにより、ムガベ政権は独立以来最大の危機に直面した。[2]

ムガベは、ただちに白人将校の指揮する元政府軍のアフリカ人部隊「ローデシア・アフリカン・ライフル」四個大隊を空輸して武力衝突を鎮圧する一方、空軍による爆撃の可能性をも言明し、他方ンコモもZIPRAに対して停戦を呼びかけた。[3] かくして両軍の衝突は、二月一三日にはほぼ終息し、事件を起こした三大隊はただちに武装解除された。政府は、こうした事件の再発を防止するために統合待機中のZANLAとZIPRA両軍の二万二五〇〇人の武装解除に着手し、五月末までにこれを完了したのである。[4]

(1)　*Africa*, No. 116 (Apr. 1981), p. 19.
(2)　*ARB, Political Social and Cultural Series*, Vol. 18, No. 2 (Mar. 15 1981), p. 5972; *Africa*, No. 116 (Apr. 1981), p. 21.
(3)　*ARB, Political Social and Cultural Series*, Vol. 18, No. 2 (Mar. 15 1981), p. 5971.
(4)　*Ibid*., p. 5972.

六　ZANU・PFの党内対立

一九八一年一月、労働力・計画・開発担当相テケレが解任されたことによって表面的には鎮静化したZANU・PFの内部対立は、七月に入って再び顕在化しはじめた。ムガベは党内に「腐敗の種子」が温存されていると指摘したが、これはテケレを中心とする党内急進派を指していたことは明らかであった。そして七月中旬、ムガベはテケレ派の一人である保健相ウシェウォクンゼを公けに非難したが、党内急進派、言葉をかえていえばムガベ批判勢力に対して彼が断固たる措置を取る契機となったのが、同月ジンバブウェ大学（旧ローデシア大学）で行なわれたテケレの演説であった。(1)

テケレは演説のなかで、「革命の後見人」たる党の支持者と彼らの代表のあいだには緊張関係が存在するが、それは一部のZANU・PF議員が、植民地主義の精神を受け継いでいるからである、と述べた。そしてさらに彼は党の基本方針が歪められており、また一部の議員がかつての白人政権の指導者によって買収されているとして党執行部を非難した。テケレは閣僚ポストを解任されたとはいえ、いまだ書記長という党内に影響力をもつ地位にあり、また解放戦争中は若いゲリラ兵の徴募に従事していたことから党内、およびZANLAの若手急進派の支持をえていた。(2)したがってムガベは、テケレのこうした発言をみずからのリーダーシップを危くするものであるばかりではなく、党を分裂させる可能性のある脅威として受けとめたにちがいない。ムガベは、テケレに対する名ざしの非難は避けたものの次のように語った。「革命が継続していないと不満を述べる者があるが、彼らは党内でもっとも不道徳かつ怠惰な輩である」と激しく非難するとともに、「すべての組織には腐敗の種子が存在するが、大多数の人々を汚染するまえにこれを取り除くべきことを忘れてはならない」。(3)

こうしたムガベの党内批判勢力に対する反撃はただちに実行に移され、八月六日、一〇人のメンバーによって構成されるZANU・PFの最高決定機関である中央委員会において、テケレは書記長の地位を解任された。これは同時にムガベが中央委員会におけるリーダーシップを握っていることを示すものであった。[4]そして彼は、テケレのリーダーシップからの追放を契機としてZANU・PFの再組織化を命じたのである。これには二つの理由を考えることができるであろう。一つは、テケレの解任を契機として党内の急進派を粛清し、ムガベのリーダーシップを再確立すること。もう一つは、ZANU・PFの支持基盤を拡大すること、であった。これは、八〇年総選挙以来、ZANU・PFがその支持基盤を拡大することができなかったという事実にもとづくものであった。そしてこの事実は、地方選挙の結果をみれば明らかであった。

ジンバブウェの地方市議会選挙は、一九八〇年一一月に一六の都市で、八一年三月にソールズベリで、そして六月にブラワヨで行なわれた。これら一連の選挙の結果、ZANU・PFはソールズベリを含む一七の市議会選挙で圧倒的勝利をおさめ、PF・ZAPUは、ブラワヨとヴィクトリア・フォールズで勝利をおさめたにすぎなかった。[5]しかしZANU・PFにとって、ブラワヨとヴィクトリア・フォールズの市議会選挙でPF・ZAPUに敗れたことは大きな問題であった。というのも、両都市がンデベレ人の居住地域に位置していたからである。したがって一連の地方市議会選挙の結果は、八〇年総選挙の結果とまったく同じパターンを示したことになり、ZANU・PFが、総選挙以来ンデベレ人のあいだに支持者を増大することができなかったことを示すものであった。たとえば総選挙の際にZANU・PFは、ブラワヨを含む北マタベレランド選挙区において、PF・ZAPUが全投票数の七〇%を獲得したのに対してわずか一〇%しか獲得できなかったが、ブラワヨ市議会選挙においても、PF・ZAPUが得票率約九〇%であったのに対し、ZANU・PFは一〇%未満だったのである。[6]

ムガベは、ZANU・PF再組織化の先頭に立つ一方で、独立後はじめて一党制に関する発言を行ない大きな波紋を投げかけた。すなわち彼は、それが政府によって押しつけられるものではなく、国民投票によってその導入が決められるべきものである、と語ったのである。[7] またズォゴは、ムガベ発言のあとを受けて次のように述べた。「ZANU・PFが再組織化された暁には、……右派政党や左派の日和見主義者グループが存在する余地はまったく残されないであろう[8]」。かくしてジンバブウェの政治的潮流は、連立政権の崩壊そしてZANU・PFによる支配体制の確立に向かって徐々に流れはじめたのである。

（1） *ARB, Political Social and Cultural Series,* Vol. 18, No. 7（Aug. 15 1981）, p. 6108.

（2） Cary, Robert and Diana Mitchell, *op.cit.*, p. 12 and *ARB, Political Social and Cultural Series*, Vol. 18, No. 7（Aug. 15 1981）, p. 6108.

（3） *ARB, Political Social and Cultural Series,* Vol. 18, No. 7（Aug. 15 1981）, p. 6108.

（4） *ARB, Political Social and Cultural Series,* Vol. 18, No. 8（Sep. 15 1981）, p. 6148.

（5） *ARB, Political Social and Cultural Series,* Vol. 18, No. 2（Mar. 15 1981）, p. 5964; Vol. 3（Apr. 15 1981）, p. 5991; No. 6（July 15 1981）, p. 6077.

（6） *ARB, Political Social and Cultural Series,* Vol. 18, No. 8（Sep. 15 1981）, p. 6148; *Southern Rhodesia Elections, February, 1980: The Report of the Commonwealth Observer Group on Elections Leading to Independent Zimbabwe*, London, Commonwealth Secretariat, 1980, p. 336.

（7） *ARB, Political Social and Cultural Series,* Vol. 18, No. 8（Sep. 15 1981）, p. 6148.

（8） *Ibid*.

七　連立政権の崩壊

一九八二年二月一七日の記者会見において、ムガベは、ンコモを含むPF・ZAPU閣僚四人の解任を突然発表した。[1] ンコモ等のPF・ZAPU閣僚解任の直接の原因となったのは、二月上旬、PF・ZAPUの所有するブラワヨ付近の農場において大量の隠匿兵器が発見されたことであった。そしてそれは、ムガベによれば軽・重火器のほかに地対空ミサイルを含み、「正規軍の一大隊を十分に武装しうる」量であった。[2] さらにこの事件に続いて、三月一二日には元ZIPRA司令官で新生ジンバブウェ陸軍の副司令官であったマスク（Lookout Masuku）、旧合同最高司令部のメンバーでPF・ZAPUの軍事問題責任者のダベングワ（Dumiso Dabenguwa）、そしてPF・ZAPU議員ンドロヴ（Akim Ndhlovu）等三人が、ンコモ等とのクーデター未遂容疑で逮捕された。これによって独立以来のZANU・PFとPF・ZAPUの連立政権は、PF・ZAPUの閣僚三人（大臣一人、副大臣二人）が残留を認められたものの、事実上、崩壊し、さらにジンバブウェ国軍におけるZANU・PFのリーダーシップが確立されることになったのである。

ンコモ等の閣僚解任とマスク等の逮捕の直接の理由は、クーデター計画に彼らが加担していたことであるが、その背景としてZANU・PFとPF・ZAPUの長年にわたる対立関係は別としても、ムガベ政権の最大の課題であった国軍の統合が一九八一年一一月に完了していたこと、そして同年八月以来、ZANU・PFが、「部族」、「人種」を越えてその支持基盤の拡大をめざした党再建キャンペーンを展開していたこと、という二つの事実を看過できないであろう。とりわけ軍の統合が完了したことは、ンコモの解任と密接な関係があるように思われる。

ZANLAとZIPRAの統合は、一九八一年五月に統合待機中の両軍兵士が武装解除されて以来順調に進み、同年八月七日には旧政府軍司令官であった陸軍大将マクリーン（Sandy Maclean）が国軍最高司令官に、陸軍中将ノンゴが陸軍司令官に、そしてマスクが同副司令官に就任して国軍の指揮系統が一本化され、これまでの合同最高司令部という集団指導制に取って代わった(3)。そして一一月初旬、ZANLAとZIPRAの元兵士からなる三七個大隊、元ローデシア・アフリカン・ライフルの三個大隊、そして三つの特殊部隊からなる総員五万人のジンバブウェ陸軍が誕生し、独立後、一年六カ月を経て軍の統合は完了した(4)。

ところでZANU・PFとPF・ZAPUの連立政権、言葉をかえていえば、ムガベ政権におけるンコモの存在理由の一つは、あきらかに軍の統合問題にあった。すなわち、ZANLAとZIPRAの統合は、もしそれが失敗するならばジンバブウェを二分する内戦へと発展する危険性を内包した問題であった。そのためムガベは、ンコモを政権に参加させることによって彼の言動を拘束するとともにZIPRAの不満を和らげ、また彼を軍の統合に加担させることによってそれを平和裡に完了させせようと考えたにちがいない。したがって、ンコモのムガベ政権における主要な役割は、軍の統合が完了した時点で終了したとみることができるであろう。

他方、先に述べたように、一九八一年八月ごろから開始されたZANU・PFの再組織化と支持基盤拡大のためのキャンペーン、それに続くムガベの一党制に関する発言、一〇月九日に発表された政治集会に対する規制措置といった一連の出来事は、軍の統合、さらにはンコモの解任と無関係であったとは思えない(5)。すなわちムガベ政権とZANU・PFは、軍の統合が終わりに近づくにつれて、その支配体制を固める方向へと動きだしたとみてよいであろう。ZANU・PFがこうした政策を押し進めるうえで閣内におけるンコモの存在は、ZANU・PFにとって決して積極的な意味をもつものでないことは明らかであった。したがって、ンコモを解任したことによりムガベ政権は、ZANU・PFの支配体制を固めることが一層容易になったということができよう。

以上のように、一九八一年後半から八二年初頭の時期におけるジンバブウェの政治的潮流は国軍の統合、ZANU・PFの再組織化と支持基盤拡大のためのキャンペーン、ンコモの解任にともなう連立政権の事実上の崩壊、というプロセスをたどり、そしてこれはZANU・PFを中心とした支配体制のはじまりを示すものだったのである。この意味においてムガベ・ンコモの連立政権は、そこに至るまでの過度期的な現象であったとみることができるであろう。

（1）　このときンコモとともに解任されたPF・ZAPUの閣僚は、運輸相チナマノ、天然資源相ムシカ（Joseph Msika）、そしてPF・ZAPU書記長で鉱業副相のムトゥトゥ（Jini Mtutu）であった。
（2）　*Africa*, No. 128（Apr. 1982), p. 17.
（3）　*ARB, Political Social and Cultural Series*, Vol. 18, No. 8（Sep. 15 1981), p. 6147.
（4）　*ARB, Political Social and Cultural Series*, Vol. 18, No. 11（Dec. 15 1981), p. 6257.
（5）　*ARB, Political Social and Cultural Series*, Vol. 18, No. 10（Nov. 15 1981), p. 6229.

むすびにかえて

本章においてはムガベ政権の社会主義、民族和解政策の理念とその背景、そしてムガベ、ンコモの連立政権の誕生と崩壊の原因について考察した。

ムガベ政権の提唱した社会主義は、一言でいうならば「脱植民地化のイデオロギー」、「発展のイデオロギー」、そして「アフリカ性への志向」という特徴を有する「アフリカ的社会主義」であった。しかしムガベ政権は、急激な社会・経済変動を生みだすような政策を避け、漸進主義的かつ現実主義的な路線を選択した。そしてこの路線を推進するとともに、七年間にわたる戦争から常態への移行プロセスを円滑に為し遂げるために生み出された政策理念が「国民和解」であった。

白人と黒人のあいだの過去の「敵対意識」を没却し、アフリカ人の「部族的」な相違を超越してジンバブウェ人としての一体感を生みだそうとするこの「国民和解政策」は、しかしながら単なる政治的なスローガンではなく、ムガベ政権が直面したジンバブウェの現実的な要請にもとづくものであった。すなわちそれは第一に、独立当時、旧政府軍、ZANLAそしてZIPRAの三派に分かれていた軍隊を統合しなければならなかったこと。第二に、一九八〇年二月の総選挙において、ZANU・PFが、ンデベレ人が多数を占める居住地域において支持をえられず大敗したこと。第三は、国家経済の再建には経済的実権を握る白人の協力が不可欠であったこと、である。

このうち、とりわけ第一点と第二点の要請にもとづく「国民和解政策」の帰結が、ンコモとの連立政権の樹立であった。すなわち、ムガベは、ンコモを政権に参加させることによって「部族的紐帯」を超えた国民的一体性、そしてンデベレ人の政府に対する帰属意識を確保する一方、彼の言動を拘束するとともにZIPRAの不満を和らげ、軍の統合を平和裡に完了させようとしたのであった。こうしたムガベの現実主義的政策は、急激な社会主義的変革を主張するとともにンコモの政権への参加を不満とするZANU・PF急進派の非難をあびることになった。他方、軍の統合も、ZANLA、ZIPRA両派の武力衝突がしばしば発生したことにより容易に進捗しなかった。かくして誕生間もないムガベ政権は苦境に立たされたが、党内急進派の代表的人物テケレが閣僚ポストを解任され、さらにその後、党書記長の要職も罷免されたことによってZANU・PFの内部対立はひとまず終息した。他方、軍の統合も一九八一年二月に発生した独立後最大規模のZANLAとZIPRAの武力衝突が鎮圧されて以後は順調に進み、同年一一月に国軍の編成が完了したのであった。

かくしてムガベは、軍の統合が完了したことも踏まえて、党の再組織化、そして支持基盤の拡大のためのキャンペーンを開始してZANU・PFの支配体制を固める方向へと動きはじめた。しかしムガベ政権とZANU・PFが一体となってこうした政策を押し進めるうえで閣内におけるンコモの存在はこれに否定的な要因となった。すなわち、国軍が誕生したことにより、ZIPRAの不満を和らげ平和裡に軍の統合を達成する緩和剤としての彼の役割は消滅し、さらにンデベレ人の政府に対する帰属意識を確保するための彼の存在は、ZANU・PFを中心とする指導体制の確立のためには大きな障害となったのである。以上のことからみて、軍の統合、ZANU・PFの再組織化と支持基盤拡大のためのキャンペーン、そして、ンコモの解任による連立政権の崩壊、という出来事のあいだには有機的な関連性をみとめることができる。すなわちこれは、ZANU・PFが、みずからを中心とする支配体制の確立へと動きはじめたことを示すものといえよう。

第七章　ＺＡＮＵ・ＰＦの党再組織化活動と第二回党大会

問題の所在

本章は、ＺＡＮＵ・ＰＦの党再組織化活動と一九八四年八月に開催された第二回党大会を中心にして、同党の支配体制の確立過程を再構成することを目的としている。前章において述べたようにムガベ政権は、一九八〇年の独立以来、「人種」、「部族」、そして地域を越えた「国民的和解」を基本的な政策理念として掲げ、平等主義的あるいは社会主義社会の実現をその最終的な目標として設定した。そして本章が主としてあつかう一九八二年から八四年という時期は、ＺＡＮＵ・ＰＦが、その支配体制の確立に本格的に取り組みはじめた時期であり、八四年に開催されたＺＡＮＵ・ＰＦ第二回党大会は、独立後の党の基本方針、ひいては同党支配体制下のジンバブウェの国家としてのあり方を明確化した重要な大会であった。それでは一九八二年から八四年にいたる時期において、ＺＡＮＵ・ＰＦはどのようにしてその支配を確立しようとしたのか、またその支配体制の確立過程においてどのような問題に直面したのであろうか。

一　マタベレランドにおける騒乱

支配体制の確立に乗り出したＺＡＮＵ・ＰＦは、一九八二年から八四年の時期に多くの難問に直面した。たとえばムガベ政権は、同時期に「暫定国家開発計画」を実施しながらも、先進諸国の不況や旱魃などによる経済危機によってその目標を達成できなかったことは、その支配体制を確立するうえでマイナスの要因として作用したにちがいない。(1)しかしこの作業を推進するうえでより直接的な障害となったとみられるのがマタベレランドにおける騒乱である。

(一)　反政府分子の活動

国内における反政府分子の活動は、独立当初から断続的に発生していたが、彼らの活動がンデベレ人住民が大半を占める通称マタベレランド、具体的には北部マタベレランド州および南部マタベレランド州を中心として頻発しはじめたのは、一九八二年三月以降のことである。そしてこの反政府分子の大半は、新たに編成された国軍から脱走したＺＩＰＲＡの兵士達であった。元ＺＩＰＲＡ兵士の脱走者数をリッチ（Tony Rich）は八三年初頭の時点で二〇〇〇人から四〇〇〇人としているが、(2)このように多くの元ＺＩＰＲＡ兵士が反政府活動に加担した一般的背景としては多年にわたるＺＡＮＵ・ＰＦとＰＦ・ＺＡＰＵの対立関係を指摘することができよう。そして、前章で述べたような八〇年総選挙におけるＺＡＮＵ・ＰＦの圧倒的勝利、一党制に関する同党幹部の発言、そして国軍統合の過程で発生した元ＺＡＮＬＡ兵士と元ＺＩＰＲＡ兵士の衝突事件などは元ＺＩＰＲＡ兵士達にＺＡＮＵ・ＰＦに対する反感を募らせる要因となったであろうし、ンコモの閣内における降格と最終的な解任、それに伴う連立政権の崩壊、さらに二人の元ZIPRA最高司令官の逮捕は、彼らを最終的に反政府活動に駆り立てる契機となったといえよう。反政府分子の具体的な活動について、総理府国務長官（安全保障担当）ムナンガグァ（Emerson Mnangagwa）は、議会報告のなかで次の五点にまとめている。すなわち、(1)マタベレランド内の活動地域において住民への政治教育を行なう、(2)再組織化計画や再入植計画などの国家政策を挫折させるために、住民に対して政府への非協力を呼びかける、(3)公務員を攻撃することによって行政を麻痺させる、(4)経済施設を破壊することによって国家経済に打撃を与える、(5)自家用車や公用車に対する待ち伏せ攻撃を行なったり、外国人を誘拐することによって国際的な耳目を集め、観光産業に損害を与える。[3]

かくして一九八二年三月から八月までの六カ月間に、マタベレランド、ミッドランズ州、マシンゴ州、そしてマショナランド（西部マショナランド州、東部マショナランド州、および中部マショナランド州）において合計一一三六件の反政府分子による事件が発生し、四一人の一般住民がこれによって死亡した。そしてこれらの事件の三分の二にあたる八四七件がマタベレランドで発生したのであった。[4]

ところでこのようにマタベレランドを騒乱状態に陥れた反政府分子は、先に述べたようにその大半が元ZIPRA兵士であったが、集団という観点から見るならば、彼らは一元的に組織化された集団ではなく、複数の集団に分類することができる。たとえばハンロン（Joseph Hanlon）は、「反政府分子」として総称される集団を三つのカテゴリーに分類している。すなわち、(1)現政権に反対してゲリラ活動を再開した元ZIPRA兵士の集団、(2)政治的動機をもたない単なる武装強盗団、(3)元ZIPRA兵士から構成されているが、ジンバブウェの独立後に南アフリカ共和国（以下南アと略す）で訓練を受け武器を供与されている「スーパーZAPU（Super ZAPU）」と呼ばれる集団であり、三つの集団には相互関係が存在しないという。[5]

いうまでもなく、ZANU・PF政権にとって大きな脅威となったのは第一と第三の集団である。前者は、先に紹介したムナンガグァの報告にあるような反政府活動を展開したが、留意すべき点は彼らが地域住民からある程度の支援を得ていたということである。(6) 他方第三の集団は、もっぱら国内秩序の破壊を目的としてジンバブウェ・南ア国境付近で活動を展開したが、同集団は南アの「不安定化政策」遂行のための一つの手段として、アンゴラにおける「アンゴラ完全独立民族同盟(National Union for the Total Independence of Angola, 略称UNITA)」、そしてモザンビークにおける「モザンビーク民族抵抗(Mozambique National Resistance, 略称MNR)」などの南アに支援された反政府組織と同じ役割を演じたとみなすことができる。(7)

(二) 政府の反政府分子掃討活動

マタベレランドを中心とする国内の騒乱状態に直面したムガベ政権は、元ZIPRA兵士の反政府活動を制止するための効果的な方策を講じようとしないPF・ZAPU幹部を非難するとともに、断固たる態度で問題の解決に臨んだ。同政権の反政府分子対策として、特に指摘しておきたいのは次の二点である。第一点は、政府の基本方針が元ZIPRA兵士の反政府活動の鎮圧だけに留まらず、彼らの支援組織の一掃をめざしていたこと。第二点は、一般住民の自衛組織として「民兵軍(People's Militia)」が創設されたこと、である。そこでまずこの「民兵軍」について説明しておきたい。

一九八二年六月一四日、議会開会演説において大統領バナナは、民兵軍の創設を発表して次のように述べた。「わが主権の防衛は、わが国民すべての神聖な責任である。したがって、正規の国防軍以外のわが国民を対象とした軍事訓練計画が開始されねばならない。これを実施するために民兵軍の創設が計画されており、それは強壮な男女に対する準軍事訓練によって達成されるであろう」。[8] 民兵軍の訓練は、まず最初に、ミッドランズ州北西部のゴクウェ郡の住民を対象に実施され、同年九月には民兵軍の第一陣（一〇〇人）の訓練が終了した。ゴクウェ郡に最初に民兵軍が設置された理由は、この地域が解放戦争当時のＺＩＰＲＡの根拠地であり、また独立後は農民に対する掠奪事件やＺＡＮＵ・ＰＦ党員の殺害事件がここで頻発していたためである。[9] その後、民兵軍の訓練基地は全国各地に設営されて、一九八四年半ばまでに約二万人が民兵としての訓練を終了した。[10] この結果、ゴクウェ郡においては民兵軍の活動によって常態が回復され、「綿花を栽培する農民達は、恐れることなく再び平和な労働に従事することができるようになった」のである。[11]

ところでこうした民兵軍は、単に防衛上のメリットばかりではなく、一般住民に国家への帰属意識や一体意識、そして愛国心などいわゆる「国民意識」を植え付けるうえで有効な装置であったといえよう。しかし民兵軍はＺＡＮＵ・ＰF党組織の再組織化・拡充という観点から見るならば、同時にデメリットを有していた。たとえば東部マショナランド州においては、民兵軍の訓練のために「大半の青年」が動員されたために、ＺＡＮＵ・ＰＦによる青年の組織化に支障を来したのである。[12] また民兵が作戦地域の農民に対して行なったとされる掠奪行為が事実であるとすれば、これは農民を政府から離反させることになったであろう。[13] しかしながら、マタベレランドにおけるＺＡＮＵ・ＰＦの支持基盤の拡大、そしてその支配体制の確立をより困難にしたのは、次に述べる政府の基本方針とそれにもとづく国軍の活動であった。

先に触れたように、ＺＡＮＵ・ＰＦ政権は、マタベレランドを中心とする騒乱状態に対処する際に、反政府分子の活動を鎮圧するだけではなく彼らの支援組織の一掃をめざした。すなわち総理府防衛担当国務長官セケラマイ（Sydney Sekeramayi）によれば、ＰＦ・ＺＡＰＵの下部組織こそが反政府分子の活動を支援していたのであり、さらには一般住民に対して該当地域に派遣された国軍への非協力を命じていたのである。彼は議会演説において次のように語り、政府の断固たる姿勢を示した。「……反政府分子、彼らの支持者、そして彼らを支援する下部組織が無力化されるまで中断はありえない。……政府はこの課題をなし遂げる意思と資源をもっているのである」[14]。かくして国軍は以上のような政府の方針にしたがって活動を展開した。しかしながら当初派遣された国軍の部隊（第一、第二旅団）は、十分な成果をあげることができなかった。というのもマタベレランドにおける作戦活動中に同部隊の元ＺＩＰＲＡ兵士が脱走し、反政府分子の陣営に加わったためである[15]。そのため政府は、一九八三年一月中旬までに国軍のなかの精鋭部隊である第五旅団の投入に踏み切った[16]。しかしながら同旅団の投入後、マタベレランドにおける国軍の一般住民に対する虐待、さらには虐殺事件が日本を含めて西側諸国のマスコミで頻繁に報道されるようになった[17]。

これらの報道がどの程度の真実を含むものであるのかを判断することは不可能であるが、政府の方針が先に述べたように反政府分子とその支持者、そして彼らを支援する下部組織の「無力化」であったとすれば、一般住民が政府軍の活動によって被害を受けたことは十分に考えられることである。そして政府はこの点について意図的な残虐行為を否定したが、たとえばセケレマイは議会において次のように語っていることは、一般住民が政府軍の活動の犠牲になったことを示唆している。「いくらかの罪のない住民が逮捕されたとしたらそれは残念なことであるが、遺憾ながら、紛争状態において罪のない人々が犠牲となるのはジンバブウェ人に限ったことではない」[18]。

政府軍の活動はＰＦ・ＺＡＰＵの党員とその支持者、そして一般住民にとっても大きな脅威となったにちがいない。さらに旱魃による食料不足はマタベレランドに大きな混乱を引き起こしたことであろうし、ひいてはＺＡ

ＮＵ・ＰＦ政権に対する敵意をマタベレランドの住民に植え付けたことであろう。ＵＮＨＣＲ（国連難民高等弁務官）は、一九八二年以降、四〇〇〇人のジンバブウェ人がボツワナの難民キャンプに収容されたことを報告しているが、これはまさにマタベレランドにおける騒乱状態を端的に示すものといえるであろう。[19]マタベレランドにおける騒乱は、ジンバブウェにおける「国民統合」にとって、あるいはより正確にいうならばＺＡＮＵ・ＰＦの支配体制の確立とってはきわめて深刻な問題となった。他方、ＰＦ・ＺＡＰＵの党首としてンコモが、反政府分子の大半を占める元ＺＩＰＲＡ兵士の活動を意図的に制止しようとしなかったのかあるいはそれができなかったのかは不明であるが、いずれにせよ彼はロンドンへの一時的な亡命（一九八三年三月から八月）を余儀なくされたのであった。[20]

（1）　この点については、林晃史「ジンバブウェ暫定国家開発計画一九八二／八三〜一九八四／八五の評価－農業と工業を中心として－」、吉田昌夫編『八〇年代アフリカ諸国の経済危機と開発政策』所収、アジア経済研究所、一九八七年三月、を参照されたい。

（2）　Rich, Tony, "Zimbabwe-only teething troubles?", *World Today*, Vol. 39, No. 12, (Dec. 1983), p. 500.

（3）　"Dissidents are Paper Tigers", *Zimbabwe News*, 以下 *ZN* と略す, Vol. 14, No. 1 (Apr. 1983), p. 10.

（4）　Martin, David, and Phyllis Johnson, "Zimbabwe: Apartheid's Dilemma", in Johnson, Phyllis and David Martin eds., *Destructive Engagement*, Harare, Zimbabwe Publishing House, 1986, p. 54.

（5）　Hanlon, Joseph, *Beggar Your Neighbours: Apartheid Power in Southern Africa*, London, Catholic Institute for International Relations, 1986, pp. 180-181.

（6）　*Ibid.*, p. 181.

（7）　南アの不安定化政策については、林晃史編『南アフリカ－アパルトヘイト体制の行方』、アジア経済研究所、昭和六二年六月、一七四－一八一ページを参照されたい。

(8) *The President opens Third Session of Parliament, June 15, 1982,* Harare, The Government Printer, June 1982, p. 1.

(9) "The People's Militia in Zimbabwe-A Milestone in Efforts to Safeguard our Revolution", *Z. N.,* Vol.14, No. 2 (July 1983), p. 16.

(10) *Africa: South of Sahara,* 1986, London, Europa Publications Ltd., p. 1088. なお民兵軍の訓練には、国軍のほかに朝鮮民主主義人民共和国から派遣された軍事顧問が当たった。"The People's Militia......", p.16.

(11) *Ibid.*

(12) "Mashonaland East Province; Report from the ZANU (PF) Province", *Z. N.,* Vol.14, No.1 (Apr. 1983), p. 33.

(13) "The People's Militia....", p.16.

(14) "Bandits: The Struggle ahead-ZAPU's road to self-destruction", *Z.N.,* Vol.14, No.1 (Apr. 1983), pp. 8-9.

(15) "Prelude to new political order", *Africa,* No. 140 (Apr. 1983). pp. 10-11.

(16) Legum, Colin, ed., *Africa Contemporary Record*（以下 *ACR* と略す）, *1982-83,* New York, Africana Publishing Company, 1984, p. B886.

(17) たとえば、「怨念燃えるジンバブエ」『読売新聞』一九八三年三月六日。

(18) "Bandits: The Struggle...", p. 8.

(19) "The Dukwe Settlement", *Refugees,* Num. 32 (Aug. 1986), p. 19.

(20) マタベレランドの騒乱に関するンコモ自身の説明については、Joshua Nkomo, *Nkomo: The Story of My Life,* London, Methuen, 1984, Chapter 21 を参照。

二　ZANU・PFの党再組織化活動

ZANU・PFが、みずからの支配体制を確立するうえで取り組まねばならなかった緊急かつ最大の課題の一つが全国的な党組織の確立であり、そしてこの全国的な党組織の確立はZANU・PFにとって、第二回党大会を開催するための前提条件でもあった。

これまで述べたようにZANU・PFは一九六三年に結成されたが翌年には白人政権によって非合法化された。そして七〇年代の内戦期間中、同組織の軍事部門であるZANLAは農村部を中心にゲリラ活動を展開した。こうした推移から解るように、同党にとって民主主義の理念が盛り込まれた法体系のなかで、「利益表出」そして「利益集約」という政党の基本的な機能を果たすための組織化を行なうことはほとんど不可能であったといえよう。したがってZANU・PFは「政党」としてみずからを再組織化する作業に早急に着手する必要があったのである。

それでは独立後、ZANU・PFはどのようなプロセスを経て全国的な組織を確立していったのであろうか、またこの過程で直面した様々な問題とはいったい何であったのか。この問題について考察するまえに、まず同組織の組織構造について説明しておきたい。

(一)　ZANU・PFの党組織

一般的に中央集権的な政党組織がそうであるように、ZANU・PFもピラミッド型の構造を有しており、また他の社会主義政党と同じように同党も日常的な教育・宣伝活動を行なう地方党組織を重視していた。そして党中央委員会（Central Committee）は、第二回党大会の開催に向けて、次のような地方組織の構築を党員に命じたのである。[1]まず組織単位については、最小規模の組織単位が農村部における「村落（Village）」と都市部における「細胞（Cell）」であり、これらの単位は一〇〇人の党員によって構成される。なお、この時期に創設が命じられた「細胞」は、一部の地域を除いて地理的区分にもとづくいわゆる「地域細胞」とみてよいであろう。[2]というのも職場を単位とした党員の組織化の問題は、一九八五年一二月の中央委員会におけるムガベの「年次総括報告」において今後の課題として取り上げられているからである。[3]

次の単位は「支部（Branch）」であり、これは五つの「村落」ないしは「細胞」によって構成される。そのため各「支部」は、五〇〇人の党員を抱えることになる。この「支部」の上位に位置する単位は、「地区（District）」であり、これは一〇の「支部」から成り、したがってその構成員は五〇〇〇人ということになる。なおZANU・PFの地方組織としての「地区」は、行政区画上の「郡（District）」とは一致しない。その理由は、効果的な党活動を行なうためには行政区画上の「郡」が広すぎるためである。[4]たとえばマシンゴ州においては、七つの行政区画としての「郡」が存在するのに対して、一九八三年の時点で四八六の党組織としての「地区」が設置されたという。[5]地区に次ぐ組織単位は「州（Province）」であり、これは行政区画上の「州」とほぼ一致する。したがってZANU・PFの州組織は、マショナランドの三州（東部マショナランド、中部マショナランド、西部マショナランド）、ミッドランズ州、マニカランド州、マシンゴ州、そしてマタベレランドの二州であるが、後に述べるように再組織化の過程でハラレが特別地域として組織単位のうえでは州の扱いとなったために全部で九州となった。

このような諸単位によって構成される地方組織は、大きく代表機関と執行機関に分けることができる。すなわち前者は、下級組織から順次上級へと代表が選出され、支部、地区、州の各レベルにおいては「代表者会議(Congress)」が開催される。(6) そして代表機関の頂点に位置づけられるのが「全国代表者会議(National Congress)」である。後者については、村落・細胞、支部、地区、および州の各レベルに執行部が設置されるが、その選出については、たとえば州執行部は、地区の代表によって構成される「州代表者会議(Provincial Congress)」において選出される。そして党執行機関の最上位に位置するのが全国代表者会議において選出される「中央委員会」である。各地方レベルの執行都の構成は、支部レベルの村落・細胞においては議長、書記、会計、政治委員であり、地区レベル以上では上記の役員に加えて、保安、広報、福祉・輸送、生産の各役員および代表者会議のメンバー(二人)、さらに議長から福祉・輸送にいたる副役員(Deputy)によって執行部が構成される。したがってすべての役員および代表者会議のメンバーが選出された場合には、それは一七人によって構成されることになる。(7)

ところで以上のような党組織に加えて、ZANU・PFには、次のような二つの組織が存在する。すなわちそれは、「青年同盟(Youth League)」と「婦人同盟(Women's League)」であり、これら二つの組織は、先に述べた党の本体とともにZANU・PFの三つの柱を成すものである。そしてその組織構造などはすべて党本体のそれに準じたものとなっており、また支部レベル以上の役員四名(議長、書記、会計、政治委員)は、本体の各レベルの執行部役員会議に出席することがもとめられている。(8)

(二)　党の「再組織化」活動

一九八一年後半、「人民との集いツアー(Meet The People Tour)」と題された全国遊説において、ムガべは正式に党の再組織化を命じた。(9)これは、「再組織化(restructure)」とはいうものの実際には地方党組織の新たな確立にほかならなかった。ZANU・PFによる「大衆の組織化」は、内戦末期、具体的には七九年頃までに細胞、支部、地区、そして州の各レベルにおいて行なわれたといわれている。そしてこの時期に設置された「戦時委員会(War Committee)」とよばれた各レベルの委員会は、戦時中はZANLA兵士に対する支援、そして八〇年総選挙の際には選挙キャンペーンにおいて重要な役割を果たした。しかしながらこれらの委員会はその当初の目的があくまでも戦争遂行に置かれていたために、必ずしも平時において地方党組織として期待される機能を果たすものではなかった。(10)そのため中央委員会は、「活動的で凝集力があり、組織化された機構」を確立する必要にせまられたのである。

地方党組織の確立が要請されたもう一つの理由は、全国代表者会議、いわゆる党大会の開催が現実的な課題として表面化してきたことであろう。ZANU・PFは、一九六四年五月に第一回党大会以来、一度も党大会を開催していなかった。したがって党のあらたな綱領と政策を採択するためには党大会を開催する必要があった。そして同党が、その組織理念として「民主主義」を掲げている以上、党大会を開催するためには下級組織から順次その代表を民主的に選出する必要があった。したがってそのためには先に述べたような地方党組織の確立が前提となることはいうまでもないであろう。

地方党組織の確立過程は、州、地区、支部、そして村落・細胞の置かれた状況によって大きく異なる。そこで本稿においては、州を基本的な分析単位としてそこにおける組織化の過程を跡づけてみたい。

各州の執行部は、その大半が一九八一年中に選出されて本格的な党地方組織の建設が開始された。これは二つのレベルに分けてみることができる。一つは党地方組織の執行部それ自身の質的向上と組織単位のあいだのコミュニケーションの円滑化であり、もう一つは大衆の動員である。前者に関しては、たとえばミッドランズ州においては地区、支部の役員を対象として次のような内容の政治教育セミナーが開催された。すなわち(1)党組織と大衆の動員、(2)財務管理とその運営、(3)党綱領、(4)民主集中制とコミュニケーションのチャンネル、である。[11]こうしたセミナーに加えて、州執行部例会、各地区代表者会議、そして党本体と青年同盟および婦人同盟の三者による州執行部合同会議などが積極的に開催された。またマシンゴ州においては、州の指導部と各地区の指導部のコミュニケーションの円滑化をはかるために「調整委員会」が設置された。[12]

他方、大衆の動員・組織化については、一般的には州、地区、支部、村落・細胞の各レベルにおいてラリーや集会が行なわれ、それには政府閣僚、中央委員会委員、そして党選出の国会議員などがゲストとして出席した。こうした活動のほかに、西部マショナランド州においては地方組織を確立するために特に「再組織化委員会」が設置され、[13]またマシンゴ州においては中央委員会委員や党選出の国会議員、そして政府閣僚などが特定の地域を分担して定期的に集会を開催して組織化にあたるというシステムも採用された。[14]さらに州執行部のイニシャティヴによる「協同組合」の創設も積極的に行なわれ、たとえば東部マショナランド州（ハラレを含む）においては八三の協同組合の創設が報告された。[15]これなども、大衆の動員・組織化のための一つの方策とみることができよう。

このように地方党組織による再組織化活動の結果、東部マショナランド州においては、二一〇の地区（本体）、五三の青年同盟地区、そして一〇五の婦人同盟地区がそれぞれ創設された。[16]マニカランド州においては、一九五の地区（本体）、党員数九七万五〇〇〇人、組織率約八一％、[17]そしてマシンゴ州においては四八六の地区（本体）、特にザカ郡においては組織率九九・九％が報告された。[18]以上の三州について留意すべき点は、党の再組織化運動開始前の八〇年総選挙の際に、ZANU・PFがこれらの州においては非常に高い得票率（八〇％以上）を記録していたことである。[19]したがって上記の州においては、党の支持基盤がすでにかなり安定していたために地方党組織の創設も比較的順調に進展したとみることができよう。さらに総選挙において同党が八三・八％の得票率を記録し、そのすべての議席を独占した中部マショナランド州においても党の再組織化については同じことがいえるのであろう。

これらの州とは対照的に、八〇年総選挙においてわずか一〇％程度の得票率にとどまった南部および北部マタベレランドの二州における党再組織化活動については定かではない。[20]しかしながら前章に述べたようなマタベレランドにおける騒乱状態によって、ZANU・PFの組織活動が容易に進捗しなかったとみることができよう。

地方党組織の「再組織化」については、ハラレ（旧ソールズベリ）の事例にも言及しておきたい。先に触れたように、ハラレは地方党組織の再組織化活動の過程で東部マショナランドから分離され、そして一九八三年四月に執行部が選出された。同地域が独立した単位とされた理由は、それが政府の所在地であること、そして東部マショナランドが政治的・行政的見地からその面積が広すぎることなどが公式な理由として挙げられているが、[21]より重要な理由として人口六五万六〇〇〇人（一九八二年統計）を有するジンバブウェ第一の都市としての次のような固有の問題を指摘することができよう。[22]

一般的に急激な都市化にともなう「負」の側面として貧困者や失業者の増加、住宅難、犯罪の増加やモラルの退廃などが指摘されるが、ハラレもこの例外ではなかろう。またこの地域が他の州に比べて、たとえば「かつての白人植民地主義者の大半」[23]や「いくつかの売国奴的政治組織」などはるかに多様な人間集団を抱えていたことも留意する必要がある。そして八一年一月のZANU・PF本部の爆破事件や、八二年六月の首相官邸襲撃事件などは、こうしたハラレのもつ不安定な側面を端的に示すものといえよう。そしていうまでもなくこのような状況は党の再組織化活動にとって大きな障害になったにちがいない。したがってハラレの執行部は、その創設と同時に地区、支部、細胞を動員して教会、企業、そして政府諸機関のなかの不穏分子の摘発に乗り出したのであった。[24]

ところで上記以外にも注目すべき様々な問題が党再組織化活動の過程において生じている。すなわちそれは(1)州執行部と地方自治体との関係、(2)党内腐敗分子の粛正、(3)党とチーフとの関係、(4)入党をめぐる野党党員および一般住民との関係、などである。地方自治体と州執行部との関係は、たとえば東部マショナランド州のように前者がZANU・PF党員によって多数派が構成されているような場合には大きな問題は生じなかった。[25]しかしながら非ZANU・PF議員によって多数派が構成されているような地方自治体においては問題が発生した。たとえばミッドランズ州のゴクウェ・チェジャ郡においては、郡議長が郡議会の利益よりも党の利益を優先したとして郡会議員によって解任されるという事件が発生した。[26]

ZANU・PF党員による職権濫用について一九八三年四月一七日、すなわち第三回独立記念日の前日、ムガベは閣僚、地方自治体役員、そして党員を前にして次のような激しい非難演説を行なった。「蓄財、そして露骨な強欲という無類の本性を剝き出しにした破廉知な地方議員や知事・市長達は、あらたに手にした地位を濫用して金儲けのための契約を結び、公共基金を横領し、公共財産を悪用した。党と政府による社会主義的方針は、彼らにとってほとんど、あるいはまったく意味をもたなかった。……閣僚でさえも……さまざまな仮面をつけて巨額の財産を蓄えはじめたのである。……羊の毛皮を着た狼は明らかに狼の毛皮を着た狼より悪質である。……こうした状況において、社会主義に専心する我々の課題は、借りものの毛皮をこれらの狼から剝ぎ取ることによって、彼らの正体を暴露することである」。[27]こうした汚職に対するムガベの断固たる姿勢は、この演説に先立つ三月二九日、ミッドランズ州グウェル市長兼党州執行部役員であったコンバイ（Patrick Kombayi）と彼に協力した党員の停職という形ですでに示されていた。[28]そして最終的に、第二回党大会において党指導部の規律を正すべく、「指導部綱領（(Leadership Code)」が採択されたのであった。

白人政権下においてチーフ、ヘッドマンは、アフリカ人の正当なる代表として位置付けられ、その統治構造に組み込まれていた。しかしながら党再組織化活動の過程においてたとえば西部マショナランド州執行部は、彼らを党組織に積極的に参加させる方針を固めた。その理由は、彼ら伝統的指導者が人々の尊敬を集めていたためであり、したがって州執行部はこうした現実を踏まえて、党内で彼らに政治教育を行なうことを意図したのであった。かくして「内部解決グループ」の一員として一九七八年三月に白人政権代表と「ソールズベリ協定」に調印したチラウ（Jeremiah Chirau）は、州執行部の生産担当の役員に就任し、また他のチーフも地区レベルで党活動に参加したのであった。[29]

党の再組織化においてZANU・PFはその基本方針として、野党党員の入党を積極的に奨励した。[30]これによってPF・ZAPUおよびUANCと競合していた西部マショナランド州の一部の地域においては、これらの党員が再組織化活動の過程で毎月ZANU・PFに移籍したことが報告されている。しかし彼らは、最低二年間は指導部のポストに就けないことが定められていた。[31]他方、一般住民の入党をめぐってハラレにおいては、入党しない住民が「オポチュニスト、ブルジョワ、反動分子、敵対分子」などのレッテルを貼られたという。[32]これは、ハラレにおいてかなり強引な組織化が実施されたことを伺わせるものといえよう。

以上のようなプロセスを経て、党の再組織化は展開されていった。ZANU・PF国民組織化担当書記ニャグンボ（Maurice Nyagumbo）は、党大会開催のための条件をかねてより提示していたが、それは次の三点に要約することができる。(1)党本体、婦人同盟、青年同盟のメンバーすべてが登録され、登録証が発行されること。(2)党本体、婦人同盟、青年同盟の各地方組織が確立されること。(3)婦人同盟と青年同盟の第一回全国大会が開催されること。[33] 最終的にこれらの条件すべてが満たされたのか否かは定かでない。しかしながら第二回党大会は、党の再組織化キャンペーンを踏まえて開催されたのである。

（1）"ZANU (PF); The Role of Party Organs", *Z. N.*, Vol. 14, No. 3 (Oct. 1983), pp. 11-12.
（2）地域細胞と職場細胞に関する一般論については、Duverger, Maurice, *Les Partis Politiques*（岡野加穂留訳『政党社会学』潮出版社、一九七〇年六月）、四四―五三頁を参照されたい。
（3）"Wide Ranging Review of the Activities of the Party 1985", *Z. N.*, Vol. 17, No. 2 (Feb. 1986), p. 21.
（4）"ZANU (PF); The Role of ....", p. 12.
（5）"Masvingo Provincial Party Congress", *Z. N.*, Vol. 14, No. 3 (Oct. 1983), p. 14.
（6）村落レベルにおける党集会は、全員集会である（一九九八年八月の現地調査による）。
（7）"ZANU (PF); The Role of.....", pp. 11-12.
（8）*Ibid.*, p. 11.
（9）"Midlands Province", *Z. N.*, Vol. 14, No. 1 (Apr. 1983), p. 26.
（10）"ZANU (PF) 1980-83; Party Organisation", *Z. N.*, Vol. 15, No. 1 (Jan. 1983), pp. 5-6.
（11）"Midlands Provice", p. 26.
（12）"Masvingo Provincial Party Congress", p. 14.
（13）"Mashonaland West Province", *Z. N.*, Vol. 14, No. 1 (Apr. 1983), p 25.
（14）"Masvingo Provincial Party Congress", p. 14.
（15）"Mashonaland East Province", *Z. N.*, Vol. 14, No. 1 (Apr. 1983), p. 35.

(16) *Ibid.*, p. 33.
(17) "Manicaland Provincial Congress", *Z. N.*, Vol. 14, No. 3 (Oct. 1983), p. 12.
(18) "Masvingo Provincial Party Congress", p. 14 and "Zaka; The Pride of Masvingo", *Z. N.*, Vol. 15, No. 1 (Jan. 1984), p. 17.
(19) ＺＡＮＵ・ＰＦの各州における得票率は、東部マショナランド州：八〇・五％、マニカランド州：八四・一％、マシンゴ州：八七・三％である。
(20) 両州における得票率は、北部マタベレランド：一〇％、南部マタベレランド：六・八％である。
(21) "Harare becomes a Province", *Z. N.*, Vol. 14, No. 2 (July 1983), p. 30.
(22) Central Statistical Office, *Monthly Digest of Statistics,* April 1983, Harare, p. 3.
(23) "Harare becomes....", p. 30.
(24) *Ibid.*, p. 30.
(25) "Mashonaland East Province", p. 34.
(26) "Midlands Province", p. 26.
(27) "Significance of Our Independence", *Z. N.*, Vol. 14, No. 2 (July 1983), p. 5.
(28) "Midlands", *Z. N.*, Vol. 14, No.4 (Dec. 1984), p. 11.
(29) "Mashonaland West Province", *Z. N.*, Vol. 16, No. 3 (Mar. 1985), p. 25.
(30) *Ibid.*
(31) *Ibid.*
(32) "Harare Provincial Report", *Z. N.*, Vol. 15, No. 1 (Jan. 1984), p. 10.
(33) "ZANU (PF) 1980-83; Party Organisation", *Z. N.*, Vol. 15, No. 1 (Jan. 1984), p. 7.

三　ZANU・PF第二回党大会

一九八四年八月八日から一二日までの五日間、六〇〇〇人の代表が参加して開催された第二回党大会は、それが第一回党大会から二〇年の歳月を経て開催された歴史的な大会であったというばかりではなく、ZANU・PFを中心とした支配体制のあり方を独立後はじめて包括的な形で示した、という点において極めて重要な意義を有するものであった。

本大会で採択された諸決議のなかで特に注目すべきものとして、次の四点を指摘することができよう。第一点は、党のイデオロギーとして社会主義が全面に押し出され、これにもとづいた政治・経済的目標が決議されたが、この社会主義はマルクス・レーニン主義に基礎をおきながらもジンバブウェの歴史的、文化的、そして社会的経験を踏まえたものとされたことである。(1) 社会主義については独立以来、ZANU・PFの指導者そして政府閣僚が国家のイデオロギーとしてつねに言及してきたし、一九八一年に発表された政策大綱「公平を伴う成長」においても国家の最終的な目標として「社会主義社会の実現」が謳われていた。(2) またこの社会主義が、ジンバブウェの歴史的経験などにもとづくものであることをムガベはしばしば指摘してきた。(3) こうしたジンバブウェの経験を生かした社会主義、いわば「ジンバブウェ社会主義」が、この大会において党の基本方針として正式に掲げられたのである。第二点は一党制についてであり、これは過去数年間、党指導部によってしばしば取り上げられてきた問題であり、したがって「ZANU・PFの前衛的リーダーシップのもとに一党制が確立されるべきこと」(4) が党の目標として採択されたことは当然の帰結であろう。しかしここで注目すべきことは、一党制への移行手続き、すなわちそれが政府の一方的な宣言によってなされるのか、あるいは合法的な手続きを経てなされるのか、という問題である。そしてこの点をめぐって党内には対立が生じていたという。[5] しかしながら最終的にこの大会において、一党制への移行が合法的な手続きを経て実現されるべきことが決議されたのであった。[6]

第三点は、政府に対する党の優位が明確に示され、そのための制度枠組みとして政治局（Political Bureau）が創設されたことである。すなわち大会決議において、「党の至上権」が歌われ、「党の政策はいかなる欺瞞も生ずることなしに履行されるべきである」とされた。[7] また政治局の機能については、「党の政策および綱領にもとづいて、すべての政府機関を監督し、指導し、そして管理すべきこと」が決議されたのである。[8] そしてこの決議にもとづいて一四名（および九名の副政治局員）から成る政治局があらたに設置され、ムガベは第一書記に就任した。さらに本大会終了後に、五つの党常任委員会（政治・政策委員会、経済委員会、社会・福祉委員会、国家安定保障委員会、司法・憲法委員会）が設置されたが、それはムガベの言葉を借りれば、「特定の政府機関の政策を指導し、政府に対する党の支配を制度化する」ものだったのである。[9] なお政治局員の選考にはムガベがあたり、またこの大会を契機として中央委員会は二六名から九〇名にその定員が拡大された。[10]

第四点は、「指導者」の規律を正すべく「指導者綱領」が採択されたことである。先に述べたように党再組織化活動の過程で職権の濫用によって不正をはたらいた地方組織の幹部および党員が粛正されたが、この綱領でいう「指導者」とは党の指導者だけにとどまらなかった。すなわちこの綱領が適用される対象は、中央委員会委員、党地方組織（婦人同盟、青年同盟を包む）などの党員に加えて、閣僚、すべての国家機関および地方自治体、そして準国家機関の管理職員とされた。[11] この綱領の内容はきわめて厳しいものであり、受託収賄の禁止のほかにも簡単に紹介すれば次のような規定が盛り込まれている。公共の場での禁酒、不作法な身なりの禁止、個人資産の公開、営利企業の所有およびそれへの関与の禁止、一軒以上の家屋の所有禁止、五〇エーカー以上の土地所有の禁止、そして年間収入が一〇〇〇ドルを越える講演および専門的活動の禁止、などである。[12] この綱領の採択をめぐっては、党内に賛否両論が存在したという。しかし最終的には政治的独立の強化と社会主義の実現のためには汚職や私財の蓄積に専心する資本主義分子が党内にとどまる理由は何もないという議論にもとづいてこの綱領が採択された。[13] そしてムガベは、この「指導部綱領」が党員に対してはただちに、またその他の指導者については一党制移行後に適用されるであろうと言明した。[14]

ところで党大会においては、このような決議のほかにZANU・PFの支配体制確立のための指針となるべきさまざまな決議が採択された。すなわち、反政府分子の一掃をもとめる決議は当然のことながら採択され、[15] また政治的課題としては、「実権大統領制（executive presidency）の遅滞なき実現」および「一院制議会」への移行が決議された。[16] 経済については、「資本主義に対する社会主義の勝利をゆるぎなきものとすべく、国民経済を再編し再建すること」という党の目標を受けて、[17] 生産手段の国家所有、工業・商業・貿易セクターの協同組合化、金融・保険業務の統制、そして国営企業の創設などが経済の社会主義化を促進するための手段として決議された。[18] なお農業については、それが「経済の中核」として位置付けられ、独立した項目として諸決議が採択されている。すなわち、土地改革の推進と土地所有制度の見直し、大規模国営農場の建設促進、協同組合農場の増設促進とそれに対する政府の全面的支援、などが決議された。[19] そして以上のような経済に関する決議は、のちに「第一次国家開発計画」において具体化されることになった。

ムガベは、党大会の閉会演説において次のように語った。「党の内部において我々は、確固たる団結を保持している。そして同じように我々は、党の内外において人民との確固たる団結を保持している。なぜならばZANU《(ママ)》Uと人民は一体だからである」。[20] かくしてZANU・PFは、みずからの支配体制の確立に向けてその基本方針を明確化したのであった。

（1） "Zimbabwe African National Union Resolutions Second Congress", （以下 Resolutions と略す), *Z. N.*, Vol. 16, No. 1 (Jan. 1985), p. 32.
（2） この点については、島田周平・井上一明『ジンバブウェの農業』、国際農林業協力協会、一九八六年三月、三六－三七頁を参照されたい。
（3） この点については、前章を参照されたい。
（4） *ACR, 1984-1985*, p. B876.
（5） "Agenda for total power", *Africa*, No. 156 (Aug. 1984), p. 24.
（6） Resolutions, p. 32.
（7） *Ibid.*
（8） *Ibid.*
（9） *ARB, Political Social and Cultural Series*, Vol. 21, No. 8 (Sep. 15), p. 7345.
（10） *Ibid.*, p. 7346.
（11） "Zimbabwe African National Union Leadership Code", *Z. N.*, Vol. 16, No. 1 (Jan. 1985), p. 39.
（12） *Ibid.*, pp. 38-39.
（13） "Editorial", *Z. N.*, Vol. 16, No. 1 (Jan. 1985), p. 3.
（14） *ACR, 1984-1985*, p. B880.
（15） Resolutions, p. 32.
（16） *Ibid.*, p. 33.
（17） *ACR, 1984-1985*, p. B880.
（18） Resolutions, p. 33.
（19） *Ibid.*, p. 34.

（20） "Closing Speech at the Second ZANU Congress", *Z. N.*, Vol. 16, No. 1 (Jan. 1985), p. 42.

むすびにかえて

本章は、ＺＡＮＵ・ＰＦの支配体制の創始期を取り上げて、その過程を跡づけた。そしてまず最初に同党の支配体制の確立にとって大きな障害となったマタベレランドにおける騒乱について、反政府分子の構成と彼らの目標、そして政府の対応を概観した。政府の対応策としては特に民兵軍の創設に注目し、それが人々の国家への帰属意識、一体感、そして「愛国心」を育むうえで積極的な意味をもつものであることを指摘した。次章でみるようにＺＡＮＵ・ＰＦ政権は、大規模な軍隊を投入することによって、ミッドランズ州と西部マショナランド州の一部の地域においては反政府活動をある程度鎮圧することができたようであるが、マタベレランドにおける騒乱を完全に収拾することはできなかった。そしてそれは同政権にとって重要な課題として残されたのである。

ＺＡＮＵ・ＰＦの地方組織の再組織化活動については、州によってその進展にかなりの差が存在し、さらに組織化の過程でさまざまな問題が発生した。一般的にいうならば、八〇年総選挙において同党が圧倒的な支持を獲得した州については、党組織の再組織化も順調に進展したといえよう。

党大会については、そこにおいて「ジンバブウェ社会主義」とでもいうべきイデオロギーが、党のイデオロギーとして明確に打ち出されたこと、合法的な手続きを経た一党制への移行が決議されたこと、政治局および常任委員会が設置されて政府に対する党の指導が制度的に確立されたこと、そして「指導部綱領」が採択されたこと、などを重要なポイントとして指摘した。

このように第二回党大会に至る時期は、ＺＡＮＵ・ＰＦにとっては「利益表明」と「利益集約」をその基本的な機能とする「政党」としての再組織化を推進した時期であるとともに、同党のジンバブウェにおける支配体制の確立に着手した時期でもあった。そして第二回党大会において同党は、その目標とする国家のあり方を示すことによってみずからの果たすべき役割、すなわち同党のみが国家を指導する立場にあることを制度的に明確化したのであった。

第八章　政党の統合
――サブカルチャーに即したクリーヴィッジと民主主義――

問題の所在

本章は、ジンバブウェにおける民主主義の安定条件について論じようとするものである。そして特にサブカルチャーにクリーヴィッジ（亀裂）が存在する場合に民主主義体制はいかに運用されるべきか、という問題について一つの解答を得ることを目的としている。すなわち民主主義という政治体制を前提としたうえで、その国家にサブカルチャーに即したクリーヴィッジが存在する場合（国民的な同質性がきわめて乏しい場合）、そしてこのクリーヴィッジの存在が時として国内の「平和と秩序」を崩壊させる可能性がある場合、この民主主義体制はいかなる方法で維持されうるか。そしてこれに加えてエリートの間に協調の伝統が存在しない場合はどのような手段を用いて民主主義体制を維持しうるか、ということである。本稿はこうした問題を中心に据えてジンバブウェにおいてその民主主義体制の確立に重要な時期であったと思われる一九八〇年代後半に焦点を合わせて分析を試みる。ちなみにここでのサブカルチャーとは、全体文化のなかの部分的な文化で、地域・人種・宗教・社会階級・職業・世代などが基盤となる文化、と定義しておこう。

周知のように、一九八〇年代末から九〇年代のアフリカ大陸におけるいわゆる「民主化」によって、軍部政権あるいは一党支配体制から民主主義体制へと多くの国家がその政治体制を転換した。ここでいう政治体制とは、「政治権力が、社会内で広範な服従を確保し、安定した支配を持続するとき、それを形づくる制度や政治組織の総体」という意味である。(1) あるいは装置としての国家の使用方法といってもよいであろう。しかしながらその結果としてサブカルチャーのクリーヴィッジが顕在化し、民主主義体制が不安定なものとなるばかりではなく、「平和と秩序」の維持という国家の基本的な目的さえ達成できず、「国家崩壊」の危機に瀕してしまった例も存在する。(2) 本章はこうしたアフリカ諸国の現状を踏まえて、アフリカ諸国における民主主義体制の実効性のある運用について、その政治体制が、(1)できるだけ多くの国民をその使い手として、(2)やり直しの機会が確保されている、(3)という民主主義の基本的要件を満たしているジンバブウェを取り上げて考察する。すなわちジンバブウェにおいてもサブカルチャーに即したクリーヴィッジ、特にエスニック集団間のクリーヴィッジが存在するにも関わらず、なぜ同国は民主主義体制を維持することができるのであろうか。ちなみにエスニック集団とは、後天的に形成された文化的特徴によって分類される人間集団の単位、と定義しておく。

本章において言及されるもうひとつのポイントは、民主主義体制における政治制度のもつ意味である。すなわち政治制度は政治行動が発生する単なるアリーナではなく、逆に政治の在り方を規定するのであろうか。この問題について本章では、エリート間の協調と政党という制度の関係、そして選挙制度を通じて考えてみたい。

(1) 阿部斉・内田満編『現代政治学小事典』有斐閣、一九七八年、一五六—一五七頁。
(2) 国家(政府)の目的については、田中宏「政府の役割について」(『法学研究』第六九巻七号、一九九七年)を参照。

(3) 民主主義の定義については、根岸毅「政治における試行錯誤の機会－もうひとつの民主主義論」(石川忠雄教授還暦記念論文集編集委員会刊『現代中国と世界－その政治的展開』慶應通信・一九八二年)を参照。

一 民主主義とサブカルチャーのクリーヴィッジ

国家がその政治体制として民主主義を採用する場合、現代のアフリカ諸国のようにサブカルチャーにクリーヴィッジが存在することは、同体制にとって好ましくないという議論はこれまで多くの政治学者によってなされてきた。たとえばダールはこの点について民主主義体制(彼は「ポリアーキー」という用語を用いているが)においてサブカルチャーの違いは、潜在的な対立の領域を拡大すると述べるとともに、民主主義体制はサブカルチャーに多数のクリーヴィッジをもつ国家よりも同質的(homogenious)な国家においてより一般的である、と指摘している。(1) それではアフリカ諸国のようにエスニックグループ、人種、言語そして過去の歴史的経験といったサブカルチャーに多くのクリーヴィッジが存在する場合、民主主義体制はいかにして運用されるべきであろうか。この点についてレイプハルトの「多極共存型民主主義(Consosicational democracy)」という概念はきわめて示唆的である。ここで「多極共存型民主主義論」について詳しく紹介する必要はないが、アフリカそして特にジンバブウェにおける民主主義体制との関連で注意しておきたいのは、(1)エリート間の協調行動、そして(2)それにもとづく「大連合(grand coalition)」である。エリート間の協調についてのレイプハルトの指摘は次の通りである。多極共存型民主主義においてエリートたちは、民主主義的慣行に対する献身ばかりではなく国家の統一を維持することへの少なくとも何らかの献身を意識することが必要であり、さらに寛容と妥協の精神にもとづいて他の区画の指導者たちと共同する努力を惜しまない基本的な意志を持たねばならない。そしてこうした指導者たちの基本的な姿勢にもとづいて採用されるべき統治の方法が「大連合」である。[2] それではレイプハルトのいうエリート間の協調が困難な場合、そしてその結果として大連合の樹立が困難な場合にはどうであろうか。

(1) Dahl, Robert, A. *Modern Political Analysis*, Fifth Edition, Prentice-Hall, Engelwood Cliffs, 1991, p. 93.
(2) Lijphart, Arend, *Democracy in Plural Societies: A Comparative Exporation*, New Haven, Yale Univ. Press (内山秀夫訳、三一書房、一九七九年、四三頁および七七頁)

二　八〇年総選挙と連合政権の樹立

(一) サブカルチャーのクリーヴィッジと八〇年総選挙の結果

ジンバブウェにはサブカルチャーに多くのクリーヴィッジが存在するが、国家との関係においてもっとも深刻なクリーヴィッジは、地域とエスニック集団におけるクリーヴィッジである。ジンバブウェの主要なエスニック集団は、人口の約七七%を占めるショナ人そして約一九%を占めるンデベレ人である。

両エスニック集団の居住地域を地方行政区(州)のレベルで見てみると、ショナ人は、東部マショナランド、中部マショナランド、西部マショナランドにおいて各州の人口の七〇%以上を構成し、マニカランド州においては九〇%以上、ミッドランズ州では七八%以上、そしてマシンゴ州においては約九〇%を占めている。他方ンデベレ人は、北部マタベレランドおよび南部マタベレランドの両州において全人口の六〇%以上を占めている。ちなみにジンバブウェにおいては一九六九年の人口センサス以後、エスニック集団別の人口統計を発表していない。

したがってこれらの数字は六九年のセンサスにもとづき、現在に至るまで(1)ショナ人とンデベレ人の人口比は基本的には変化していない、(2)ショナ人とンデベレ人はそれぞれの居住地域を離れて相手集団の居住地域に大量に移動していない、という立言にもとづく推定である。(1) そしてここで注意しておきたいことは、これらショナ人とンデベレ人のあいだにはクリーヴィッジが存在するということである。

両者のあいだにクリーヴィッジあるいは「地方的敵対意識（regional Antagonisms）」が存在することは、これまで様々な研究によって指摘されてきた。しかしながらショナ人とンデベレ人のあいだのクリーヴィッジがどのようにして生み出されたのか、という問題については二通りの議論がある。すなわち一九世紀初頭にジンバブウェにやってきたンデベレ人が先住集団であるショナ人の居住地域を侵略してそこに定住し、ショナ人に対して定期的に略奪行為を行なったことが、両者の間にクリーヴィッジを生み出したとする議論、他方、両者のこうしたクリーヴィッジは比較的最近の産物であって、いわゆる「ナショナリズム組織」の競合の結果として生まれたものである、とする議論である。(2)

すなわちショナ人とンデベレ人のあいだのクリーヴィッジ（あるいは地方的敵対意識）は、植民地化以前の一九世紀にさかのぼる歴史的背景を持つものなのか、そうではなく植民地支配体制下における両者の政治闘争の産物なのかということである。本章においてはこれ以上この議論に立ち入る必要はないが、ここで注意しておくべきポイントは、のちに述べる八〇年と八五年総選挙の結果に示されたように、総選挙に至る歴史的プロセスにおいて、「ジンバブウェ・アフリカ民族同盟・愛国戦線（略称ZANU・PF）」はショナ人、そして「愛国戦線・ジンバブウェ・アフリカ人民同盟（略称PF・ZAPU）」はンデベレ人のそれぞれの利益代表というイメージが有権者のあいだに作り上げられてしまっていた、ということである。

表1　ジンバブウェ80年、85年総選挙結果：州別得票率および獲得議席数(1)

	ZANU・PF		PF・ZAPU		UANC	
1980	%votes	seats	%votes	seats	%votes	seats
Manicaland	84.1	11	1.6	0	6.2	0
Mashonaland Central	83.8	6	2.3	0	8.6	0
Mashonaland East	80.5	14	4.6	0	11.9	2
Mashonaland West	71.9	6	13.4	1	10.2	1
Matabeleland North	10.0	1	79.0	9	7.6	0
Matabeleland South	6.8	0	86.4	6	3.3	0
Midlands	59.7	8	27.1	4	8.6	0
Victoria/Masvingo	87.3	11	1.9	0	4.5	0
1985						
Manicaland (2)	88.6	10	1.4	0	2.3	0
Mashonaland Central	98.3	5	0.8	0	0.8	0
Mashonaland East	91.8	18	2.9	0	4.9	0
Mashonaland West (3)	94.4	7	3.4	0	2.0	0
Matabeleland North	15.1	0	82.5	9	2.1	0
Matabeleland South	12.9	0	86.6	6	0.5	0
Midlands	82.9	12	14.8	0	2.0	0
Victoria/Masvingo	97.9	11	1.7	0	0.0	0

Source) Anthony Lemon, "The Zimbabwe General Eletion of 1985", *Journal of Commomwealth and Comparative Politics,* Vol. XXVI, No. 1 (Mar. 1988), p. 14.

注(1)　各州に割り当てられた議席数は、80年、85年の総選挙では若干の変動がある。

(2)　マニカランド州チピンゲ選挙区においてZANU（Ndonga）は議席を獲得した。その他の選挙区において同党の得票率は、2.1パーセントを超えなかった。

(3)　西部マショナランド州カリバ選挙区においては、PF・ZAPU候補が選挙期間中に死亡したために投票は延期となった。最終的に同選挙区では対立候補が現れなかったためにZANU・PFの候補者が無投票で選出された。

　ところで先の諸章で述べたようにジンバブウェは一九八〇年に独立するまでの八年間、内戦状態にあった。これは植民地体制下の白人自治政府、そして普通選挙権と独立を求めるアフリカ人組織のあいだの紛争であった。したがってこの国家は治安の回復、あるいは常態への復帰が緊急の課題であった。そして八〇年二月、ジンバブウェにおいて初の普通選挙権にもとづく総選挙が実施された。総選挙の結果は、**表1**のようにZANU・PFが、ショナ人が多数を占める選挙区を圧倒的な支持率でほぼ独占して八〇議席中五七議席を、そしてPF・ZAPUは同様にンデベレ人が多数派を構成する選挙区を圧倒的な支持率でほぼ独占し二〇議席を獲得した。したがって同総選挙の結果は、エスニック集団のサブカルチャーに即したクリーヴィッジを反映するものとなった。

(二) 連立政権とエリートの協調

総選挙において第一党となったZANU・PFは、八〇年三月PF・ZAPUから党首ンモコ(Joshua Nkomo)を含む四人が入閣し、さらに二人の白人が参加した連合政権を樹立した。連合政権の樹立に向けたZANU・PFとPF・ZAPUの協議は、数日間で終了し、ンコモは内相に就任した。(3) こうした短期間の交渉によって両党の連立政権が誕生したこと、そしてンコモが実権を持たない大統領への就任を拒否したこと、すなわちPF・ZAPUがZANU・PFの提案を拒否できる余地を残していたことなどは、両党のエリートが連合政権の樹立に向けて「自発的」に協調したことを示唆している。そしてもしそうであれば、のちに述べるような政党の統合においてみられた両政党のエリート間の協調とは異なるものとなる。

連合政権の樹立は、「平和と秩序」の回復をめざして「国民和解政策」を掲げたZANU・PFにとっては合理的な選択であり、またこの目的達成に不可欠の国軍の創設にとっても政権内部においてPF・ZAPUの協力を確保することは重要な意味を持っていた。さらにZANU・PFとPF・ZAPUがショナ人とンデベレ人というエスニック集団をそれぞれの支持基盤とすることが選挙の結果明らかとなったことから、こうしたエスニック集団によるクリーヴィッジを悪化させないために両エスニック集団を代表する形で両党の指導者が政権を運営することは重要な意味を持つものであった。すなわちレイプハルトの指摘するエリート間の協調と大連合(あるいは連合）が実現したといえよう。

連合政権の結成という形で両党、より正確にいえば両党のエリート間の協調体制が実現したが、この協調体制は長くは続かなかった。すなわち先の章で述べたように連立政権のめざした国内治安の回復という目標を脅かすような事件にＰＦ・ＺＡＰＵが連座しているとＺＡＮＵ・ＰＦがみなしたためである。すなわちそれは、一部の元ＺＩＰＲＡ（内戦当時のＰＦ・ＺＡＰＵの軍事部門）兵の反乱と国軍の編成過程におけるＺＩＰＲＡとＺＡＮＬＡ（内戦当時のＺＡＮＵ・ＰＦの軍事部門）の武力衝突、そしてＰＦ・ＺＡＰＵの所有する施設における隠匿兵器の発見である。一部の元ＺＩＰＲＡ兵士の反乱は、独立後わずか二カ月を経て南北マタベレランド州（以下マタベレランドと略す）においてはじまり八七年頃まで続いたが、連合政権内部におけるＺＡＮＵ・ＰＦとＰＦ・ＺＡＰＵの協調関係は、こうした元ＺＩＰＲＡ兵士の反乱、三度におよぶＺＡＮＬＡとＺＩＰＲＡの武力衝突の過程で悪化し、八二年二月上旬、ＰＦ・ＺＡＰＵが所有する施設における大量の隠匿兵器の発見が直接的な原因となって終わりを告げた。すなわちこの大量の隠匿兵器の発見に関してＰＦ・ＺＡＰＵは、ＺＡＮＵ・ＰＦに対して納得のいくような説明を行なわなかった。その結果ＺＡＮＵ・ＰＦ党首であり首相のムガベは二月一七日、ＰＦ・ＺＡＰＵ党員の閣僚ポストからの解任を決定し、ここに両党の連合政権は崩壊した。

平和と治安の維持は、国家にとってもっとも基本的な仕事である。そしてジンバブウェにおいては過去八年間にわたって内戦状態にあったために、国内の平和と治安を回復することは国家の存亡に関わる最も重要な問題であった。したがって、八〇年総選挙の結果、第一党となったＺＡＮＵ・ＰＦが、サブカルチャーに即したクリーヴィッジを踏まえて、国内平和と治安の回復を実現するために必要な国軍の組織化を、速やかにかつもっとも低いコストで達成するためにＰＦ・ＺＡＰＵとの連合政権を樹立したことはきわめて合理的な選択であった。そして平和と秩序の回復という目標は、政党の違いを超越してエリートの協調関係を確保できるはずの目標であった。しかしながらジンバブウェにおいてはこうしたエリート間の協調関係は長続きせず、レイプハルトの言う「エリートの慎重なる配慮」は欠落していた。言葉をかえていえばエリートの間にサブカルチャーを越えた国家への忠誠心が欠如していたのである。

ＺＡＮＵ・ＰＦは、軍隊を派遣してマタベレランドにおける反政府武装集団の鎮圧に積極的に乗り出したが、同地域の治安をただちに回復することができなかった。そして八二年七月、六名の外国人観光客が誘拐されたことは同地域の治安の悪化を象徴する出来事となった。政府は同月、「警察支援隊」二〇〇〇人、また八～九月にそれぞれ四〇〇人の増援を発表した。さらに同年一二月、マタベレランドにおいて大量の住民虐殺を行なったとしてその責任を追及された陸軍第五師団（別名グクラウンディ（Gukurahundi）：「春雨のまえにもみ殻を洗い流す雨」が原義であるが、ショナの人々は「無差別虐殺集団」という意味をこの言葉に込めている）の二五〇〇人から三五〇〇人が同地域に投入された。「ジンバブウェにおける正義と平和のためのカトリック委員会（The Catholic Commission for Justice and Peace in Zimbabwe）および「法律問題資料基金（The Legal Resources Foundation)」は、その報告書『沈黙の打破・真の平和の確立（*Breaking The Silence, Building True Peace*）』において、八七年頃まで続いたマタベレランドを中心としてミッドランズまで拡大したこの騒乱によって少なくとも三七五〇人が死亡し、一万人が拘禁され、そして七〇〇〇人が身体的虐待を受けた、と結論づけている。(4)

ＺＡＮＵ・ＰＦは政府としてこうした動乱に対処する一方、得票最大化のために党の再組織化を開始した。これは八〇年総選挙の結果において明らかとなったエスニック集団間のクリーヴィッジを克服して、その支持基盤を拡大するための活動であった。そして同党は八四年、二〇年ぶりの党大会を開催し、翌年実施予定の第二回総

選挙に備えたのである。(5)

（1） *Rhodesia, 1969 Population Census: Interim Report*, Vol. 2: *The African Population*, Salisbury, Central Statistical Office, p. 28.

（2） 前者の議論に関しては、Vambe, Lawrence, *An Ill-fated People: Zimbabwe Before and After Rhodes*, London, Heineman, 1972. そして後者の議論に関しては、Ranger, T. *The Invention of Tribalism in Zimbabwe*, Gweru, Mambo Press, 1985; "The Invention of Tradition Revisited" in T Ranger and O Vaughan eds., *Legitimacy and the State in Twentieth Century Africa*, London, Macmillan, 1993; "Missionaries, Migrants and the Manyika: The Invention of Ethnicity in Zimbabwe", in Leroy Vail ed., *The Creation of Tribalism in Southern Africa*, Berkeley, Univ. Press of California; Werbner, Richard, *Tears of the Dead*, Edinburgh,Edinburgh Univ. Press, 1991. などを参照されたい。

（3） 連立政権の誕生から崩壊へのプロセスについては、第六章を参照されたい。

（4） The Catholic Commission for Justice and Peace in Zimbabwe and The Legal Resources Foundation, *Breaking The Silence, Building True Peace: A Report on the Disturbances in Matabeleland and the Midlands 1980–1988*, Harare, 1997, pp. 156–158.

（5） この党再建運動と党大会については、前章を参照されたい。

三　八五年総選挙の運営と投票結果

ジンバブウェの憲法（通称「ランカスター・ハウス憲法」）は、総選挙を五年に一度実施することを定めている。

さらに同憲法は当初、下院の構成として普通選挙人名簿に登録された有権者によって選出される八〇議席そして独立後七年間、その改正が禁止された白人選挙人名簿によって選出される二〇議席を明記していた。

一九八五年総選挙は独立後初の総選挙であるとともに、その管理と運営がすべてジンバブウェ人の手によって行なわれた最初の総選挙であったが、その一方で独立以前から六カ月ごとに議会の承認にもとづき更新されてきた非常事態下において行なわれた選挙でもあった（「憲法第六八条」および「非常事態権限法」）。総選挙はその正当性を確保するという意味において自由かつ公平に実施されることが求められることはいうまでもない。そのためZANU・PF政権は、個人の自由を制限する可能性を持つ非常事態下という条件を踏まえて選挙日程を含めた選挙の管理運営には最大限柔軟な姿勢を示すとともに、最大多数の有権者に登録を求め、かつ最大多数の有権者に投票の機会を与えるという方針を堅持した。

マクロ的な観点から民主主義体制を見るならばその制度、特に選挙に関する様々な制度が実効性をもって確立されていることが同体制の存続にとって不可欠の条件であろう。そこでまず最初に選挙制度の確立、とりわけ選挙区確定作業について見てみたい。なぜならば選挙区の確定にともなう有権者の選挙人登録は、有権者にとって民主主義という政治体制をみずから運用するための主要な機会である投票という行為につながる自発的な行動であり、これによって民主主義体制へのみずからのアイデンティティーを確認できる行為だからである。また政府にとっても選挙区の確定作業は選挙そのものの正当性に関わる重要な作業であり、したがってこうした作業を通じて民主主義体制の運用を学習する重要な機会となる。言葉をかえていうならば民主主義体制を構成する様々な制度の確立とその運用を通じて人々の行動が民主主義のルールによって規定されていく、ということである。すなわちマーチ（James G. March）とオルセン（Johan P. Olsen）が指摘したように、民主主義は、経済的・社会的条件に依存するばかりではなく、政治制度のディザインに依存するのであり、また政治制度は政治行動が発生す

る単なるアリーナではなく、政治のあり方を規定するのである。(1)

(一) 選挙区の確定

先に述べたように八五年総選挙は、ジンバブウェ国民によって実施される初の選挙であった。したがって政府は選挙区の確定そして選挙人登録という作業からはじめねばならなかった。選挙区の確定作業は、一九八一年一一月、当時の高等法院判事長フィールゼントを議長とする委員会(通称「フィールゼント委員会」)によって最初の作業が行なわれたが、同委員会が提出した報告書に述べられていたように、その作業は一義的には選挙人登録を目的とした暫定的なものであったために、最終的な選挙人名簿にもとづいて再度、選挙区の確定作業が行なわれねばならなかった。

この目的のために一九八四年一一月二九日、高等法院判事長サンドゥーラ(Wilson Sandura)を議長とする選挙区確定委員会(通称「サンドゥーラ委員会」)が設置された。しかしながら同委員会は選挙人登録が遅滞したためほとんど活動停止状態に置かれた。総選挙は当初、八五年三月に実施される予定であった。そのために選挙人登録はすでに一九八三年頃から行なわれていたが、たとえばハラレにおいては一九八五年一月中旬になっても多数の有権者が投票告知票を受け取っていなかったり、あるいは自分が有権者名簿に登録されているか否かを確認できない状態にあった。(2) 選挙人登録の期限は、八五年一月三一日を予定していたが登録が遅々として進まないために政府は一月二日、いまだ登録を行なっていない有権者を対象とした選挙人補足名簿の設置を発表した。そして同名簿への選挙人登録を促進するために政府は、すべての郡長官と郡副長官、群議会議長、そしてすべての学校長と副学校長を選挙登録官として任命したのであった。(3)

こうした選挙人登録キャンペーンにも関わらず、大量の未登録者が存在したために、政府は登録の締め切りを二週間延長して二月一五日とした。しかし登録期限の延長は、選挙区確定委員会の作業をさらに遅れさせることになり、サンドゥーラ委員会は二月中旬、その作業が五月末までかかることを首相ムガベに伝えた。さらに選挙管理委員会も、憲法に定められた諸条件（特に選挙人登録）が十分に満たされていないという理由から三月の総選挙の実施は自由かつ公平ではないと判断して、その延期を政府に勧告したのであった。かくしてムガベは、選挙問題閣僚委員会を設置して総選挙の実施時期についての具体的な討議に入り、二月一九日、政府は選挙人の集計、特に選挙人追加名簿の集計、および選挙区確定作業のために総選挙の実施を六月まで延期する旨を発表したのであった(4)。この時点における選挙人数の集計は、総選挙人数の約八三・一％であり、いまだ追加登録の選挙人数は加算されていなかった。以上のような選挙人登録と選挙人の集計の遅延のために、選挙区確定委員会が本格的な活動を開始したのは四月一日以降となった。

八五年総選挙は前回の八〇年総選挙とは代表選出の方法が異なり、小選挙区単記投票制が採用された（八〇年総選挙においては行政上の単位である州を一つの選挙区とする拘束名簿式比例代表制が採用された）。したがってサンドゥーラ委員会の目的は、各選挙区の選挙人数の格差を最小限にとどめながら八〇の普通選挙人名簿選挙区と二〇の白人選挙人名簿選挙区を確定することにあった。こうした目的を達成するうえで同委員会が基本とした選挙区確定上の原則は以下の二点に要約される。すなわち(1)行政単位としての州を尊重し、複数の州にまたがる選挙区は設定しない。(2)行政単位としての既存の郡（district）およびフィールゼント委員会によって暫定的に確定された選挙区をできるかぎり活用する、であった。これらの原則は、有権者の無用な混乱を避けるためばかりではなく、できるかぎり速やかにその作業を完了せねばならなかった同委員会にとってはぜひとも必要なことであった。

サンドゥーラ委員会の具体的な選挙区確定作業は次のような手続きによって行なわれた。すなわち八〇の選挙区を設置するために、まず一つの選挙区の平均選挙人数を算出するとそれは約三万七一二六人となる。そして憲法によって選挙区画の選挙人数の増減は二〇%まで認められているために、最大の選挙区の有権者数は、四万四五五二人以内、そして最小の選挙区の有権者数は二万九四〇一人以上ということになる（憲法第六〇条）。以上のような一つの選挙区の平均有権者数を踏まえて、次に八つの州に割り当てられる議席数を算出する、すなわち八つの州に配分される議席数を各州の有権者数にもとづいて算出する。たとえばミッドランズ州においては、その選挙人数四四万一一一六人を有権者総数で割ると有権者総数に占めるミッドランズ州の有権者の割合が算出され、それは約一四・九%となる。次に普通選挙人名簿八〇議席の一四・九%を算出すればその数字がミッドランズ州に割り当てられる議席数となり、それは一二議席ということになる。

こうして算出された各州の議席数をもとに一選挙区の平均有権者数を基準として選挙区を確定するが、この作業においてサンドゥーラ委員会は、行政上の単位としての郡、そしてフィールゼント委員会によって暫定的に確定された選挙区を最大限に活用した。かくして最終的に確定された八〇の選挙区のなかには、一選挙区の平均有権者数から二〇%近く下回るような選挙区（たとえば南部マタベレランド州のベイブリッジ選挙区：有権者総数二万九八八八人）、そして逆に二〇%近く上回るような選挙区（たとえば北部マタベレランド州のムポポマ選挙区：有権者総数四万四四三一人）も存在したが、すべての選挙区は憲法上の規定を満足するものであった。なお最終的な有権者の登録締め切りは、普通選挙人名簿が四月三〇日、そして白人選挙人名簿が五月三〇日であった。また最終的に集計された有権者登録者数は、選挙登録総監（the registrar-general）が六月七日に発表したところによると、二九八万九三六九人であった。サンドゥーラ委員会の報告書は、一九八五年五月三〇日、憲法の規定にしたがって大統領に提出され、六月三日の内閣の審議をへて同委員会の報告書通りに選挙区が確定された。

(二) 投票をめぐる諸措置

ZANU・PF政権は、最大多数の有権者に対して投票の機会を提供するために次のような措置を講じた。すなわち投票手続きに関する特別措置と投票日の二日間の延長である。これは非常事態という状況下において選挙の正当性を確保する上で、そして民主主義という制度を実効性のあるものにするためには必要な措置であった。

投票手続きに関する特別措置とは、選挙人名簿に登録されていない有権者も公的な身分証明書、および現住所を確認できる公文書を提示すれば、投票を認める、というものである。[6] 居住地の移転に伴う特例措置については、すでに八五年一月にその一部が発表されていたが、最終的に発表された特例措置を含む投票手続きは以下のようにまとめることができる。投票は有権者が居住している選挙区において投票所投票主義にもとづいて行なわれるが、その際有権者は次のような文書の携行を義務づけられる。すなわち都市部においては、(1)選挙通知票および提示が求められた場合には国民登録票、(2)借家証明書ないしは転入証明書。地方部においては、(1)選挙通知票および提示が求められた場合には国民登録票、(2)チーフ委員会などが発行した居住証明書、などである。そして選挙人登録後、その選挙区から転出した者、および選挙人登録を行なわなかった者が投票する場合には、先に述べたような証明書を投票所の監督官に提示することが求められた。

普通選挙の投票日は、当初七月一日と二日の二日間とされたが、投票日初日の状況を踏まえて政府は七月二日、二日間の投票日の延長を発表した。政府がこのように投票日を延長した理由は、投票日初日に実際に投票を行なった有権者が登録済み有権者総数の約二〇%に当たる六〇万人程度であったためである。これは投票所において有権者の確認作業に多大な時間を費やしたことに大きな原因があった。すなわちそれは、投票に関する特例措置の結果として未登録の有権者が投票所に列をなしたこと、そして選挙人登録をすでに行なっている場合にもジンバブウェには同姓同名が多いために、本人の確認作業に時間を費やしたことである(たとえばマタベレランドにおいては、ジョン・モヨ=John Moyoという氏名が一万人も選挙人名簿に見られた)。

(三) 選挙日程と諸政党の登録手続き

大統領バナナ(Canaan Banana)は、サンドゥーラ委員会の報告書およびそれに関する閣議了承を踏まえて八五年六月三日、選挙日程を発表した。すなわち候補者の届け出は、六月一〇日の一日限りとされ、白人議席選挙は同二七日、そして普通議席選挙は先に述べたように七月一、二日の両日とされた。

この発表に先立つ五月二八日、司法・法律・議会担当相ズォゴ(Eddison Zvobgo)は、候補者登録に関して具体的な手続きを発表した。これによると(1)選挙に立候補しようとする政党あるいは個人は、六月四日までにそのシンボルマークの届け出を行なうこと、(2)候補者登録のためには一〇人以上二〇人以内の有権者の署名を必要とすること、(3)投票所の周囲一〇〇メートル以内での選挙運動を禁止すること、などであった(7)。

以上のような選挙日程について、PF・ZAPUは六月六日、高等法院にたいして候補者届け出の日時の延期を求めて提訴を行なった。すなわち、候補者の届け出の期日がその発表からわずか一週間しか残されておらず、いまだ有権者名簿が公表されていない状態で期日までに一〇名以上二〇名以内の有権者の署名を獲得することは困難である、というのがその理由であった(8)。そしてこうした主張はZANU・PFを除くその他の政党によって支持された。しかし同月七日、高等法院は選挙日程についてそれを違法とする法的根拠がないこと、また翌八日には最高法院がPF・ZAPUの訴えには正当な根拠がないとの理由からこれを却下した。[9] しかしながら政府は、PF・ZAPUを含むその他の政党の要求と選挙管理委員会の勧告を踏まえて、候補者の届け出の期日を翌一一日まで延長する旨を同月一〇日に発表し、席上、ズォゴは、この措置は政府が公平かつ自由な選挙の実施に真剣に取り組んでいることを示すべきである、というムガベの意向にもとづくものである旨を言い添えた。[10]

かくして最終的に候補者の届け出を行なったのは、普通選挙人名簿に関しては六政党二五七人、白人選挙人名簿に関しては二政党四八人（無所属を含む）であった。[11] 普通選挙人名簿に候補者の届け出を行なった政党は、ZANU・PF、PF・ZAPU、「ジンバブウェ国民戦線（National Front of Zimbabwe）」（候補者数二）、「統一アフリカ民族評議会（United African National Counicl＝UNAC）」（候補者数五五）、「ジンバブウェ・アフリカ民族同盟（ZANU）」（候補者数三五）、「国民民主同盟（National Democratic Union）」（候補者数六）である。「国民進歩同盟（National Progressive Alliance）」は、三人の候補者を擁立したが候補者一人につき二〇〇ドルの供託金を納めることができなかったために登録取り消しとなった。そして八〇の普通選挙人名簿議席すべてに候補者を擁立したのはZANU・PFとPF・ZAPUだけであった。[12]

以上のような具体的な総選挙の準備作業を跡づけることによって、選挙の実施に関わる様々な制度が政府によって慎重に確立されるとともにそれが柔軟に運用され、さらに有権者はその制度的な手続きに従って行動したことがマタベレランドにおける騒乱状態そして非常事態という状況下において八五年の総選挙が実施できた主要な要因であったということが理解できよう。すなわち総選挙実施のための諸制度が効果的に運用され、これによって政治的アクターの行動が規制されたということが「自由かつ公平な選挙」という条件を満足させることになったのである。

(四) ZANU・PFとPF・ZAPUの選挙活動

ZANU・PFとPF・ZAPUの選挙公約を含めた選挙活動については、レモン（Anthony Lemon）が結論づけているように政策に関する実践的なアプローチに関して両党のあいだには大きな違いはなかった。(13) ZANU・PFは党のイデオロギーである「社会主義」そして「一党制の樹立」を明記し、さらに与党という立場から過去五年間の実績を列挙した選挙声明書を作成し新聞紙上に発表したが、有権者の圧倒的多数が農村部に居住し、かつそこでは日常的に新聞を手に入れることがきわめて困難な状況であることからみて、こうした選挙公約がどの程度有権者にアピールしたかを特定することはきわめて困難である。また同党は、その前年の党大会で確認された「一党制の樹立」という目標に選挙運動の際、ほとんどあるいは全く言及しなかった。(14) 他方PF・ZAPUの選挙声明書は、きわめて簡素なものであり具体的な政策にはほとんどふれていない。

選挙運動の期間中、ZANU・PFはPF・ZAPU支持者に対して圧力（ZANU・PF集会への出席の強制など）を加えたが、最終的に選挙管理委員会および「ジンバブウェにおける正義と平和のためのカトリック委員会」は、秘密投票の原則が遵守されたという観点から総選挙が「自由かつ公平」に行なわれたとの結論を下した。(15)ちなみに投票率は、公式には約九七％と発表されたが、実際には七〇～八〇％と見られている。(16)

(五) 八五年総選挙の投票結果

ここではエスニックグループに即したクリーヴィッジという観点からZANU・PFとPF・ZAPUの投票

結果について分析してみたい。

八五年総選挙においてZANU・PFは、八〇の普通選挙議席中六四議席を獲得して前回の総選挙から七議席を増やし、PF・ZAPUは一五議席を獲得し前回の総選挙から五議席後退した。両党の得票率を見るとZANU・PFは、七七・二%で前回よりも一四・二%増加しており、PF・ZAPUは、一九・三%で前回よりも四・九%減少している。[17]ここで問題とされるべき点は、ZANU・PFが新たに議席を獲得した選挙区とPF・ZAPUが議席を失った選挙区である。**表1**に見られるようにミッドランズ州と西部マショナランド州においてZANU・PFは新たに議席を獲得し、他方PF・ZAPUはその議席を失っている。そして先に述べたように両州ともショナ人が多数派を構成する州である。

表1の八〇年総選挙における州別の獲得議席数と比較するならば、基本的にはZANU・PFとPF・ZAPUの支持基盤には変化がない。すなわちZANU・PFは、ショナ人が多数派を占める州、そしてPF・ZAPUはンデベレ人が多数派を占める州以外にそれぞれの支持基盤を拡大することがきわめて困難であったことを示している。さらにこれは選挙区別の両党の得票数（**表2**）を見ればさらに明白である。つまりZANU・PFそしてPF・ZAPUが議席を獲得したほとんどの選挙区は両政党がそれぞれ圧倒的な得票数によって議席を獲得している。ZANU・PFが僅差で議席を獲得したのは、ミッドランズ州の西部クウェクウェ選挙区のみである。そして両党の獲得したほとんどすべての議席はZANU・PFの場合にはショナ人、そしてPF・ZAPUの場合にはンデベレ人がそれぞれ多数派を占める選挙区であった。さらにZANU・PFが新たに議席を獲得した選挙区も州の単位（すなわち西部マショナランド州とミッドランズ州）で見るならばショナ人が多数派を占める州であった。ちなみにこうした選挙統計に対する批判的態度や選挙統計の批判的検討については、次のようなサル

表2　85年総選挙におけるZANU・PFとPF・ZAPUの得票数（選挙区別）

	ZANU･PF	PF･ZAPU
MANICALAND		
Buhera North	25,315	224
Buhera South	34,394	166
Chimanimani	34,733	803
Chipinge	15,625	838
Makoni East	51,772	493
Makoni West	20,203	196
Mutare East	33,868	425
Mutare Urban	30,076	1,178
Mutare West	28,451	143
Mutasa	28,529	273
Nyanga	34,223	592
MASHONARAND CENTRAL		
Bindura/Shamva	42,822	415
Guruve	39,556	273
Mazowe	46,558	380
Mt.Darwin	23,022	236
Rushinga	47,213	251
MASHONARAND EAST		
Chinamhora	43,880	1,105
Chitungwiza	37,434	888
Dzivarasekwa	44,277	2,670
Glen View	31,506	838
Goromonzi	28,873	427
Harare	39,180	2,625
Highfield	33,548	2,360
Manyame	32,971	1,242
Marondera	30,822	414
Mbare	31,112	902
Mudzi	30,290	267
Mufakose	36,875	2,342
Mukuvisi	41,200	2,136
Murehwa North	43,176	422
Murehwa South	23,997	213
Mutoko	23,995	126
Wedza	32,153	189
Zengeza	37,240	969
MASHONALAND WEST		
Chegutu East	41,459	718
Chegutu West	28,153	1,966
Kadoma	20,746	675
Karoi	26,853	751
Makonde East	54,599	1,395
Makonde North	22,473	1,222
Makonde West	43,023	1,718
MASVINGO		
Bikita	38,806	144
Chibi	22,208	83
Chiredzi North	42,287	634
Chiredzi South	33,775	2,711
Gutu North	30,957	63
Gutu South	35,685	176
Masvingo North	53,438	1,150
Masvingo South	42,672	291
Mwenezi	26,897	1,140
Ndanga East	27,795	130
Ndanga/Zimuto	32,319	105
MATABELELAND NORTH		
Binga	3,414	38,879
Bulawayo	13,537	26,710
Hwange-sholotsho	5,926	29,538
Lupane	825	30,523
Magwegwe	6,483	32,141
Mpopoma	11,163	37,089
Nkayi	760	25,874
Nyamandhlovu	4,679	36,098
Pelandaba	5,361	28,201
MATABELELAND SOUTH		
Beitbridge	10,476	13,680
Bulilima-Mangwe	923	31,334
Gwanda	1,684	21,798
Insiza	3,392	27,804
Matobo	3,000	32,045
Mzingwane	5,128	38,509
MIDLANDS		
Charter East	34,276	159
Chirumanzu	29,197	252
Gokwe East	32,354	6,796
Gokwe West	32,354	6,796
Gweru District	21,293	14,194
Gweru Urban	25,532	5,708
Kwekwe East	37,017	4,733
Kwekwe West	18,600	17,257
Mberengwa North	33,897	868
Mberengwa South	27,554	3,631
Shurugwi	26,242	490
Zvishavane	26,152	233

Source) *The Sunday Mail,* July. 7. 1985.
注）すべての数字は原文のママ。

表3　85年総選挙：ZANU・PF の得票増加率（州別）

	総投票数	得票数	1985（%）	1980（%）	得票増加率(%)
Manicaland	380,644	337,290	88.6	84.1	4.5
Mash.Central	202,649	199,169	98.3	83.8	14.5
Mash.East	683,830	327,523	91.8	80.5	11.3
Mash.West	262,865	248,203	94.4	71.9	22.5
Masvingo	394,996	386,842	98.0	87.3	10.6
Mat.North	345,320	52,148	15.1	10.0	5.1
Mat.South	190,756	24,603	12.9	6.8	6.0
Midlands	431,464	37,537	82.9	59.7	23.1

Source）*Zimbabwe News,* Vol. 16, No. 6 (Oct. 1985), p. 9.　注）すべての数字は原文のママ。

トーリ（Giovanni Sartori）の立言を引用しておきたい。すなわち「何度選挙をしても同一政党が半永久的に政権を独占するという事態を著しい不正行為や不正投票のせいにすることはどう考えてもできない相談である」[18]。ジンバブウェにおいては八五年総選挙が独立後二度目の選挙であったが、両党の得票数が**表2**に見られるように各選挙区において圧倒的な開きがあることから見て著しい不正行為や不正投票が行なわれたとは考えにくい。

ところで以上のような選挙結果は、両党にとって得票数の最大化という観点からきわめて深刻な問題を提起することになった。というのも八〇年総選挙に続いて、今回の総選挙においてもＺＡＮＵ・ＰＦとＰＦ・ＺＡＰＵは、前者はショナ人そして後者はンデベレ人の利益代表というイメージを有権者のあいだに固定してしまったためである。とりわけＺＡＮＵ・ＰＦにとっては、これまで続けられてきた党の再組織化活動が結果的に成果を生み出さなかったことが明らかとなった。**表**3のようにＺＡＮＵ・ＰＦの得票率は、八〇年総選挙時の得票率と比較するならば確実に増加しており、同党が新たに議席を獲得した西部マショナランド州とミッドランズ州においてその得票増加率は、それぞれ二二・五%と二三・一%を記録した。したがってこれらの州においては、党の再組織化活動が新たな議席の獲得という具体的な成果を生みだしたということができるだろう。しかしながらンデベレ人が多数派を占める北部マタベレランド州と南部マタベレランド州においては、ＺＡＮＵ・ＰＦの得票増加率はそれぞれ五・一％と六％にすぎなかった。

要するにＺＡＮＵ・ＰＦはショナ人が多数派を占める選挙区を、そしてＰＦ・ＺＡＰＵは、ンデベレ人が多数派を占める選挙区をそれぞれ圧倒的な支持率でほぼ独占した。逆に言えば両党は、その支持基盤をショナ人とンデベレ人というエスニック集団の枠を超えて拡大できず、八五年総選挙の結果は八〇年の総選挙の結果とほとんど変わらなかった。「得票最大化」という政党活動の目的は、ジンバブウェにおいてはエスニック集団というサブカルチャーに即したクリーヴィッジによって達成できなかったのである。

（1） March, James G., & Johan P. Olsen, *Rediscovering Institutions: The Organizational Basis of Politics*, New York, Free Press, 1989, p. 1 and pp. 117-118.

（2） *Herald*, Jan. 17 1985.

（3） *Herald*, Jan. 3 1985.

（4） *Herald*, Feb. 20 1985.

（5） *Herald*, June 8 1985.

（6） *Herald*, June 13 1985.

（7） *Herald*, May 29 1985.

（8） *Herald*, June 7 1985.

（9） *Herald*, June 9 1985.

（10） *Herald*, June 11 1985.

（11） *Herald*, June 12 1985. なお白人議席に候補者を擁立した政党は、植民地自治政府当時の与党が改名した「ジンバブウェ保守同盟（Conservative Alliance Zimbabwe)」と「独立ジンバブウェ・グループ（Independent Zimbabwe Group)」であった。

（12） *Ibid.* なお候補者登録を行なったすべての政党の選挙声明と候補者リストは、Zimbabwe Inter-Africa News Agency, *Election Handbook: A Guide to The General Election of July 1985*, ND に収録されている。

（13） Lemon, Anthony, "The Zimbabwe General Election of 1985" *Journal of Comonwealth & Comparative Politics*, Vol. XXVI, No. 1 (Mar. 1988), p. 19.

（14） *Ibid.*, p. 11.

（15） *Herald*, July 6 and 8, 1985.

（16） Lemon, *op.cit.*, p. 7.

（17） *Zimbabue News*, Vol. 16, No. 6 (Oct. 1985), p. 9. なお数字は原文のママ。

（18） Sartori, Giovanni, *Parties and Party Systems: A framework for analysis*, Cambridge Univ. Press, 1976（岡沢憲芙・川野秀之訳、『現代政党学』II、早稲田大学出版部、一九八〇年、三二八頁）。

四　政党の統合とエリートの協調

選挙期間中鎮静化していたマタベレランドおよびこれに隣接するミッドランズ州と西部マショナランド州の一部における反政府分子の活動は、総選挙後再び活発になり、外国人観光客の殺害そして農村部における住民の虐殺などの事件が発生した。すなわちこれらの地域においては、平和と秩序の部分的な崩壊が続いたのである。

ＺＡＮＵ・ＰＦ政権は、この騒乱状態を解決するためにＰＦ・ＺＡＰＵに対して以前にも増して強硬な政策を行なった。すなわち政府は非常事態における権限を行使することによってＰＦ・ＺＡＰＵ党員の逮捕（同国会議員の逮捕を含む）、旧ＺＩＰＲＡ系国軍将校の逮捕、党集会の禁止（一九八七年六月）、そして党事務所の閉鎖（一九八七年九月）などを行ない、ＰＦ・ＺＡＰＵを事実上、活動停止状態においたのである。

こうした政府による一連の強硬措置と並行して、ＺＡＮＵ・ＰＦとＰＦ・ＺＡＰＵの統合、言葉をかえていうならば両党のエリート間の協調が模索された。両党の統合に関してはさまざまな理由を列挙することができる。たとえば⑴ＺＡＮＵ・ＰＦは、社会主義を掲げる政党として一党制の確立を模索した。このための手段としてＰＦ・ＺＡＰＵとの統合を行なった。⑵ジンバブウェ独立前の解放組織の統合と分裂という歴史的プロセスの延長線上において、両党の統合がそれぞれの党執行部によって望まれた。⑶国民統一（national unity）という国家的見地から両党の統合が行なわれた。以上のような立言はＺＡＮＵ・ＰＦとＰＦ・ＺＡＰＵの統合を説明するうえで説得力を持つものといえよう。しかしながら本稿においては次のような問題を設定して両党の統合について考えてみたい。すなわち両党がそれぞれ統合から得られる利益とは何か、である。そこでまず最初に両党のエリート間の協調はいかにして達成されたか、という交渉プロセスについて述べておきたい。

㈠ 交渉のプロセス

ＺＡＮＵ・ＰＦとＰＦ・ＺＡＰＵの統合に関する本格的な交渉は、八五年九月から大統領バナナの仲裁によってはじめられた。(1) 両党の指導部（エリート）による交渉は、最終的に八七年一二月両党党首による「統合協定」の調印という形で結実するが、これにいたる過程において「統合委員会」と呼ばれる両党の党首を除くリーダーシップによって構成される委員会の実務レベルの交渉が六回、そして党首会談が九回行なわれた。記録として残されている交渉の日程は次のとおりである。

統合委員会（Unity Committee）

第一回（一九八五年九月一六日）
第二回（同　九月二三日）
第三回（同　九月二六日）
第四回（同　一〇月一日）
党首会談
第一回（一九八五年一〇月二日）
第二回（同　一一月二八日）
統合委員会
第五回（一九八六年一月一〇日）
党首会談
第三回（一九八六年四月四日）
第四回（同　七月二二日）
第五回（同　一二月二九日）
第六回（同　二月二五日）
統合委員会
第六回（一九八七年四月三日）
党首会談
第七回（一九八七年八月三日）

第八回（同　八月一〇日）
第九回（同　八月二三日）
統合協定調印（同　一二月二二日）

この一連の交渉プロセスにおいて特徴的なことは、「統合委員会」における討議の行き詰まりが「党首会談」によって打開されるというパターンである。統合委員会の次に党首会談が開催されているケースは、すべて統合委員会における討議が行き詰まり、この行き詰まりを打開するために党首会談が開催されたことを示している。また交渉過程における合意は、統合委員会のみによって決定することはできず両党の「中央委員会」の審議に付されたが、最終的な決定権はムガベとンコモ両党首が掌握していた。そしてこのことが両党の交渉を成功へと導いた基本的な要因として指摘することができる。すなわち党首を除く両党の複数のエリートによる交渉においては、両党の急進的エリートの主張が討議の行き詰まりを招来したが、この行き詰まりを打開して再度交渉を継続させ最終的に両党の合意を生み出したのが両党首であった。

(二)　ZANU・PFとPF・ZAPUのエリート間の協調

一九八七年一二月に調印された「統合協定」の骨子は以下の通りである。

(1)　両党は一つの政党に合体する。
(2)　両党の統合はジンバブウェ・アフリカ・民族同盟（愛国戦線）、略称ZANU・PFの名のもとにおこなわれる。
(3)　ZANU・PFは、二人の第二書記と二人の副党首を置く。

(4)　ZANU・PFはマルクス・レーニン主義に導かれた社会主義社会および一党制国家の樹立を模索する。

(5)　PF・ZAPU指導部は、マタベレランドにおける騒乱を鎮静化するために、直ちに積極的な行動をおこす。(2)

以上のような協定によってZANU・PFとPF・ZAPUは最終的に統合されたが、それでは両党にとって政党の統合はどのような意味があったのであろうか。言葉をかえていうならば両党のエリートそれぞれにとって協調することによって得られる利益とは何であったのか。これらの問題を解明する前にまず協調（cooperation）というタームについて考えてみたい。

協調というタームのもつ意味を考えた場合、それは自発的な協調と強制された協調の二つに分けることができよう。そして二つのアクターを想定した場合、協調の組み合わせは、(1)両者が自発的な協調を行なう場合、(2)両者が強制された協調を行なう場合、そして(3)一方が自発的に協調し他方が強制された協調を行なう場合の三つのケースが考えられる。ZANU・PFとPF・ZAPUのケースは、このうち(3)のケースに該当するように思われる。すなわち前者の場合には自発的な協調であり、後者の場合には強制された協調である。そしてこれは両党が協調から得られる利益によって確認することができよう。

ZANU・PFとそのエリートがPF・ZAPUのエリートと協調することによって得られる最も大きな利益とは、マタベレランドとその周辺部における騒乱の鎮静化、すなわち平和と秩序の回復であったとみられる。政権党としてのZANU・PFにとってこれは緊急の課題であった。ZANU・PFは当初から反乱分子とPF・ZAPUとのあいだに何らかの関係があると見なしていたために、ZANU・PF政権は非常事態にもとづく権限を行使してPF・ZAPUを活動停止状態に追い込んだのである。そして同時にZANU・PFのエリートは

PF・ZAPUのエリートと協調することによってこの目的を達成しうると考えたと見てよいであろう。ZANU・PFとその政府にとっては騒乱状態の鎮静化のために大量の軍隊を投入することも可能であった。しかしながら同党にとってPF・ZAPUと自発的に協調することは、はるかにコストのかからない合理的な選択であったといえよう。また統合交渉の過程において、ZANU・PFが再三にわたって交渉の打ち切りを示唆したことは同党の交渉への参加が自発的なものであることを示している。したがって政党の統合に関しても、ZANU・PFにとって統合とは基本的にPF・ZAPUの吸収合併であり、少数派（PF・ZAPU）は多数派（ZANU・PF）に参加すべきである、という対等ではない立場の統合であった。言葉をかえていえばZANU・PFがめざしたものは、PF・ZAPU党員の「仲間への引き入れ（co-optation）」であった。

他方PF・ZAPUの協調は、明らかに外部からの圧力による強制された協調である。PF・ZAPUのエリートたちはZANU・PFの、(1)ムガベを党首とする、(2)マルクス・レーニン主義にもとづく社会主義国家を建設する、といった要求には異存はなかった。しかしながら同党が交渉の最後の段階まで固執した点は、「対等な立場」に立脚した新党の結成であった。すなわちPF・ZAPUの指導部は、政党の統合がZANU・PFへのPF・ZAPUの降伏ではない、という意志をZANU・PFばかりではなくPF・ZAPUの一般党員そしてその支持者に対しても表明しようとしたのである。しかしながら政府の強硬政策によって事実上、活動停止状態に追い込まれたPF・ZAPUのエリートにとっては、ZANU・PFとの統合そしてZANU・PFのエリートとの協調がまさに「生き残り」のための唯一の手段であった。さらにダウンズがいうように政党のメンバーが政権を維持することから生ずる所得、名声および権力に対する個人的な欲望により動機づけられており、またすべての政党の主要目標が選挙における勝利であるとするならば、(3) さらにシュムペーターが主張するように

「各政党の第一の、そして最も重要な目的は、権力に昇るかあるいは権力の地位にとどまるために他の諸政党を圧倒することである」(4)とするならば、エスニック集団間のクリーヴィッジによってこれらの目的を達成することが不可能となったPF・ZAPUのエリートにとって政党の統合そしてZANU・PFのエリートとの協調がもっとも合理的な選択であったといえよう。この意味においてPF・ZAPUにとって協調は「強制された協調」であり、他方ZANU・PFにとってはマタベレランドにおける平和と秩序の回復という目的達成のための手段の選好を変更する余地があったという意味において「自発的な協調」であった。先に述べたように一九八〇年から八二年初頭まで続いた連立政権におけるZANU・PFとPF・ZAPU両党のエリート間の協調は、両者の「自発的な協調」とみることができる。しかしながら八五年から八七年にいたる政党の統合に関する両党のエリートの協調は、「自発的な協調」と「強制された協調」の組み合わせであった。そして結果的に後者の協調のパターンが持続的なエリート間の協調を生み出したのである。

一九八八年三月、大統領ムガベ（八七年一二月の憲法改正によってムガベは、実権大統領に就任した）は、すべての反乱分子に対する恩赦を発表し、他方ンコモも反乱分子に対して武器を捨てるように呼びかけた。その結果、一二二人の反乱分子が投降し、ここにマタベレランドとその周辺地域における「平和と秩序」が回復された。PF・ZAPUは終始、同党と反乱分子のあいだのいかなる関係も否定したが、ンコモの呼びかけに呼応して反政府活動がただちに停止したことは、両者のあいだに何らかの関係があったことを示唆している。

三　政党統合後の有権者

一九八九年一二月、第一回の統一ZANU・PF党大会が開催されて名実ともに両党の統合が完了した。そして九〇年三月の第三回総選挙においてＺＡＮＵ・ＰＦは、一二〇議席中一一七議席（大統領指名議席三〇を除く）を獲得して圧勝した。エスニック集団間のクリーヴィッジの表面化は主要政党の統合の結果、回避された。すなわちジンバブウェにおいてはエリート間の協調によってサブカルチャーに即したクリーヴィッジを覆い隠したのである。ちなみに一九八九年一二月、議会構成に関する憲法改正が行なわれ、議会は二院制から定数一五〇（三〇の大統領指名議席を含む）の一院制へと再組織化された。また同時に行なわれた大統領選挙においてもムガベが圧勝して大統領に再選され、ＺＡＮＵ・ＰＦ副党首ンコモは副大統領に就任した。そしてＺＡＮＵ・ＰＦは、大統領の指名による三〇議席を加えて事実上一五〇議席中一四七議席を獲得したのであった。[5] こうした議会におけるＺＡＮＵ・ＰＦの圧倒的な勢力は、事実上、一党支配体制に近いものである。しかしながら表現、結社、言論の自由が憲法によって認められ、また同選挙において野党が三議席を獲得したことに示されるように小党が「真に独立した地位を持つ敵対者として優位政党に対峙している」状況がジンバブウェにおいては見られる。[6] したがって選挙競合が事実上発生するため、ジンバブウェの政党制はサルトーリの分類にしたがうならば「その主要政党が一貫して投票者の多数派（絶対多数議席）に支持されている政党制」としての「一党優位政党制（Pre-dominant-party system）」というべきであろう。[7] そしてＺＡＮＵ・ＰＦは九五年総選挙後もこの一党優位政党制を維持することになったのである。

以上のようにジンバブウェにおいてはエリート間の協調にもとづく主要政党の統合によって、エスニック集団間のクリーヴィッジが有権者の投票行動を通じて表面化しなくなった。さらに主要政党の統合によってマタベレランドとその周辺地域における騒乱状態も鎮静化し、国内的な平和と秩序が回復された。こうした状況において有権者は政治に対する関心、より正確にいうならば投票行動を通じた政治参加への関心を急速に失っていった。

たとえば、一九八九年一〇月に補欠選挙が行なわれたジヴァレセクワ選挙区では有権者数六万四〇〇〇人のうち投票した者はわずか一万人であった。また八五年総選挙においてZANU・PF候補が五万一〇〇〇票を獲得して当選した東部マコニ選挙区では、同党は八九年末に行なわれた補欠選挙においても議席を確保したが、その候補者はわずか七六二二票しか獲得できなかった。(8) さらに九〇年総選挙においても投票率は五四％、そして大統領選挙においてムガベは、有権者のわずか四二％によって支持されたのである。こうした選挙における有権者の投票率の低下は九五年総選挙、そして九六年の大統領選挙においてもみられた現象である。このような有権者の政治参加に対する消極的な姿勢は、いわゆる「アパシー（apathy）」という概念によって説明することが可能であるが同時にこれは、有権者が国家（政府）から得られる最低限度の利益、すなわち「平和と秩序」が実現されたことに満足している状況を示している、という立言も可能なのではなかろうか。(9)

（1）Chiwewe, Willard A., "Unity negotiations", Canaan S. Banana, ed., *Turmoil and Tenacity: Zimbabwe 1890-1990*, Harare, The College Press, 1989. チウェウェはこの一連の交渉に部分的に参加していた。
（2）*Zimbabwe News*, Vol. 18, No. 13 (Dec. 1987), p. 44.
（3）Downs, Anthony, *An Economic Theory of Decomcracy*, New York, Harper & Brothers, 1957（吉田精司訳、成文堂、一九八〇年、三六頁）。
（4）Schumpeter, Joseph A., *Capitalism, Socialism & Democracy*, London, Routledge, 1996（中山伊知郎・東畑精一訳、東洋経済新報社、一九九五年、四四五頁）。
（5）この点については第九章を参照されたい。
（6）サルトーリ、前掲書、三二九頁。
（7）同上。サルトーリが、「長期にわたって同じ政党が、（得票率はともかく）〈絶対多数議席〉を獲得するのに成功しているのは単なる偶然にすぎない」と述べていることについては疑問の余地がある。ジンバブウェの場合、「一党優位政党制」が見られるようになって以来、総選挙は二回しか行なわれていないが本稿で論じたようにサブカルチャーのクリーヴィッジの克服を目的として主要政党が統合し、その結果として「一党優位政党制」が発生した場合には、絶対多数議席の獲得は単なる偶然ではなく、党エリートたちの慎重な協調による成果だからである。

（8） Ncube, Welshman, "The Post-Unity Period: Developments, Benefits and Problems", Banana, *op.cit.*, p. 313. and *Africa Contemporary Record: Annual Survey and Documents 1988–1989*, New York, Africana Publishing Company, 1992, p. B772.

（9） この点については、第一〇章を参照されたい。

むすびにかえて

本章においては民主主義という政治体制を前提としたうえで、サブカルチャーにクリーヴィッジが存在し、サブカルチャーを越えた国家への忠誠心がエリートのあいだに不十分であり、かつサブカルチャーのクリーヴィッジを越えたエリート間の協調という伝統が存在しない場合には、民主主義体制はいかにして運用されるべきであるか、という基本的な問題意識にもとづいてジンバブウェをケースとして取り上げて分析を行なった。そしてこうした状況が存在するジンバブウェにおいては連合政権が機能することはきわめて困難であり、結果的に連合政権は崩壊してしまった。しかしながらその一方でエリート間にサブカルチャーを越えた国家への忠誠心、そしてエリート間の協調の伝統が存在しなくても、エリートのあいだに一方のアクターの「自発的な協調」と他方のアクターの「強制された協調」が存在し、このエリート間の協調によって主要政党が統合されるならば、国家の基本的な目的である「平和と秩序」を達成することができること、そしてさらに政党の統合によってエリート間の協調を確保したうえで「一党優位政党制」を確立することができるならば、それはサブカルチャーにクリーヴィッジが存在しても民主主義体制を維持するためにはきわめて有効な手段であることをジンバブウェのケースは示している。

本章において論じようとしたもうひとつの論点は、政治行動を規制する諸制度の重要性である。ジンバブウェ人の手によってはじめて実施された八五年選挙にいたる様々な選挙制度の確立とその運用、そしてエリート間の協調を枠づけた政党という制度の在り方などジンバブウェの政治現象そして政治的アクターの活動が、こうした制度によって方向付けられたことは明らかである。ジンバブウェにおいては、まさに民主主義は政治制度のディザインに依存しているのである。

アフリカ大陸においてはそのほとんどの国家がサブカルチャーのクリーヴィッジを抱えており、これが民主主義体制の運営、より根本的には国家の存立それ自体を脅かしているケースが多く見られる。また大部分のアフリカ諸国において内外の圧力により民主主義が国家の政治体制（国家の使用方法）として採用されている。しかしながらこうした諸国のなかには民主主義体制が制度として実効性を持たないようなケースも数多く存在する。したがってジンバブウェのケースは、こうした事態に直面している諸国家を分析する際の一つのモノサシになるのではなかろうか。

第九章　「民主化」と構造調整計画

問題の所在

現代のアフリカにはさまざまな問題が存在する。そしてこれらの問題の中には植民地化から脱植民地化へという歴史の流れのなかで過去の負の遺産を清算すべく顕在化したもの（例えば南アフリカ共和国の人種差別問題、そして植民地時代のヨーロッパ列強による人工的な国境線にその起源を求められる西サハラ問題など）もあれば、同時に現代の国際情勢の変化によって強く触発されたケースも存在する。そして後者の範疇においてもっとも顕著な事例はアフリカ諸国における「民主化・自由化」であろう。

周知のように冷戦の終焉とソ連・東欧諸国における社会主義体制の崩壊、そして民主化と自由化は、世界の各地域に多大な影響を与えた。例えばアフリカ大陸においては、約一六年間にわたって続けられたアンゴラの内戦が、一九九一年五月の和平協定の締結によって一時的に決着をみるに至ったことは、冷戦の終焉という国際情勢の根本的な変化とりわけ冷戦の終焉に由来する部分が少なくない。しかしながら現象面においてこうした国際情勢の変化がもっとも顕著に反映された事例は、アフリカ諸国における「民主化」と「自由化」であろう。なおアフリカ大陸における「民主化」とは、前者については現象的には「体制移行」、制度的には政治制度面における一党制（あるいは軍部政権）から複数政党制への転換、そして「自由化」については経済面における社会主義的統制経済から市場型経済への移行を意味するものととらえてよいであろう。

一九八九年一二月末の時点で、アフリカ大陸の五二カ国のうち一党体制の国家は三〇カ国を数えたが、九〇年一月から九二年一月末までのあいだに、このうちの二五カ国が複数政党制への転換を実施し、あるいは転換を公約していたという。(1) そして九二年八月の時点において一党制を維持する姿勢を崩さなかったのは、マラウィとスワジランドの二カ国であった。(2) すなわち半数近くのアフリカ諸国が「民主化」という国際的な政治的変革に巻き込まれたわけである。

こうした変革のプロセスは現象としてみた場合、一様な外見を呈してはいるが、その内実は多様であろう。したがってこの点に関しては個々のケースを詳細に検討する必要があるが、仮説としては次のような二つのケースを想定することができよう。すなわち、一方の極には主体的な政治参加ないしは自発的な秩序形成の実現を求める「一般民衆」の要求によって、政府・政権党が一党制を放棄したケースを想定できるし、他方の極には政府・政権党が時代の流れを先取りするかたちで主体的に一党制を放棄したケースを想定できよう。そしていうまでもなくこれら二つの極のあいだに位置付けられるケースもあろう。これらの状況において「民主化勢力」の主体とは何か、あるいは「民主化」の担い手は誰か、ということを考えてみた場合、前者のケースにおいてはまさにそれが「一般民衆」であり、後者のケースにおいてはこれまで一党制を敷いてきた政府・政権党ということになろう。そしてこれは、現政権の延命を望む方向で「民主化」を推進するという、いささか形容矛盾であるが「上からの民主化」といえよう。

さて以上のようなアフリカにおける「民主化」に関する全般的な議論を踏まえて、本章においてはジンバブウェの「民主化」について考察する。一九九〇年から九二年という時期は、ジンバブウェにとって独立一〇周年を迎えた数字の上での区切りの時期であったばかりではなく、政治・経済の側面においてもまさに変動期であった。すなわちこの時期、経済的側面においてこれまでの社会主義的統制経済から「経済構造調整計画（略称ESAP）」にもとづく市場型経済への移行が開始され、また政治的側面においては政権党であるZANU・PFの基本路線に転換が生じた。ここでいう政権党の基本路線の転換とは、一党制への移行という年来の目標が正式に放棄されたこと、そして社会主義イデオロギーの見直し作業が進められたことを意味する。したがって、理念的な観点からみて、「一般民衆」の主体的な政治参加や自発的な秩序形成の実現が「民主化」と呼ばれるならば、ジンバブウェの場合、民主化の嵐が吹き荒れたと表現することはいささか正確さを欠くであろう。というのも同国においてはその憲法によって「政党・結社の自由」が保障されているからである。しかし現行憲法のあらゆる規定を改正できる議席数を持ちながらもこの時期にZANU・PFが一党制への移行という年来の目標を放棄し、さらに党のイデオロギーとしての社会主義のあり方について見直しを進めたいう事実は何を意味するのであろうか。そして何がZANU・PFにこうした方向転換を生み出させたのであろうか。こうした問題を考えてみる前に、ZANU・PFが一党制への移行という目標を放棄したプロセスと社会主義イデオロギーの再考作業を時系列的に跡づけてみたい。

（1）　小田英郎「南部アフリカ諸国における民主化の問題について」（『アジア経済』第三三巻第八号、一九九二年八月）六頁。
（2）　「世界ニュース・ダイジェスト」（『現代用語の基礎知識　一九九三年版』別冊付録、自由国民社、一九九三年）

一三頁。

一　一党制支配と社会主義をめぐるZANU・PFの党内論争

㈠　一党制国家論争の終焉

独立以降、ジンバブウェに一党制を樹立しようとするZANU・PFの正式な意思表明は、第七章にみたように、一九八四年八月に開催された第二回党大会の決議の中に見いだすことができる。すなわち同大会決議には、「ZANU・PFの前衛的リーダーシップのもとに一党制が確立されるべきこと」が党の目標として盛り込まれ、また一党制への移行が合法的な手続きを経て実現されるべきことが決議された。[1]そして八〇年代後半における野党第一党であるPF・ZAPUとの一連の合併交渉、その結果として八七年一二月に締結された両党の「統合協定」はZANU・PFの一党制への移行という目標を実現するうえでの重要なステップであった。ZANU・PFはこの結果、上下両院合わせて一四〇議席中一三九議席を占める圧倒的な勢力を獲得した。さらに同月、憲法の改正によってこれまでの議員内閣制からいわゆる「実権大統領制（executive presidency）」へと政治制度が変更されたこともZANU・PFの支配体制を固めるうえでの重要な出来事であった。[2]

こうした情勢を背景として一九八九年一二月、PF・ZAPUとの統合後初のZANU・PF党大会が開催され、同大会においてあらためて一党制の制度化と社会主義イデオロギーの遵奉が確認された。すなわち同党大会において「一党制の樹立」および「ジンバブウェ人民の文化的・歴史的背景を踏まえつつ、マルクス・レーニン主義に即した社会主義」という目標および原則が、党綱領および大会決議にそれぞれ盛り込まれたのである。[3]そして翌九〇年に憲法の「権利章典」に関する特別規定の期限が満了し、議会における三分の二の多数決によって憲法のあらゆる規定が改正できることになった。(4)

一九九〇年三月、直接投票による初の大統領選挙と一院制議会初の総選挙が行なわれた。ちなみに前年の一二月、議会構成に関する憲法改正が行なわれ、従来の二院制から定数一五〇（三〇の大統領指名議席を含む）の一院制議会が誕生した。(5) 総選挙の詳細に関しては次章にて論ずるが、一二〇議席中一一七議席をＺＡＮＵ・ＰＦ、二議席を「ジンバブウェ統一運動（Zimbabwe Unity Movement: ZUM）」そして一議席をＺＡＮＵ・Ｎｄｏｎｇａがそれぞれ獲得した。同選挙における投票率は公式発表によると、登録有権者数（四八〇万人）の五四％であり、この数字は、前回八五年総選挙における投票率九六・八％に比べるときわめて低い。また大統領選挙に関しては、ムガベが再選された。なおこの大統領選挙においてムガベは、有権者数のわずか四二％によって支持され、他方、対立候補のＺＵＭ党首テケレは、有権者の一〇％の支持を獲得した。こうした議会総選挙における低投票率とムガベの低得票率は、ジンバブウェにおける「民主化」との関連において注目すべき事実であるが、この点については後に述べる。(6)

九〇年総選挙の期間中、ＺＡＮＵ・ＰＦはその選挙宣言には一党制の樹立を目標とすることを盛り込みながらも、これに関する同党の候補者の発言はなかったという。ちなみにＺＵＭは、複数政党制の堅持を唱えていた。いずれにせよ総選挙後、ムガベは、同党が指名議席三〇を加えて計一四七議席という圧倒的多数の議席を獲得したことを踏まえて、一党制樹立への委任状が国民によって与えられたと宣言した。そして以後、党内において一党制への移行をめぐる議論が積極的に展開されることになったのである。

一九九〇年四月六日、ＺＡＮＵ・ＰＦの中央委員会定例総会が開催された。ムガベは開会演説において一党制に関する発言を行なったが、その要旨は以下の通りである。(1)国民は統一を維持する決意であり、分裂を許さないであろう。(2)党大会における一党制に関する決議はこうした国民の意思を反映したものであり、それは実現されねばならない。(3)多党制は、わが国家を破局へと導く悲劇的な方策以外の何物でもない。[7] なお五月二日の議会開会演説において、ムガベは一党制の問題に言及しなかった。また一九九〇年五月、ヨーロッパ訪問中にムガベは、財界人との昼食会において次のように発言した。(1)ジンバブウェにおいて導入が検討されている一党制は、東ヨーロッパのものとは異なる。(2)一党制は強制ではなく国民の合意によってもたらされるであろう。(3)ジンバブウェという家族はひとつであらねばならず、国民の多数は一党制を望んでいる。なぜなら彼らは反目を好まないからである。[8]

こうしたムガベの一党制への移行に関する積極的な発言が続く一方で、非政府系マス・メディアを中心に知識人による一党制への移行に批判的な論説が相次いで発表されるようになった。[9] また七〇年代の初頭以来、人権擁護の立場から積極的な活動を展開し、政府批判勢力として重要な役割を果たしてきた「ジンバブウェ正義と平和のためのカトリック委員会」も四月一七日付けの『ヘラルド（*Herald*）』紙に、一党制は基本的人権に反する旨を訴えた大々的な広告を掲げた。[10] さらに経済界においても一党制への移行に関してはきわめて消極的であり、たとえば「ジンバブウェ産業連合（Confederaton of Zimbabwe Industries: CZI）」議長デアリー（John Deary）はこの問題に関して強い懸念を表明した。[11] このように知識人や教会勢力さらに経済界を含めて一党制に反対する世論が次第に形成されていく一方において、日刊紙『クロニクル（*Chronicle*）』が五月九日付けの社説のなかで、現職の有力閣僚である財政・経済計画・開発担当上級相チジェロ（Bernard Chidzero）がニューヨークにて積極的な外資の導入に関連して一党制に対する批判的な発言を行なったと報じたことにより、ZANU・PF党内においても一党制への移行に関してコンセンサスが得られていないことが一般民衆にもはじめて明らかとなった。[12]さらに非政府系の有力月刊誌『モト（*Moto*）』が、[13]一党制をめぐる党内の不協和音を暴露したことはより一層、一般民衆の関心を喚起することになったのである。

公的な場において一党制への移行を積極的に提唱するムガベを中心としたＺＡＮＵ・ＰＦが必ずしも一枚岩的ではないことは、一九九〇年六月二九日、党中央委員会定例総会の開会演説において彼自身が認めるところとなった。一党制に関する彼の発言は次のように要約される。(1)驚くべきことは、政治局および中央委員会においてさえも党の諸原則と諸政策に対する大いに遺憾な姿勢を見いだせることである。(2)「指導者綱領」および「一党制」などの諸政策を私がしばしば単独でも実施しようとする際に、中央委員会の数名の委員がこれに消極的であることに気づいた。(3)我々の民主主義は、ヨーロッパやアメリカの人々ではなくわが人民の意思にしっかりと根ざしたものであらねばならない。[14]さらに彼は、七月一二日ハラレで開かれた記者会見において、党中央委員会のメンバーには一党制に反対する者が存在するため、この問題について中央委員会を招集する必要があると発言し、さらに一党制への移行に対して中央委員会の数名の委員は、「おじけづいている」と厳しく非難した。そしてムガベは、彼個人としては一党制の樹立を謳ったＺＡＮＵ・ＰＦとＰＦ・ＺＡＰＵの「統合協定」、および八九年一二月の党大会において採択された「党綱領」を遵守する旨を再度表明し、一党制への移行に関する積極的な姿勢を崩さなかったのである。[15]

このように一党制に関する在野諸勢力による批判的姿勢、そしてＺＡＮＵ・ＰＦ党内における不協和音は、党執行部にこの問題に関する最終的な意思決定を迫ることになったとみられる。すなわち八月四日付『ヘラルド』紙は党宣伝・公報担当書記シャムヤリラの談話として、八月三日、党政治局会議が開催されたがその内容は公表されず、と報じた。[16] しかしながら八月一〇日付『ファイナンシャル・ガゼット（*Financial Gazette*）』紙は、信頼できる筋からの情報として以下の内容を骨子とする政治局会議に関する記事を掲載した。⑴政治局委員の過半数が一党制の立法化に反対し、既存の多党制民主的政治制度の存続を支持した（一党制を支持するムガベの演説に対して二六人の政治局委員のうち三人ないしは四人が賛意を表明した）。⑵一党制を支持した政治局委員には、副党主・副大統領ムゼンダおよび党宣伝・公報担当書記・外相シャムヤリラが含まれた。⑶多党制を支持した政治局委員には、副党主・副大統領ンコモ、国家安全保障担当国務相セケラマイ（S. Sekeramayi）、公益事業担当国務相ズォゴ（Eddison Zobvgo）、大統領府上級相・地方自治相ムシカ（J. Musika）、内務相マハチ（M. Mahachi）、そして武官としては、陸軍中将ムジュル（A. Mujuru）、空軍中将トゥンガミライ（A. Tungamirai）が含まれていた。[17]

これに対して八月一二日付『サンデー・メイル（*Sunday Mail*）』紙はシャムヤリラの談話を掲載した。彼は同記事が誤りであり、かつ国家的安全保障の侵害であると非難し、政治局には現在の多党制を支持するような局員は一人として存在しなかったと言明し、[18] また八月一二・一八日付の党機関誌『ピープルズ・ボイス（*People's Voice*）』も上記『ファイナンシャル・ガゼット』紙の報道を「無責任なジャーナリズム」として非難したのであった。[19]

一党制への移行に関する党内論争は、次に述べる同年九月二二日に開催された党中央委員会第三回定例総会において「一党制への移行放棄」というかたちで最終的な解決が図られた。すなわち、九月二三日付『サンデー・メイル』紙は、同総会において政府は一党制を立法化すべきでないということが決定された、と報じたのであった。同紙によればムガベは、開会演説のなかで一党制に関して、党綱領および統合協定は一党制国家の樹立を規定しているが、中央委員会の数名の委員はこれとは全く異なる見解を表明していること、他方、社会主義に関しては、ＺＡＮＵ・ＰＦが資本主義のために社会主義を放棄するならば大衆は裏切られ、また見捨てられたことになるであろう、と述べて党の基本路線の遵奉を訴えた。[20] また定例総会終了後の記者会見において、シャムヤリラはきわめて曖昧な発言を行なった。彼の発言の要旨は以下の通りである。中央委員会（定員一六〇人）は、一党制国家の樹立を求める八九年党大会決議を支持することに合意した。そして強制や立法化ではなく、すべてのジンバブウェ人がＺＡＮＵ・ＰＦに参加しうるような集中的な政治的動員と組織化によって、党はこの目標を達成すべく努力すべきである、との議論が総会においてなされた。一党制国家は依然として党の中心的課題であり、この決定は党政治局の決定でもある。（立法化による一党制への移行を行なわないという決定に関する説明を求められて、シャムヤリラは）党は三月の総選挙において議会における大部分の議席を獲得しているためにその必要性を感じていないと述べ、「我々は事実上の一党制国家である」と付け加えた。また彼は、一党制に関する国民投票を実施する必要性は存在しないと言明した。[21]

他方、九月二八日付『ファイナンシャル・ガゼット』紙は同総会について次のように報じた。消息筋によると、中央委員会委員の過半数が一党制の樹立に関して強い懸念を表明した。また一党制の樹立という党の目標を中央委員会が支持したというシャムヤリラの発言も事実と矛盾している。逆に一党制に関する議事にほとんど熱気は感じられなかった。かつて公に一党制の理念を擁護した数名の幹部を除いて、ある委員が一党制を積極的に支持したという記憶はない、と消息筋は語った。[22] さらに非政府系月刊誌『パレード（*Parade*）』一一月号は、同総会の模様を次のように伝えた。二時間半にわたる冷静な討議の結果、立法化による一党制への移行は拒否され、最終的に放棄された。五人に一人の割合で一党制を擁護する発言が行なわれた。中央委員会のコンセンサスは投票の必要もないほど明白なものであった。討議が終了した時点で、ムガベは政治局会議においても同様な結論に達したことを発表した。[23] そして九月末から一〇月初頭にかけてカナダおよび合衆国を訪問したムガベは、一党制に関する立法化は行なわない旨を繰り返し表明したのであった。[24]

(二) 社会主義再考の動き

一党制に関する論争がそれへの移行放棄という形で終焉したあとを受けて、一九九〇年一二月頃よりZANU・PFは中央委員会および同月一五日に初会合を開いた全国諮問会議においてジンバブウェにおける社会主義の在り方、さらにはその是非をめぐる討議を本格的に開始した。そこで以下簡単に事実関係を跡づけてみたい。

一九九一年一月二八日、党人民委員会書記マハチは現在、「指導者綱領」を含めて党のイデオロギーに関する再検討が進行中である、と公式に発表した。[25] そして三月二〇日、同年初の政治局会議がのちに述べる「構造調整計画」の発表を踏まえて開催されたが、同会議においては社会主義というイデオロギーと経済的現実の矛盾をどのように解消するかが主要な議題となったと伝えられた。[26] このようにZANU・PF党内部において社会主義の再検討が続くなかで、九一年三月二二日、第五回中央委員会定例総会が開催された。ムガベは開会演説において、ジンバブウェの社会主義を「実用主義的社会主義(Pragmatic Socialism)」と形容するとともに、それは「ジンバブウェの歴史的、文化的、社会的経験」にもとづかねばならないという党の基本路線を確認した。また会議終了後、シャムヤリラは社会主義に関する討議は終わったわけではなく、今後も中央委員会で討議されるであろうと述べた。[27] また『ピープルズ・ボイス』は、その論説において、ジンバブウェは北欧型の社会民主主義ではなく、社会主義を追求すべき旨を強調したが、これはムガベ→シャムヤリラ→党機関誌編集長ンドロヴ(Charles Ndhlovu)という党内の急進派路線を代表する見解とみることができよう。[28]

その後、党内に中央委員会政治常任委員会が設置され、社会主義の見直しが進められた。そして四月一九日付けの『ウィークエンド・ガゼット（*Weekend Gazette*）』紙は同委員会のレポートの要旨を掲載した。これによると党のイデオロギーは、「民主主義的社会主義（Democratic Socialism）」と形容され、次の二点において他の社会主義と異なるものであるという。すなわち「民主主義的社会主義」は(1)実用主義的、現実主義的、かつ弁証法的なものであること、そして(2)民主主義的諸原則、方法、手続きを強調し、大衆参加を促進するものであること。[29]

このようにZANU・PFは、党上層部においては社会主義のイデオロギーに関する見直し作業を継続するとともに、その一方では各支部を動員して「構造調整計画」に関する説明会を開催した。こうしたなかで四月二七日、チジェロが現状においては社会主義は機能しないと言明したことは、一党制の問題と同じように「社会主義」のあり方をめぐって党内に不協和音が生みだされていることを「一般民衆」に明確に印象づけることになった。[30]その後六月二二日と九月二七日に開催された党中央委員会においても、マス・メディアの報道によれば社会主義についての討議が続行されたのであった。

要するにZANU・PFは、「構造調整計画」の導入によって社会主義という党のイデオロギーとさらに乖離してしまった経済的現状との矛盾に直面して、イデオロギー的矛盾の解消を試みたのであった。[31]

(三) 党基本路線の修正を促した諸要因

一九九〇年、ZANU・PFが一党制への移行に一時的にせよ本格的に乗り出した背景には、憲法の特別規定（政党・結社の自由を含む）の改正がこの年になって議会における三分の二の多数決によって可能となった、という客観的な条件が存在したことを指摘できる。それではなぜZANU・PFは一党制への移行という年来の目標を放棄し、さらに党のイデオロギーとしての社会主義のあり方について見直しを進めたのか、またこの事実は何を意味するのであろうか。この点に関して、ここでは国外的要因と国内的要因、そして政治的要因と経済的要因に分けて考えてみたい。

ＺＡＮＵ・ＰＦの路線転換に関する外的要因のひとつとして指摘しうることは、いうまでもなくソ連・東欧における社会主義体制・一党制の崩壊であろう。こうした社会主義・一党制の威信の低下は、一党制への移行を目標として掲げ、社会主義を遵奉するＺＡＮＵ・ＰＦに大きなインパクトを与えたにちがいない。とくに同政権と友好関係にあったルーマニア・チャウシェスク政権の崩壊は、大きな衝撃であったことだろう。[32] もうひとつの外的要因としては、南部アフリカにおける緊張緩和をあげることができよう。すなわちこれまで政治面においてジンバブウェと鋭く対立してきた南アフリカ共和国が、アパルトヘイト問題の解決に向かって急激に動き出したことは、白人支配の南アフリカ共和国という直接的な脅威に対抗するための国家統一、そしてこれにきわめて有効に作用するといわれてきた一党制、という議論の正当性を減じたといえる。さらにその他の外的要因としては、「経済構造調整計画」すなわち経済の自由化に際して、ドナー諸国やＩＭＦ、そして世界銀行などの国際機関が政府・ＺＡＮＵ・ＰＦに潜在的影響力（ＯＤＡ、融資、投資など）を行使したことも十分に推測できよう。例えば先に触れた一九九〇年六月の党中央委員会定例総会の演説においてムガベが、党の諸原則を放棄して西側の資金を手に入れることによって、党の指導者たちは裏切り者（Iscariots）となるよう勧められていると述べたことはこうした潜在的影響力の行使を想起させるものであり、[33] 同年五月、チジェロがニューヨークにおいて一党制に関する批判的な発言を行なったこと、さらに一党制への移行放棄についてムガベ自身が初めてこれを口にしたのがカナダ・アメリカ合衆国訪問中であったことなどは、彼らの発言がドナー諸国、ＩＭＦ、そして世銀を意識したものであったことが推察されよう。

他方、内的要因としては先に述べたように知識人、実業界、そしてキリスト教会がマスコミなどを通じて反一党制キャンペーンを展開したことを指摘できよう。しかしより重要な要因は、一般民衆のあいだのいわゆる「政治的無関心」の増大であろう。先に述べたように一九九〇年総選挙における投票率は、登録有権者数のわずか五四％であり、前回（八五年）総選挙の投票率九六％に比べると大幅に低下している。これは明らかにZANU・PFによる有権者の動員力が低下していたことを意味するであろうし、また組織としての枠組みが次第に衰退していたことを示している。こうした一般有権者のZANU・PF離れを促進している要因は、彼らの社会・政治的無知にもとづく「伝統的無関心」というよりは、むしろある程度の政治的知識をもちながらも政治に冷淡な「現代的無関心」とみることができる。一般に政治意識の低いといわれる農村部においてもジンバブウェの場合、土地問題が解決されていないために農民たちが政治に対して決して無関心というわけではなかった。

それではZANU・PFの動員力の低下そして一般有権者のZANU・PF離れという現象は、一般有権者の野党支持を招来したのであろうか。ここで留意すべき点は、一般有権者のZANU・PF離れそして同党に対する政治的不支持が必ずしも反ZANU・PFそして反政府ではなかったということである。というのも、少なくともこの時点においては、ZANU・PFに取って代わる政党が、そして一般有権者の政治意識を反ZANU・PFさらに反政府へと導くことができる政党がジンバブウェには存在しなかったためである。例えばZUMはハラレ地域およびマニカランド以外に勢力を拡大することができなかった。さらに一九九一年六月、ZUM内部でリーダーシップをめぐる対立抗争が発生し、その結果、反テケレ派が同党を去り、九月に民主党（Democratic Party）を結成した。すなわちZUMはZANU・PFに対抗しうる政党としてその組織づくりに積極的に取り組まねばならない時期に、逆にその組織的脆弱性を露呈してしまったのである。[34] 他方、ZANU・Ndongaに関しては九二年一月に、議長シトレが亡命先のアメリカ合衆国から帰国したが、同党は特定地域（マシンゴ州東部）、ないしは特定民族（ンダウ人およびシャンガニ人）の政党というイメージを脱却できなかった。[35] ここに有権者のあいだに「現代的政治的無関心」を生みだしている基本的な要因が存在するように思われる。

ところで一般有権者のZANU・PF離れ、そして政治的無関心の背景としてジンバブウェの社会・経済的状況の悪化を看過することはできない。「第一次五カ年計画」の失敗については多くは述べないが、例えば同計画に盛り込まれた年率五・一％という経済成長率（GDP）は達成できなかった。[36] すなわち同期間中の経済成長率は、八六年：〇・一八％、八七年：〇・三％、八八年：六・三％、八九年：四・九％、そして九〇年：一・九％であった。独立以来の年平均成長率（八〇～八九年）は二・七％であり、この平均値は八〇年の一一％、そして八一年の一三％を含むものであり、その後成長率は多少の変動はあるが下降線を辿った。[37] またDSR（対外債務返済率）の八五年以降の具体的な数字は以下の通りである。八五年：二九・四％、八六年：二九・四％、八七年：三三・三％、八八年：二七・五％、八九年：二一・三％、九〇年：二四・五％、九一年：二二％。[38] さらにDOD（Debt Outstanding Dispersal：対外債務残高）のGDPに占める割合は、八五年：五二％、八六年：四九・七％、八七年：五二％、八八年：四九・六％、八九年：四八・九％、九〇年：五五・六％であった。[39]

こうしたマクロ的な経済の悪化に加えて一般市民にとっては、公共交通機関の圧倒的不備、深刻な住宅不足そして潜在的労働者総数の二五％といわれる失業率などが、政府の経済運営に対する不満を引き起こした。全体として政府の非効果的な経済運営は有権者の政治的無関心を一層促進した大きな要因となったと思われる。[40]

（1）ZANU・PF第二回党大会については、第七章を参照されたい。

（2）Constitution of Zimbabwe Amendment（No. 7）, N.D.

（3）Constitution of the Zimbabwe African National Union Patriotic Front: ZANU PF, *Supplement of Zimbabwe News*, Vol. 20. No. 12（Dec. 1989）, p. 2, and *Zimbabwe News*, Vol. 21, No. 1,（Jan. 1990）, p. 12.

（4）Constitution of Zimbabwe Amendment（No. 9）, p. 12.

（5）八〇年憲法に明記された議会構成は、上院（定数四〇）と下院（定数一〇〇）から成る二院制であった。下院には二〇議席の白人指定議席が設置されていたが、この議席は憲法に定められた有効期限の満了にともない一九八七年八月に全廃された。この際、旧白人議席は、下院選挙委員団の選出した者によって補充された。

（6）九〇年総選挙の分析に関しては、以下が参考となる。

Patel, Hasu H., "The March 1990 Elections: Some Comments," *Southern Africa: Political & Economic Monthly*, Vol. 3, No. 6（Apr. 1990）, pp. 3-4; *Parade*,（May 1990）, pp. 6-7; *Moto*, No. 88,（May 1990）, pp. 4-10; and *Zimbabwe News*, Vol. 21, No. 4,（Apr. 1990）, p. 15.

（7）*Zimbabwe News*, Vol. 21, No. 4（Apr. 1990）, p. 15.

（8）*Herald*, 9 May 1990.

（9）一九九〇年一月から六月までの時期、新聞（週刊紙を含む）に掲載された一党制に関する論説（社説を除く）は計一〇編あり、うち六編が非政府系週刊新聞『ファイナンシャル・ガゼット』に掲載され、残る四編が政府系新聞『サンデー・メイル』および『ヘラルド』に掲載された。これら諸紙に掲載された論稿は、以下の通りである。

Dr. Moyo, Jonathan, "Delegates Opposing One-Party State Need Ideological Training Says Party Presidency," *Financial Gazette*, 5（Jan. 1990）; Masuku, Louis, "Beyond Jonathan Moyo's Understanding," *Sunday Mail*, 14（Jan. 1990）; Chakaodza, Borwell, "Putting The Events in Eastern Europe in a Realistic Context," *Herald*, 19（Jan. 1990）; Dr. Moyo, Jonathan, "No Democratic Country Should Forbid by Law The Existence of Any Party," *Financial Gazette*, 30（Mar. 1990）; Reynolds, Lance, "What Zimbabwe Needs is A Multi-Party Democracy, Not A One Party State," *Financial Gazette*, 27（Apr. 1990）; Mamaure, Kempton, "One-Party State A Way For

Leaders to Secure Permanent Tenure of Office," *Financial Gazette*, 6 (Apr. 1990); Rukobo, Andries Matenda, "Concept of Democracy in The Current Debate Is Very Narrow," *Financial Gazette*, 4 (May 1990); Chakaodza, Bornweil, "Economic Issues Should Form Part of Current Debate On One Party State,"*Financial Gazette*, 11 (May 1990); Samupindi, Charles, "One-Party System Has Failed in Africa," *Herald*, 26 (June 1990); "The One-Party State and Some Economic Effects," *Herald*, 27 (June 1990).

(10) *Herald*, 17 April 1990.

(11) *People's Voice*, Vol. 1, No. 2 (9-16 July 1990). CZIとは、「ジンバブウェ産業連合(Confederation of Zimbabwe Industries)」の略称であり、これは一九二三年に結成された産業セクターの代表組織である。なお「ジンバブウェ退役軍人協会・ブラワヨ支部」も一党制の樹立に強く反対する旨を表明した(*Chronicle*, 11 Aug. 1990)。

(12) *Chronicle*, 9 May 1990.

(13) Kabweza, Mukani, "One-Party State: What Support," *Moto*, No. 89 (June 1990), pp. 4-7.

(14) *People's Voice*, Vol. 1, No. 1, Supplement (1-8 July 1990).

(15) *Herald*, 13 July 1990.

(16) *Herald*, 4 Aug. 1990.

(17) *Financial Gazette*, 10 Aug. 1990.

(18) *Sunday Mail*, 12 Aug. 1990.

(19) *People's Voice*, Vol. 1, No. 8 (12-18 Aug. 1980).

(20) *Sunday Mail*, 23 Sep. 1990.

(21) *Ibid*.

(22) *Financial Gazette*, 28 Sep. 1990.

(23) *Parade*, Nov., 1990, p. 7.

(24) *Herald*, 28 Sep. 1990 and 3 Oct. 1990.

（25）　*Herald*, 29 Jan. 1991.
（26）　*Chronicle*, 23 Mar. 1991.
（27）　*Ibid*.
（28）　*People's Voice*, Vol. 2, No. 11（17-23 Mar. 1991）.
（29）　*Weekend Gazette*, 19 Apr. 1991.
（30）　*Weekend Gazette*, 5 May 1991.
（31）　Economist Intelligence Unit 編の *Country Report: Zimbabwe* No. 1（1993）は、ZANU・PFが「社会主義」をすでに放棄したと報じたが明確な根拠はなかった（Economist Intelligence Unit, *Country Report: Zimbabwe*, No. 1, 1993, p. 4)。なおムガベは、一九九八年一二月に開催されたZANU・PF年次総会の演説において、同党のイデオロギーの変遷を内戦当時のマルクス・レーニン主義から独立後の社会主義、そして社会民主主義と融合した社会主義への転換と評した（*The Zimbabwe Mirror*, 11-17 Dec. 1998）。
（32）　ZANU・PFのルーマニア・チャウシェスク政権に対する積極的な評価に関しては、たとえば *Zimbabwe News*, Vol. 19, No. 8（Aug. 1988）, pp. 30-31 を参照。
（33）　*People's Voice*, Vol. 1, No. 1, Supplement（1-8 July 1990）.
（34）　*Manica Post*, 21 June 1991.
（35）　ZANU・Ndongaに対する評価に関しては、たとえば *Tidings*, 31（Jan. 1992）などを参照。
（36）　Republic of Zimbabwe, First Five-Year National Development Plan, 1986-1990, Vol. 1, N. D., p. 13.
（37）　CSO, Quarterly Digest of Statistics, Dec. 1990, p. 14, and Republic of Zimbabwe; Budget Statement, 1991, N. D., p. 19.
（38）　Reserve Bank of Zimbabwe, *Quarterly Economic and Statistical Review*, Vol. 12, No. 2（June 1991）, p. S41.
（39）　*Zimbabwe: A Framework for Economic Reform 1991-95*（13 Jan. 1991）, p. 29.
（40）　交通機関の不備および深刻な住宅不足の問題に関しては、*Parade*, Sep. 1990, pp. 51-72 にチティングウィザをその例として取り上げた詳細なレポートがある。

二　「経済構造調整計画（ＥＳＡＰ）」の導入

ジンバブウェは一九九一年五月から「経済構造調整計画（Economic Structural Adjustment Programme, ESAP）」を開始した。これはいうまでもなく統制経済から市場経済へという転換を意味した。ＥＳＡＰの導入は、単に経済体制の変革にとどまらず、一般市民に多大な社会・経済的影響を及ぼした。そして一般市民に対するＥＳＡＰの社会・経済的影響が彼らのＺＡＮＵ・ＰＦ離れとＺＡＮＵ・ＰＦ不支持の態度をより一層明確化させ、さらには彼らを反ＺＡＮＵ・ＰＦ、反政府へと駆りたてる潜在的な要因として位置づけることができるように思われる。こうした観点からここでは九一年一月一八日付けで発表された『経済改革のための枠組み』にもとづいてその概要を紹介するにとどめ、主としてＥＳＡＰの人々への影響およびその政治的影響について考えてみた[1]い。

(一)　ＥＳＡＰの基本的枠組み

ＥＳＡＰは、基本的に、財政政策、金融政策、貿易自由化、国内規制の緩和、そして社会政策に分けることができる。そこで以下簡単に各項目別にその内容を列挙してみたい。

財政政策については、次の九点にまとめることができる。(1)公共企業体（Parastatal）に対する直接補助金の削減と間接補助金の廃止、(2)公共企業体に対する政府保証の停止、(3)公共企業体による価格統制の廃止、(4)公共企業体の民営化促進、(5)実体のない公共企業体の廃止、(6)政府債務の削減、(7)今後五年間における公務員給与総額の二五％削減、(8)教育・保健医療分野における受益者負担制度の導入、(9)法人・個人に関する税制改革。

金融政策の主たる柱は以下の通りである。(1)国内インフレ率の一〇％まで引き下げ、(2)金融調整政策の実施、(3)新たな金融市場政策の導入、(4)公開市場政策の導入、(5)銀行の新規開設承認、(6)証券取引所委員会の設置。

貿易自由化は、その一部が一九九〇年一〇月から開始されていたが、その概要は以下の通りである。(1)貿易振興のための為替相場運営の円滑化、(2)外貨資金割当制度の廃止と段階的な包括的輸入許可制（Open General Import Licence: OGIL）の導入、(3)一〇〜三〇％の所得税減税と付加価値税の廃止、(4)すべての収益金と配当金の海外送金の自由化、(5)年末（九一年一二月）における包括的貿易計画の発表。

国内規制の緩和に関しては以下の通りである。(1)公正取引委員会（反独占委員会）の設置、(2)投資認可の簡略化と自由化（具体的には、「ジンバブウェ投資センター」の権限強化）。(3)収益と配当金の海外送金に関する外為規制の簡略化と自由化、(4)価格と流通に関する規制の簡略化と自由化、(5)労働条件と労賃に関する規制の簡略化と自由化、(6)小規模セクターとインフォーマル・セクターに対する支援拡大、(7)商取引許可証の廃止、(8)すべてのOGIL品目に対する価格統制の撤廃。

社会的側面については以下の諸点を挙げることができる。(1)技術訓練および職業訓練に力点を置いた教育、(2)生産性の減退を伴わない土地の再配分、(3)産業廃棄物に対する厳格な国家統制、(4)環境保護調査の実施、(5)インフォーマル・セクターに対する規制緩和、(6)公務員一万人削減、(7)公社職員二〇〇〇人削減、(8)一時解雇労働者に対する保障金（いわゆる「社会基金」の設置）。なお九〇・九一年から九四・九五年の経済成長目標は年平均実質五％とされた。[(2)]

(二) ＥＳＡＰの社会・経済的影響

社会主義的統制経済から自由主義的市場経済への移行、そしてＥＳＡＰの導入が人々に直接およぼした否定的な社会・経済的影響としては、生活必需品に関する公定価格の急激な上昇と漸進的撤廃に伴う消費者物価の高騰、教育・保険医療分野における受益者負担制度にもとづく教育費の導入と医療に対する政府補助金の大幅削減、そして労働条件と労賃に関する規制の緩和が盛り込まれた新たな労働法による労働者の地位の弱体化などをその主たるものとして指摘できよう。

さらに公共企業体の政府補助金依存体質を改善すべく、牛乳、牛肉、砂糖そして主食であるメイズ粉（ローラー・ミル）などのほとんどすべての食料品、ガソリンとディーゼル・オイル、さらに電気などの価格が次々と値上げされていった。また公共輸送機関の料金（具体的にはバス料金および鉄道料金）の値上げ、ジンバブウェ・ドルの平価切り下げによる輸入材料の高騰とそれに伴う衣料・雑貨品の値上げなどが急激に発生した。特に都市部においては、地方自治体によって運営される公営住宅の賃貸料、上下水道料金、医療費、営業許可証料金、そして公立学校の施設費（school levy）などの値上げが段階的に実施された。なお公立初等学校における授業料も一九九一年一月から導入された（独立以来、公立初等学校の授業料は無料であった）。さらに農村部の人口過剰と貧困、そして都市における住宅不足に端を発した不法居住者（squatters）の問題も深刻化し、政府はこの解決に有効な手段を見いだせないまま彼らの強制的な移動を繰り返したのであった。消費者物価の高騰そして三〇％を超えるインフレ率、厳しい住宅事情、さらには雇用不安などによって都市部の人々の生活は次第に困窮していった。その結果、都市部での犯罪発生率が上昇し、また犯罪が凶悪化していったことは、都市部住民の日常生活をさらに不安定なものにしていった(3)。

農村部における経済自由化およびESAPの否定的な影響も次第に顕在化していった。これは経済的側面のみならず社会的な側面にもおよんだ。例えば一九九一年一一月一〇日付けの『サンデー・メイル』紙は、この問題に関する独自のレポートを掲載したが、これによれば化学肥料やメイズの種などの価格の高騰は、農村社会にきわめて深刻な影響を与えており、特に農村部の女性たちは物価の高騰によってきわめて苦しい生活を強いられながらも、学歴が無いために雇用機会に恵まれず生活を改善する術をもたなかった。そして生活苦のために両親は子供に対して十分な養育費（教育費を含む）を支出できないといった状況に追い込まれた。またこうした状況は、拡大家族制度（extended family）の衰退によって厳しい条件の中で生活している老人たちにより一層の苦難を強いることになった。さらに伝統的な一夫多妻制度も物価の上昇による生活の窮乏によって解体を強いられたという。(4) さらに農村部の住民は、一九九一年からの二年続きの旱魃によって農業生産に大きな被害を受けたことを付け加える必要がある。

このようにESAPを含めた広い意味での経済改革は、都市部、農村部を問わずその住民に深刻な打撃を与えることになった。そして彼らの生活の窮乏が、政治的無関心、ZANU・PF離れ、そしてZANU・PF不支持をさらに促進し、反政府、反ZANU・PFへと彼らを駆り立てる条件が次第に表面化していった。

都市部・農村部の一般住民の生活条件が次第に悪化する一方において、この時期、「新興アフリカ人企業家（emerging African businessmen）」あるいは「新興アフリカ人企業家階級」と呼びうる人々とその階層がアフリカ人社会のなかで顕在化してきたことは注意すべきであろう。ZANU・PFは、「選挙宣言」に盛り込まれたように、(5) 企業家階級における白人優位体制を変革すべく「新興企業家（emergent businessmen）」の育成を党の基本方針とした。そしてアフリカ人の中・小企業家によって構成される「先住民企業開発センター（Indigenous

Business Development Centre: IBDC)」の第一回全国大会（一九九一年六月一六日）において、ムガベは公共サーヴィス部門におけるアフリカ人の進出を促進することは、大統領の権限として憲法で認められており、したがってその他の部門においてもアフリカ人の進出が認められるべきであると訴えるとともに、先住民企業家を国家経済に効果的に参加させるために政府はあらゆる便宜を提供するであろう、と述べた。[6] こうした状況において「ジンバブウェ投資センター」が、小規模プロジェクトを認可する権限を新たに付与されたことは、先住民企業家、実質的にはアフリカ人企業家育成というムガベ政権の基本方針に即したものといえるであろう。[7]

民間セクターにおけるアフリカ人の進出は、大企業においてはアフリカ人の中間管理職、そして上級管理職への昇進というかたちで増大した。ＣＺＩの調査によれば、一九九一年の段階ですべての上級管理職の三八％をアフリカ人が占め、これは八六年の一〇％から大幅な増大、そして八九年の三七％と比べると若干の増加がみられる。他方、中間管理職については、全体の六八％をアフリカ人が占めている。これも八六年の四五％、八九年の六五％に比べれば確実に増加傾向にある。[8] このことはいうまでもなく経済界における白人の独占的体制が崩壊しつつあったことを意味すると同時に、アフリカ人高額所得者の増加を示している。

経済界におけるアフリカ人中・小企業家の育成と進出、そして大企業の管理職へのアフリカ人の昇進は、おもにＺＡＮＵ・ＰＦムガベ政権のいわゆる「アフリカナイゼーション」政策にもとづいて生み出された現象であるといえよう。言葉をかえていうならば、彼らの利益はＺＡＮＵ・ＰＦ政権に大きく依存していた。したがって彼らの政治意識あるいはＺＡＮＵ・ＰＦに対する考え方も他のアフリカ人労働者のそれとは当然異なったものと考えられるし、彼らの利益が保全・促進される限りにおいてＺＡＮＵ・ＰＦに対する彼らの姿勢も肯定的なものとなったとみられる。彼らは社会的にはいうまでもなく少数派であるが、第三世界の社会構造に顕著にみられるい

わゆる「パトロン・クライアント・システム」によってクライアントの政治的動員が可能であったことに留意すべきである。(9)

以上のようなアフリカ人一般民衆の窮乏化、そして他方における新興アフリカ人企業家の登場と大企業におけるアフリカ人管理職の増加、言葉をかえていうならばアフリカ人富裕階層の出現は、アフリカ人社会の階層分化が進みつつある事実を示しているであろうし、またこれにもとづいてアフリカ人の中に多元的な政治意識を生み出す状況が形成されつつあったとみられる。これとの関連でいえば、一九九〇年四月から六月にかけて発生した看護婦と教員のストライキ、そして九二年一月に発生した国営ジンバブウェ鉄道労働者によるストライキに対して政府が行なった措置は、労働者の政府に対する評価を二分させるような結果を生み出したと思われる。すなわち政府は、正看護婦、正教員、そして熟練鉄道労働者に関しては彼らの要求をほぼ認めたのに対して、準看護婦、準教員（無資格教員）、そして未熟練鉄道労働者に関しては、解雇を含む厳しい措置で臨んだのであった。これは政府が労働者の資格の有無にもとづいてストライキに対処したことを示しており、こうした措置は資格を持たない労働者に政府に対する不信感さらには反政府感情を植え付けたとみることができよう。

（1）「経済改革のための枠組み」に関する詳細な紹介は、林晃史「ジンバブウェの新五カ年計画：一九九一―九五」（『アフリカ・レポート』一四号、一九九二年）、三三―三六頁を参照。

（2）*Zimbabwe: A Framework for...*, and Standard Chartered Management Services, *Zimbabwe: Framework for Economic Reform (1991-1995), A Checklist of Key Strategies & Benchmarks*, 20 Feb. 1991.

（3）消費者物価の高騰、および個々の品目の値上げについては、Economist Intelligence Unit, *Country Report: Zimbabwe*, Malawi の一九九〇年から一九九二年の各号が参考になる。

（4）*Sunday Mail*, 10 Nov. 1991.

（5）*ZANU PF Election Manifesto: ZANU PF and the 1990 General Election*, N.D., p. 17.
（6）*Sunday Mail*, 16 June 1991.
（7）*Ibid.*
（8）*Business Herald*, 12 Dec. 1991.
（9）「パトロン・クライアント・システム」については、Clark, Robert P. *Power and Policy in The Third World*, New York, John Wiley and Sons, 1978, pp. 69-106 が参考になる。

三　有権者の政治的無関心と在野勢力

(一)　総選挙後の政治的無関心

前節に述べたような社会・経済的な状況を背景として、一九九〇年八月と九月に議会補欠選挙がチホタ（Chihota）とチコンバ（chikomba）の二選挙区において、翌九一年八月に地方市議会選挙が、そして九二年五月にムベレンガ（Mberenga）とチルマンズ（Chirumanzu）の二選挙区において議会補欠選挙が行なわれた。チホタとチコンバにおける議会補欠選挙は、ＺＡＮＵ・ＰＦの動員力の低下、そして有権者のＺＡＮＵ・ＰＦ離れと政治的無関心を示すものとなった。チホタでは結果的にＺＡＮＵ・ＰＦの候補が得票率九〇％以上で当選したが、登録有権者数四万七〇〇〇人のうちわずか三九二三人しか投票せず、投票率は八・三％と低迷した[1]。またチコンバにおいてもＺＡＮＵ・ＰＦが議席を獲得したが、投票率は二二・九％であった[2]。事態を重視した党指導部は、その末端組織に対して党の活性化と動員力の強化を命ずるとともに、選挙候補者の選定に際しては一般党員の参加による予備選挙の実施を決定した[3]。

地方市議会選挙のためのＺＡＮＵ・ＰＦ予備選挙は、一九九一年六月から八月にかけて各都市で実施されたが、カリバ（Kariba）選挙区のように候補者の選定をめぐって党員のあいだで衝突事件が発生した地域やブラワヨ選挙区のように票の操作が行なわれた地域、さらにはマシンゴのように候補者の選定が難航した結果、本選挙が延期された地域も存在し、党の末端機構が十分な凝集性や統制を欠いていることを露呈した。(4)

地方市議会選挙の結果、各地方都市においてＺＡＮＵ・ＰＦが大多数の議席を獲得したが、その投票率は先の議会補欠選挙のそれを下回り、あらためてＺＡＮＵ・ＰＦ党組織の弱体化、有権者のＺＡＮＵ・ＰＦ離れと政治的無関心を印象づけた。この低投票率について具体的にいくつかのケースを挙げるなら次の通りである。ブラワヨ第一二区：二〇％、同第二一区：九・八％、チノイ（Chinoi）：一七％、そしてハラレは全体で一一％、同地域で有権者登録数の最も多いクワザナ（Kuwadzana）選挙区においてはわずか三・一％であった。(5)さらに党の活性化と党員の積極的参加をめざして導入された予備選挙も、先に述べたような候補者選定をめぐるトラブルに加えて、予備選挙で落選した党員が無所属で出馬して当選し、逆に党の公認候補が落選するというケースが少なからずみられ、必ずしも積極的な効果を生み出さなかった。(6)このため党指導部は、次回の予備選挙からその運営を党末端組織に全面的に委ねるのではなく、党中央委員会委員の管理の下に行なうことを決定したのであった。(7)こうした党指導部の努力にもかかわらず、ＺＡＮＵ・ＰＦの党としての再活性化および党員の積極的動員策は成果を挙げたとはいえない。一九九二年五月に行なわれたムベレンガおよびチルマンズにおける議会補欠選挙は、ＺＡＮＵ・ＰＦの圧勝に終わったが、(8)両補欠選挙においてもその投票率が二〇％を下回ったことは、この事実を端的に示しているといえよう。

(二) 在野勢力の動向

先に述べたような社会・経済状況の悪化に主として起因すると思われる一般民衆、より正確にいうならば低所得有権者のZANU・PF離れは、反ZANU・PF、反政府の方向に向かいつつあったにしても、それは有権者の投票行動に反映されなかった。その最大の理由は、ZANU・PFに対抗しうるような在野勢力が存在しなかったためである。要するに九〇年代初頭の時期に、有権者の政治的無関心を反ZANU・PF意識へと転化させ、有権者に政治的に実効性のある選択肢を提示できるような政党が存在しなかったということである。ZUMは、その獲得議席(二議席)がマニカランドのものであることに示されているように、支持基盤がマニカランドおよびハラレ周辺に限られており、ZANU・PFにかわりうる選択肢という評価を確立することができなかった。さらに九一年に生じたリーダーシップをめぐる内部分裂(前述)や党首テケレと南ア財界との癒着などのスキャンダル、そして一部の選挙区における地方議会選挙のボイコットなどは、一般有権者に与えるZUMのイメージを大きく損なったといえよう。[9] 他方、ZANU・Ndongaも先に述べたように特定地域、特定民族の代表政党として性格を脱することができなかった。

在野政党の活動が低迷するなかで、一九九二年七月、ZUM、ZANU・Ndonga、「統一アフリカ民族評議会(United African National Council: UANC)」、そして「ローデシア戦線(RF)」の後継組織である「ジンバブウェ保守同盟(Conservative Alliance of Zimbabwe: CAZ)」は、統一戦線として「国民民主同盟(National Democratic Union)」を結成した。さらに一九九二年五月、企業家、カトリック関係者、知識人、在野政治家などが主としてZANU・PFの一党制への移行に反対した勢力を中心とした「民主改革フォーラム(Forum for Democratic Reform: FDR)」が結成された。同組織は当初の予定通り、一九九三年三月、「ジンバブウェ・フォーラム党（Forum Party of Zimbabwe)」に発展解消した。しかしながらこれらの新興政党は、次章で述べるように有権者の支持をほとんど得ることができなかったのである。

（1） *Herald*, 24 Aug. 1990.
（2） *Sunday News*, 16 Sep. 1990.
（3） *Chronicle*, 28 Sep. 1990.
（4） *Herald*, 1 July 1991; *Chronicle*, 1 July 1991; *Weekend Gazette*, 2 Aug. 1991.
（5） *Herald*, 6 Aug. 1991.
（6） *Herald*, 14 Aug. 1991.
（7） *Sunday News*, 18 Aug. 1991.
（8） Economist Intelligence Unit, *Country Report: Zimbabwe, Malawi*, No. 3, 1992, p. 11.
（9） 南アフリカ共和国の資金にまつわるＺＵＭのスキャンダルについては、*Manica Post*, 23 Aug. 1991 を参照。

むすびにかえて

ＺＡＮＵ・ＰＦの一党制への移行放棄は、先に述べたアフリカにおける「民主化」の仮説に照らしていうならば、一般民衆による「民主化」というケースよりも、政府・政権党が時代の流れを先取りするかたちで主体的にこれを行なうというもう一方のケースに近いように思われる。あるいはこれは党路線の修正にすぎなかった可能性もある。しかしながら一党制への移行放棄という党路線の修正は、明らかにアフリカにおける「民主化の波」のなかで発生した現象であり、また一党制への移行に反対した勢力は、一党制への移行を「民主主義」、「民主化」という文脈のなかでとらえ、これに否定的な評価を下した。したがって一党制への移行放棄は、たとえこれが単なる党路線の修正であっても「民主主義」、「民主化」の潮流を意識して行なわれた決定であり、この意味においてアフリカにおける「民主化現象」のひとつとして位置づけることができるであろう。

八〇年総選挙後の社会・経済的条件の悪化は、確実に有権者の政治的無関心、そしてZANU・PFに対する政治的不支持層を増大させた。しかしながら九〇年代前半の時点においては有権者の政治的無関心、政治的不支持はイコール反ZANU・PFあるいは反政府的姿勢へとは転化されなかった。なぜならば政治的無関心そして政治的不支持から反政府的姿勢への発展に必要な条件、すなわち一般民衆の社会・経済的不満を結集し、ZANU・PFに対抗しうるような受け皿が存在しなかったためである。しかしながら他方にはZANU・PF政権の下でその恩恵を受け、自らの利益を増大させる社会勢力も存在した。先に述べた「新興アフリカ人企業家」階級はこの典型的な事例であった。

第一〇章　ジンバブウェにおける民主主義とその意味

——装置としての国家とその使い方——

問題の所在

本章は、ジンバブウェにおける国家と人々、そして民主主義のあり方について考察しようとするものである。国家と人々（国民）、そして民主主義といったテーマに関しては、様々な観点から論ずることが可能である。たとえば国家に関しては「国民的一体性の上に形成される近代国家」という意味における「国民国家（ないしは民族国家）」という概念に立脚して「国民的一体性」を尺度としてこれを論ずることができるし、また民主主義に関しては、ダール（Rober A. Dahl）の「ポリアーキー」の概念に立脚して「公的な異議申し立て」と「参加」という二つの尺度を使って民主主義の条件をどれだけ満たしているのかを分析することができるであろう。

本稿における基本的な視点は「国家」に定められており、民主主義もこれとの関連において論じられる。すなわちジンバブウェという国家とそこに住む人々との関係、そしてそこにおける民主主義をどのように考えることができるか、というのが本稿の主要なねらいである。そしてここにおける議論は、装置としての国家、その使い手としての有権者そして国家の仕事の対象となる人々、すなわち使い手→装置（部品）→対象、に限定して議論を行なう予定である。[1] そこでまず「装置としての国家」という概念、そしてこの概念を踏まえて国家に関連するその他の様々な概念を特定する。つぎに以上の議論から導き出される「装置としての国家の使用方法の一つとしての民主主義」という観点から民主主義の定義を行なう。

このような装置としての国家、そして国家と関連づけられる様々な事物の概念そして国家の使用方法の一つとしての民主主義という論理にもとづいて、本稿は一九九一年以降のジンバブウェにおける主要な社会・経済的変動が国民にどのような影響をおよぼし、そしてそれが選挙の結果にどのように反映されたかを分析することによって国家と人々(あるいは国家と社会)の関係、そしてそこにおける民主主義のあり方について論じようとするものである。

(1) 本章で論ずる国家論および民主主義論は、根岸毅の以下の著作にもとづくものである。「国家とは何か」萩原能久、根岸毅、田中宏、河野武司、向山恭一著『国家の解剖学』所収、日本評論社、一九九四年、四〇―一〇九頁。『政治学と国家』、慶應通信、一九九〇年。「政治における試行錯誤の機会―もうひとつの民主主義論―」、石川忠雄教授還暦記念論文集編集委員会刊『現代中国と世界―その政治的展開―』、慶應通信、一九八二年。

一　国家そして民主主義という概念

一般に民主主義という言葉には二つの用語法が存在する。一つは、政府が実行に移す政策の決め方に関連づけられ、もう一つは政府が実行する政策の内容に関連づけられている。[1] そして前者に関連する議論として政治体制論がある。政治体制とは、「政治権力が社会内で広範な服従を確保し、安定した支配を維持するとき、それを形づくる制度や政治組織の総体をさし……、狭くは支配者個人に着目して使われるが、広くは支配者階級やパワー・エリートを支える社会制度や政治文化の全体をいう」と定義することができる。(2) そしてこの政治体制論において、自由民主主義論、多元主義デモクラシー論、エリート・デモクラシー論、多極共存型デモクラシー論、ネオコーポラティズム論、さらには全体主義論、そして権威主義体制論などが論じられてきた。(3) 言葉をかえていうならば、政治体制論の主要な論点は、「装置としての国家の使い方」の問題である。したがって次に「装置(しくみ)としての国家」という概念とその概念をふまえた民主主義の概念について論じる必要がある。以下根岸毅の議論を紹介することによってこの論点を明確にしたい。

根岸によれば、「国家とはルールの設定とその維持をそれに特有の仕事とする社会的装置」、として定義することができる。ここで「ルール」といった場合、国家は様々な「ルール(規則)」を設定し、これを維持していることはいうまでもない。そこで国家が設定し維持する最も基本的な「ルール(規則)」とは何か、言葉をかえていえばこの「ルール(規則)」を設定し、維持することなしには「国家」とはいえない、という「ルール(規則)」とは何かを考える必要がある。なぜならば、これこそが国家の中で暮らす人々が最低限度、国家に期待するものと考えることができるからである。この点に関してたとえばT・ホッブスは、国家の目的を「人間の安全の保障」とした。(4) 本章は、ホッブスの議論に即して国家が設定する最も基本的な「ルール(規則)」を「人間の安全を保障する」ための「ルール(規則)」と捉え、これを具体化したものとして「刑法」に盛り込まれた様々な「ルール(規則)」を想定する。

ところで根岸によれば「装置としての国家」から特定できるものは以下の通りである。

(1)　装置としての国家……「政府」(広義)と同義語、

(2) 装置としての国家の使い手……有権者、主権者、支配者、治者、

(3) 装置としての国家に「特有の仕事の対象」の立場にある人々……国民、被支配者、被治者、

(4) 「国家の秩序」について語るときに想定している「社会関係」……装置としての国家がそれに特有の仕事を実行した結果として生ずる状態。つまり「特有の仕事の効果」のこと。すなわち装置としての国家が国民を対象として規則を設定し、それを維持するための施策を行なうと、国民の間に、特定の型の行動が排除され、その結果として特定の型の行動のみが許容されて残るという状態、すなわち一定の規則だった関係が生まれる。これが通常の言葉で言う「国家秩序」である。

(5) 装置の「部品」の立場にある人々……通常の言葉では、これらの人々は「公務員」(最広義)と呼ばれる。装置としての国家は、これらの人々から構成されることで、はじめて一個の実体となる。そしてこれら一連の出来事の中で、国家を国家たらしめる根本は、国民の間に規則だった関係が存在する状態であり、この状態は、規則の設定と維持という仕事の実行を通して実現される。根岸によれば、この仕事を実行するための道具としてつくられたのが装置としての国家である。(5)

以上のように社会的な装置として国家そしてそこから導き出される様々な概念を特定した上で民主主義を定義するならば次のように定義しうる。すなわち「民主主義とは、国家(政府)という装置(しくみ)を使う機会を持つ人々(使い手)<有権者>の範囲を、そのしくみが作用をおよぼす対象としての人々<国民>のできるかぎり大きな部分とした上で、その使い手の人々にそのしくみを使う上で試行錯誤の機会を最大限に保証すること」である。(6)

(1) 根岸毅「政治における試行錯誤の機会……」、八〇四頁。

（2）阿部斉・内田満編『現代政治学小事典』、有斐閣、一五六－一五七頁。
（3）政治体制については、山口定『政治体制』、東京大学出版会、一九八九年を参照されたい。
（4）永井道雄責任編集、『ホッブス』（世界の名著　第二八巻）、中央公論社、一九七九年、一九二頁。ホッブスは、「人間の安全の保障」について次のように述べている。「人々が外敵の侵入から、あるいは相互の権利侵害から身を守り、そして自らの労働と大地から得る収穫によって、自分自身を養い、快適な生活を送ってゆくことを可能にすること。同上書一九五－一九六頁。
（5）根岸毅「国家とは何か」、一〇七－一〇八頁。
（6）根岸毅「政治における試行錯誤の機会……」、八〇六頁。

二　ジンバブウェにおける民主主義――その制度的側面――

ジンバブウェにおいて国家という装置の使い手（有権者）としての条件は「一八歳以上のジンバブウェ国民ないしは、一九八五年一二月以来ジンバブウェの永住権を有している者」（ジンバブウェ憲法附録3項）と規定され[1]、さらに有権者による国家を使うための活動、特に選挙に関する様々な活動――立候補、選挙運動、投票などの活動――は、「選挙管理委員会」によって管理されること、そして選挙は「効果的、適切、自由、そして公平」に行なわれるべきことが「選挙法」によって定められている[2]。こうした規定にもとづいて国家の使い手としての有権者には十分な試行錯誤の機会が提供されており、この意味において、ジンバブウェには国家の使用方法として民主主義が少なくとも制度的に存在するといえる。しかしその一方で、民主主義の絶対条件である有権者の試行錯誤の機会を減ずるような規定が存在することにも留意する必要がある。すなわち、

(1) 一五〇議席からなる議会において、このうち三〇議席が実質的に大統領による指名議席であること。

(2) 政党法（the Political Party Act, 1992）によって議会に一五議席以上を有する政党のみが国家から活動資金を提供されること。

などである。

のちに述べるように与党「ジンバブウェ民族同盟・愛国戦線（Zimbabwe National Union Patriotic Front, 以下ZANU・PF）」が議会において圧倒的な多数（一二〇の直接選挙議席中一一七議席）を占めていた状況においては、こうした規定はZANU・PFの政党活動にのみ有利に作用していたことは明らかであり、他の政党は少なくとも以下の条件を満たさないかぎり議会で多数を制することはきわめて困難であった。すなわち、

(1) 自党の候補者が大統領に選出されること。

(2) 有権者の多様な利益を明確化し、さらにこれを党の政策として集約する政党の基本的な機能を遂行するための十分な活動資金が確保されていること。

さらに一九九〇年代初頭にこの試みは事実上放棄されたが、ZANU・PFが議会における圧倒的多数を背景として憲法を改正することよって政党・結社の自由を排除し、一党支配体制を確立しようとしたことは、有権者に装置としての国家を使う上での試行錯誤の機会を著しく損なう行為であり、この意味において非民主主義的な行為であった。(3)

ところで本章において論じようとする問題は、国家という装置の一つの使用方法としての民主主義が制度としてのみ存在するケースである。すなわち民主主義という国家の使用方法においては国家（政府）がある仕事を行なった結果として、その仕事の対象となる国民に不利益を生み出した場合、国民（民主主義においては、同時に有

権者となる）は国家を使うための活動（選挙）によって「やり直し」をすることが可能である。そして民主主義の絶対的要件である試行錯誤の機会（やり直しの機会）が制度として保証されている場合、試行錯誤（やり直し）に必要とされる副次的要件は、次の二点であると考えられる。すなわち第一点は、選挙の運営に従事する「選挙管理委員会」がそれに期待された仕事すなわち「効果的、適切、自由、そして公平な」選挙を実行することである。そして第二点は試行錯誤（やり直し）をするため有権者に与えられる選択肢の問題である。すなわちこの選択肢は有権者が前回の選挙で選んだ選択肢以上に国民の利益となる仕事を行なうことが有権者によって予想されるものでなければならない。そしてこの二つの条件が満たされないかぎり、有権者は試行錯誤の機会（やり直しの機会）を活用しようとはしないであろう。これが本章でいう民主主義が制度としてのみ存在するケースの内容である。

有権者は試行錯誤の機会を活用して別の選択肢を選んだ結果、自分たちの利益がさらに損なわれることを恐れる。そして有権者が前回の選挙で選んだ選択肢以上に国民の利益となる仕事を行なうことが有権者によって予想される選択肢が存在しない場合、有権者の行動は二つに分けることができるであろう。一つは前回と同じ選択肢を選ぶ。もう一つは棄権する、である。そしてここで特に注意すべき点は前者の場合である。先に「国家（政府）がある仕事を行なった結果として国民に不利益を生み出した場合」と述べたが、国家（政府）の仕事は、そのすべてが常にすべての国民を対象とするとは限らない。たとえば旱魃時における食料緊急援助は、ある農村部のある地域に限定され、都市住民を対象としない。言葉をかえていえば国家の仕事がもたらす不利益は、時と場所によって大きな差を生じるということである。そしてこのもたらされる不利益（あるいは利益）の度合いは、人々（国民）の国家に対する姿勢に大きな差を生み出すであろうし、また投票行動にも反映されるであろう。

(1) *Constituion of Zimbabwe*, the Government Printer, Harare, pp. 90–91.
(2) *Electoral Act*, the Government Printer, Harare, p. 119.
(3) ZANU・PFの一党支配体制への動きについては、第九章を参照されたい。

三　九〇年総選挙後の社会経済的状況

(一)「経済構造調整計画(ESAP)」とその影響

一九九一年から開始されたEconomic and Structural Adjustment Program: ESAPは大きく二つの部分に分けることができる。一つは統制経済から市場経済への転換に必要な様々な措置、そしてもう一つはこうした措置によって生み出された不利益から社会的な弱者を救済するためのプログラム、いわゆる「調整の社会的側面(Social Dimensions of Adjustment: SDA)」と呼ばれるものであった。前者の措置として具体的には、(1)財政赤字の削減と公共企業団体(parastatal)の民営化および金融政策の制度化、(2)貿易政策と外国為替制度の自由化、(3)国内規制の撤廃などが掲げられた。このうち(2)と(3)については概ね満足のいく成果を上げることができたが、(1)については八九年から九四年のあいだに政府支出はGDPの四六%から三九%に削減されたものの十分ではなく、とくに公務員の削減とパラステータル(公社)の民営化は決して満足のいく成果を上げていない、というのが世界銀行の評価であった。(1)

ESAP開始後、消費者物価は補助金の廃止によって高騰し、インフレ率は九二年には四二%まで跳ね上がった。(2)そしてパンやメイズミールの価格は、九五年当時、ESAP開始当初の四倍以上になっている。また貿易自由化によって市場には南アフリカ製をはじめとする様々な外国製品を含む日常消費物資が豊富に流通するようになったが、その一方で大手繊維メーカーの「コーン・テキスタイルズ」社のように外国製品との競争に敗れて倒産する企業も相次ぎ、大量の失業者を生み出した。こうした結果、失業率は九二年の二二％から九六年は三五％に上昇した。(3)

都市部で暮らす人々は、農村部で暮らす人々に比べて国家によるサーヴィスに依存する部分が大きい。たとえばＥＳＡＰ以前、食料品の価格そして公共料金（水道、電気、バス料金など）に対する国家統制によって最も恩恵を受けていたのは都市部の人々、特に貧困層であった。こうした人々やフォーマルセクターから生み出された失業者は、インフォーマルセクターに生活の糧を求めていたとみられるが、ＥＳＡＰの開始以来、都市部の人々が生活条件の悪化によって不満を募らせていたことは明らかである。

これに加えて九一・九二年にジンバブウェは近年まれな大旱魃に見舞われ、農業は大不振に陥り、さらに九四・九五年の雨期にも十分な降雨を得られなかったために農業生産は停滞した。これは天候に恵まれれば（つまり十分な降雨量を得られれば）基本的に生存が可能な農村部の人々（人口の約七〇％）にとってはみずからの生活を根底から脅かす深刻な問題であった。そのため政府はこうした人々に対する緊急食料援助に忙殺されたが、この時期、農村部からのいわゆる「スクウォッターズ（squatters）」と呼ばれる不法居住者が都市周辺部に住みつき都市部の社会秩序は悪化した。

旱魃に対する緊急援助は別として、先に述べたようにＥＳＡＰによって国民、特に貧困層と失業者にもたらされた不利益を改善するために計画されたのが、ＳＤＡであった。すなわちこれは、(1)公務員の削減、(2)主食であるメイズミールに対する補助金の撤廃、(3)保健医療、初等教育授業料の導入とその他の教育費の増額などによってもたらされた世界銀行のいうところの「暫定的」な生活苦を改善することをその目的としていた。そして食費、教育費、保健医療費などへの補助を行なう「社会的安全ネット」計画と、公務員の削減措置によって影響を受ける人々のための職業訓練計画が掲げられていた。したがって国家（政府）と国民、あるいは国家と社会の関係という観点からESAPを見るならば問題とされるべきは、まさにSDAがその目的を十分に達成し得たか否かということである。

SDAは、これが計画通り実施されたならばESAPによって国民にもたらされた様々な不利益、たとえば食費・日常消費物資の価格の高騰や保健医療費・教育費・交通費などの受益者負担は大幅に改善されたことであろう。しかしながらSDAはその実施の過程において多くの問題点を露呈し、当初の目的を達成することができなかった。すなわち世界銀行によれば、

(1) 事前調査が不十分であったためにSDAの対象となる受益者がその数およびその居住地域の面で十分に特定されていなかったこと。

(2) SDAの資金そのものが不十分であったこと。

(3) SDAの運用が中央のレベルで行なわれたために地方の要望をこれに反映できず、その結果都市に偏重したものとなってしまったこと。

(4) 一九九一年のSDAの発表後、政府はコーディネーターの任命に一八カ月を費やしたこと（これは旱魃対策が政府にとっての優先事項となったため）。

(5) SDAの適用を受けようとする者は自己申告しなければならなかったが、申請手続きが複雑でその上コストが掛かったために多くの最も貧しい人々を排除してしまったこと。

(6)　SDA補助金制度に関する政府の運用基準が複雑かつ独断的なものであったこと。
(7)　失業者に対する職業訓練はその期間が短く、またその内容自体が需要に見合っていなかったこと。[4]

かくしてジンバブウェ政府は、SDAの欠陥を是正するために意思決定の地方分権化、およびプロジェクト実施に関する郡（district）レベルと地区（ward）レベルにおける事前承認が盛り込まれた「貧困緩和行動計画（Poverty Alleviation Action Plan）」を開始した。

この世界銀行の報告書から確認できることは、ESAPはジンバブウェの人々にそれ以前よりも大きな生活苦をもたらしたということである。そして特に先に述べたように都市部で暮らす人々はこれによって農村部で暮らす人々よりも生活条件の悪化を体験することになったと思われる。そしてこれは九五年一一月の首都ハラレにおける暴動、九六年初頭のジンバブウェ大学における争乱、そして九六年八月と一〇・一一月の公務員ストを引き起こした大きな要因として考えることができるであろう。以下これらの事件を簡単に概観する。

(二)　社会的騒乱

〔九五年一一月ハラレにおける暴動〕

ハラレにおける暴動はこの月二回発生している。一回目は一一月三日、二回目は一〇日である。前者の暴動が発生したきっかけは、窃盗犯に対して警官が発砲した銃弾が誤って歩行者等に命中し三人が死亡したことにある。警官がこの事故に迅速に対応しなかったことに激怒した群衆は暴徒と化して投石などで警官を襲い、最終的に機動隊（riot squad）が導入されて暴動は鎮圧された。[5]

後者の暴動は前者を上回る規模となり、新聞報道によれば、一〇台以上の乗用車が破壊され多くの店舗が損傷を受けたり盗難にあった。この結果被害総額は数百万ジンバブウェ・ドルに達した。この騒乱は、ジンバブウェの人権擁護団体である「ZimRights」がジンバブウェ大学、ハラレ専門学校の代表らとともに先の暴動で死亡した被害者を追悼するためのデモ行進を行なったことに端を発している。新聞報道によればデモ行進が一応終了した時点で、一部のデモ参加者が突然騒ぎだし、これに「失業中の若者たち」が加わって暴動が発生した。暴徒はハラレ中心部で破壊、略奪を行なったが、最終的に警察の力によって鎮圧された。(6)

これらの暴動は、首都ハラレにおいて独立以来初めて発生した大規模な暴動であった。事件の直接的な原因は必然的に暴動へと導く可能性を内包するものとはいいがたいが、それが暴動へと発展した理由はESAPを実施し、それによって生活条件の悪化をもたらした国家(政府)に対して都市部の住民が強い不満を持っていたことを指摘できるであろう。

〔九六年初頭のジンバブウェ大学における騒乱〕

国立ジンバブウェ大学学生によるストライキとこれを排除しようとする機動隊との衝突は、ほぼ毎年発生しているが、九六年初頭の騒乱の直接的な原因は、政府が学生に対する食費と奨学金の支払いを怠ったことにある。これは最終的に大学副総長の辞任へと発展した。(7)この大学における騒乱は、単に政府の行政上の不手際ばかりではなく、人々に生活条件の悪化をもたらしたESAPに対して学生が強く反発していたことにも大きな原因があった。

〔九六年八月の公務員ストライキ〕

このストライキの経緯は、以下の通りである。すなわち政府は一九九五年に公務員給与の見直しを行ない、六〇%の上昇を決定したが当面の財源不足のために九六年から年間二〇%の上昇を三年にわたって行なうことになった。しかしながら政府は同年七月からの二〇%の賃金ベースアップを怠ったためにこれに抗議すべく公務員はストライキを行なった。ジンバブウェにおいては公務員のストライキは禁止されており、公務員・労務・社会福祉担当相チタウロ（Florence Chitauro）は、当初ストライキ参加者との交渉拒否およびストライキ参加者七〇〇〇人の即時解雇を発表したが、政府の行政上の不手際が判明したためにこれを撤回し、さらに二〇%のベースアップ分をさかのぼって支払うことを公約して約二週間にわたって行なわれた「ジンバブウェ独立以来最悪のストライキ」は終了した。しかしこのストライキによって政府の被った損失は数百万ジンバブウェ・ドルと算定され、のちに確認されたところによればストライキ参加者数は約二万人に達した。(8)

このストライキは直接的には政府の行政上の不手際によって発生した。しかしながらその背景としてESAPに盛り込まれた公務員の削減措置などが公務員の危機感を駆り立てていたことを看過することはできない。これは次に述べる公務員ストライキについても同様である。

〔九六年一〇・一一月の準医師と看護婦による公務員ストライキ〕

国立病院の準医師（junior doctor）と看護婦は、賃上げと労働条件の改善を求めてストライキを行なった。これに対して政府は、約二〇〇〇人の看護婦と二〇〇人の準医師を解雇したが、ジンバブウェにおける労働組合の連合体である「ジンバブウェ労働組合会議（Zimbabwe Congress of Trade Union, 以下ZCTUと略す）」は、これに抗議して政府に対する対決姿勢を打ち出し、公務員組合（the Public Service Association）、ジンバブウェ教員組合（the Zimbabwe Teachers Association）、ジンバブウェ教会評議会（the Zimbabwe council of Churches）、そしてZimRightなどもZCTUの動きに同調した。政府はこうした動きに対して機動隊によって抗議運動（デモ）を鎮圧するとともに「治安維持法」にもとづいてZCTU事務局長ツァンギライ（Morgan Tsvangirai）を含む

多数の抗議運動指導者を拘禁した。そして一二月初頭までに抗議運動は政府の強硬措置によって鎮静化された。(9)

上記の事例から確認しうることは、以下の諸点である。

(1) 騒乱状態は都市部で発生したこと。

(2) 公務員の抗議運動に対して政府はきわめて厳しい措置を課したこと。

そしてこうした騒乱の背景として指摘しうることは、ＥＳＡＰの結果もたらされた生活条件の悪化とＳＤＡの不十分な実施を含めた国家の仕事が、人々のあいだに国家に対する不満を蓄積させていた、ということである。そして次に問題とされるべき点は、以上のように国家（政府）の仕事に対する国民の不満が社会的騒乱という形で顕在化した状態で、国民（有権者）は装置としての国家を使うための活動としての選挙を十分に活用し、それによって国家を国民にとって使い勝手のよいものにしようとしたか否か、ということである。そこで次に検討されるべき問題は九五年総選挙と九六年大統領選挙の結果である。

（１） World Bank Operations Evaluation Department, OED Prêsis, *Structural Adjustment and Zimbabwe's Poor, Annual Reviews,* Number 105, February 1996, (ＵＲＬは' www.worldbank.org/html/oed/pr105-2.htm).
（２） Republic of Zimbabwe, *Budget Statement,* 1996, p.4.
（３） *Ibid.,* p.5.
（４） World Bank Operations Evaluation Department, *op.cit.*
（５） *Herald,* November 4 1995.
（６） *Herald,* November 11 1995.
（７） *Herald,* March 9 1996.
（８） *Herald,* August 29, September 1 and 20 1996.

(9) *Horizon*, December 1996, pp.12-13 and Christmas/January 1997, p.8.

四　九五年総選挙と九六年大統領選挙

(一) 九五年総選挙

九五年三月に行なわれた総選挙の詳細は以下の通りである。ちなみに選挙制度は、八五年総選挙以来、小選挙区制が採用されている。

投票者数は、有権者総数の約三一%と推定されZANU・PFは一二〇の直接選挙議席中一一八議席を獲得した[1]。得票総数は一一四万票、これは有権者総数約四八〇万人の二三・七五%である。ちなみに有権者総数は、選挙管理委員会から公表されなかったが九〇年総選挙時とほぼ同数と推定されている。また今回の選挙では一二〇の直接選挙議席中六五議席を対象に選挙が行なわれた（残り五五議席は、対立候補不在のため無投票でZANU・PF候補者が当選した）。これは二六〇万人の有権者（有権者総数の約五四%）が投票の機会を与えられたことを意味し、このうち一四八万二六六〇人の有権者（五七%）が実際に投票した。そしてZANU・PFの得票数は、投票数の約七七%に当たる。

他方、野党勢力は、「ジンバブウェ・アフリカ民族同盟・ンドンガ（Zimbabwe African National Union Ndonga: ZANU (Ndonga)」が三〇人の候補者を立て、九万三五四六票（全投票数の六・三%）を集め二議席を獲得した。同党は、当時、唯一の野党であったが、支持基盤は北部チピンゲ選挙区と南部チピンゲ選挙区に限られていた。フォーラム党（Forum Party）は二六名の候補者を立て、八万八二二三票（五・九%）を、そして他の小政党と無所属は七万四七三二票（五％）を獲得した。

選挙管理委員会は、無効票について言及しなかったが、無効票は一〇万票以上（七％）と推定され、さらに一〇万六九五六人の有権者が、選挙人名簿の不備のため投票できなかった。選挙管理委員会によって発表された選挙人名簿の不備とは、具体的には以下の通りである。(2)

(1) 投票用紙の引換券を持っているにも関わらず自分の名前が選挙人名簿に記載されていない。

(2) 選挙人名簿に記載された名前のミス・スペリング。

(3) 国民登録番号の誤り、あるいは国民登録番号の喪失。

(4) 違う選挙区の選挙人名簿に登録された個人あるいは地域ブロック。

装置としての国家の使用方法としての民主主義という観点から見て、この総選挙の結果から確認し得ることは、以下の通りである。

(1) 有権者の約四六％がやり直しの機会を生かすことができなかったこと。これは一二〇の選挙区すべてに候補者を擁立したのはＺＡＮＵ・ＰＦただ一党であったことによる。

(2) 実際に投票を行なった有権者の圧倒的多数（七七％）がＺＡＮＵ・ＰＦを支持したこと。

(3) 約一〇万七〇〇〇人の有権者は、選挙運営の不備のためにやり直しの機会を奪われてしまったこと。

(二) 九六年大統領選挙

これは、ジンバブウェが実権大統領制（exective presidency）に移行して以来二回目の大統領選挙であり、一九九六年三月一六日・一七日に投票が行なわれた。同選挙には現大統領・ＺＡＮＵ・ＰＦ党首ムガベ（Robert

G. Mugabe)、統一党（United Parties）党首ムゾレワ（Abel Muzorewa）、そしてZANU（Ndonga）党首シトレ（Ndabaningi Sithole）が立候補した。ムゾレワとシトレは、投票日直前に立候補を取り消す声明を発表したが、選挙法によれば立候補の取消は投票日に先立つ二一日前までと定められているために、両者の立候補取消声明は無効となった。

選挙結果は以下の通りである。

有権者総数：四九〇万人

公式投票率：三一・八％（都市部、二〇％、農村部六〇％）

有効投票数：一五一万四〇六一票

無効投票数：　四万三四九七票（総投票数の二・八％）

候補者別得票数

第一位：ムガベ（得票数：一四〇万四五〇一票、得票率：九二・八％）

第二位：ムゾレワ（得票数：　七万二六〇〇票、得票率：　四・八％）

第三位：シトレ（得票数：　三万六九六〇票、得票率：　二・四％）

選挙区別得票率

（ムガベ）

最高得票率、九六・二％、（中部マショナランド選挙区）

最低得票率、八三・六％、（ブラワヨ選挙区）

ムガベはマタベレランドの三選挙区では得票率は九〇％を下回ったが、それ以外の地域においては、九〇％以上の得票率であった。

（ムゾレワ）

最高得票率、一三・五％（ブラワヨ選挙区）

最低得票率、二・四％（マシンゴ選挙区）

ムゾレワは、都市部において善戦した。

（シトレ）

最高得票率、六・八％（マニカランド選挙区）

最低得票率、一・三％（中部マショナランド選挙区）

シトレは、南部チピンゲ選挙区と北部チピンゲ選挙区の二つの選挙区にて善戦した。

なお大統領選挙においても有権者名簿記載漏れ、そして有権者が誤って別の投票所へ行ってしまったなどのアクシデントが多発した。(3)

(三) ジンバブウェの有権者にとって選挙の意味するもの

大統領選挙においては、先の議会選挙と異なり、すべての選挙区の有権者が投票することが実質的に可能であった。また大統領は、有権者の直接投票によって選出されることが憲法に定められている。他方、ジンバブウェには、たとえば議会における三〇の大統領指名議席、そして超法規的な行政指導が可能な「非常事態(State of Emergency)」の発令など強大な権限を持つ実権大統領制が同じく憲法に定められている。したがって九一年のＥＳＡＰ開始以来、国家（政府）が先に述べたような不利益を国民に与えたとすれば、有権者（国民）

はこの大統領選挙を「やり直し」の機会として考えることができたはずである。しかしながら実際には有権者の約七〇％はこの機会を活用せず、また実際に投票を行なった大多数の有権者も現職の大統領に投票した。そして同じことは議会選挙の結果についてもいえるであろう。選挙の行なわれた六五の選挙区中六二の選挙区で与党ZANU・PFは圧倒的な勝利を収めたのである。

こうした事実、すなわち国家（政府）がその仕事の対象としての国民に不利益をもたらしたにも関わらず、国民（有権者）は「やり直しの機会」として選挙を活用しないという事実、そして選挙を活用した有権者（国民）は、その圧倒的多数が自分たちに不利益をもたらした政党に投票する、という事実はどのように考えればよいのであろうか。言葉をかえていえば「国家（政府）を、できるだけ多数の国民にとって、できるだけ使い勝手のよいしくみにすること」が国家の使用方法としての民主主義であるとすれば、ジンバブウェの国民はこの使用方法を十分に活用していない、ということになる。(4) それではなぜジンバブウェの国民（有権者）は、この使用方法を十分に活用していないのであろうか。

先に民主主義の絶対的要件である試行錯誤の機会（やり直しの機会）が制度的に保証されている場合においても、二つの副次的要件が満たされないかぎり有権者は試行錯誤の機会（やり直しの機会）を活用しようとはしないであろう、と述べた。

ジンバブウェの場合、九五年の総選挙において一〇万六九五六人の有権者が、選挙人名簿の不備のため投票できなかったり、また南部ハラレ選挙区で選挙人名簿の不備のためにやり直し選挙が行なわれたことなどに示されるように「選挙管理委員会」の不手際が顕在化したが、民間の選挙監視団の報告書そしてアメリカ合衆国国務省のジンバブウェの人権に関する報告書によれば、九五年選挙は「概ね自由かつ公平な」なものとして評価されており、第一の副次的条件は満たされたといえる。[5] 問題となるのは第二の副次的要件であろう。先に示した九五年総選挙と大統領選挙の結果から見ても明らかな通り、野党そして野党候補者は、有権者が「試行錯誤（やり直し）」のための選択肢とみなしたと認識できるほどの票を獲得していない。すなわち両選挙において野党は、国民（有権者）が前回の選挙で選んだＺＡＮＵ・ＰＦ以上に国民（有権者）の利益となる仕事を行なうことが国民（有権者）によって予想されなかったといえよう。このことから民主主義という国家の使用方法が少なくとも制度的に存在しているにも関わらず、ジンバブウェ国民（有権者）が、民主主義の絶対的要件である試行錯誤の機会（やり直しの機会）を活用しなかった一つの理由を特定することが可能である。

　しかしここで残された問題は、ＺＡＮＵ・ＰＦがＥＳＡＰの開始以後明らかに国民に不利益をもたらしながらもなぜ圧倒的な得票数を確保することができたのか、ということである。すなわち、ＺＡＮＵ・ＰＦ以外に有効な選択肢が存在しないとしても、同党が国民に不利益をもたらしたとするならば、有権者は少なくともＺＡＮＵ・ＰＦに対して積極的には投票しないはずである。しかしながら実際には前回の総選挙とほぼ同じ程度の得票率を同党は獲得している。[6] これは有権者の多数派が、ＺＡＮＵ・ＰＦを通して国家という装置を使った場合にＥＳＡＰによってもたらされた不利益以外の利益を得ていると考えられる。そこで次にこの問題について考えてみたい。

（1）なお南部ハラレ選挙区において同年一一月にやり直し選挙が行なわれ、無所属の候補が当選した。その結果、ＺＡＮＵ・ＰＦの議席数は一一七となった。

（2）*Horizon*, May 1995, p.17.

（3）*Herald*, March 20 1996.

（4）　根岸毅「政治における試行錯誤の機会」、八〇七頁。
（5）　U.S. Department of State, Zimbabwe Human Rights Practices, 1995, March 1996,（ＵＲＬは、gopher://gopher/state/gov: 70/00ftp%3ADOSFan%3A03%20Publications%20-%20Major%2）
（6）　九〇年総選挙におけるＺＡＮＵ・ＰＦの得票率は約八〇％であった。*EIU Country Report, Zimbabwe,* Malawi, No.2 , 1990, p.11.

五　国家と人々の関係

ジンバブウェの国民（有権者）が、ＺＡＮＵ・ＰＦを通じて装置としての国家を使うことによる利益とは何であろうか。すなわちそれは、

(1)　「人々の安全の保障」がＺＡＮＵ・ＰＦを通じて装置としての国家（政府）を使うことによって実現されること。

(2)　緊急時（たとえば旱魃による被害）における国家援助を期待しうること、

の二点を指摘できる。

第一点については次のように考えることができる。ジンバブウェの国民（有権者）は試行錯誤の機会を活用して別の選択肢を選んだ結果、「安全の保障」あるいは安定した国家秩序という自分たちの最低限度の利益が損なわれることを恐れていた。そして有権者が前回の選挙で選んだＺＡＮＵ・ＰＦという選択肢以上にこの仕事をより良く行なうことが有権者によって予想される選択肢が存在しなかったために、有権者の投票行動は二つの選挙

結果に現われたように「前回と同じ選択肢を選ぶ」、あるいは「棄権する」という形を取ったのである。要するに「人々の安全の保障」という「装置としての国家」に特有の仕事を実現できる政党は、当時のジンバブウェにおいてはＺＡＮＵ・ＰＦ以外に存在しなかった、ということである。

第二点は、すべての有権者の投票行動を説明できるわけではない。これは特に農村部の人々のそれに当てはまる。海外のマスコミによる報道やアメリカ合衆国国務省のジンバブウェの人権に関するレポートは、ＺＡＮＵ・ＰＦの幹部が、同党に投票しなければ国家による旱魃時の食料緊急援助や農村開発援助が得られない、と語って農村部の有権者を威嚇し、また有権者もそれを信じていると伝えた。(1) これは別の見方をすれば、選挙において農村部の人々がＺＡＮＵ・ＰＦを支持するならば、国家による旱魃時の食料緊急援助や農村開発援助を期待できる、ということであった。

前述のようにジンバブウェの人口の七〇％は農村部で生活しており、天候に恵まれるならば（すなわち農業生産にとって十分な降雨量が得られるならば）生存が可能である。したがってこの条件が満たされるならば、大幅な生産の拡大（これには国家によるサーヴィスが必要となる）を望まないかぎり、農村部で生活する人々の国家サーヴィス（国家の仕事）に依存する部分は都市部の人々に比べて限定的なものとなる。さらに農村部に居住する大半の人々はその所得水準の低さのために所得税を免除されている。したがって国家による「人々の安全の保障」そして旱魃時の食料緊急援助を、ＺＡＮＵ・ＰＦを通じて期待できると農村部の住民が想定しうるならば、彼らにとっては同党を支持する積極的な理由となったであろう。これに加えて農村部における社会形態を類別するならば、これはいわゆる「ゲマインシャフト」の範疇に属する。そしてゲマインシャフトの最小単位である村社会の頂点に立つのが、ジンバブウェの人口の七五％を構成するショナ人のあいだではサブク（sabhuku）と呼ばれる村長あるいはヘッドマンである。このようなゲマインシャフトにおいてサブクとZANU・PFとのあいだにパトロン・クライアント関係や互酬システムが存在し、さらにサブクと村人のあいだに同じような関係が存在したとすれば、こうしたシステムはZANU・PFにとって効果的な「集票マシーン」として機能したことであろう。(2) 以上の議論は、それが仮説を含むものであっても、大統領選挙における農村の投票率が都市部の三倍の六〇%であったことの一つの説明となる。それでは都市部の住民と国家の関係はどうであろうか。

先に述べたようにESAPは都市部で暮らす人々に農村部で暮らす人々よりも生活条件の悪化をもたらした。というのも彼らは、農村部で暮らす人々に比べて国家によるサーヴィス（国家の仕事）に依存する部分が大きいためである。

ところで先に社会的な騒乱として掲げた事例から確認しうることは、これらの騒乱が(1)都市部で発生していること、(2)国家の仕事に依存する部分が大きい人々によって引き起こされた、ということである。すなわちこれらの人々は、装置としての国家の部品である公務員であり、国立大学・専門学校の学生であり、失業中の若者であった。彼らは価格統制の撤廃にともなって高騰した都市における様々な行政サーヴィスにたいする受益者負担を求められるとともに、ESAPの柱である政府財政支出の削減によって最も影響を受け、あるいは職業訓練などのSDAによって救済されるべき人々であった。彼らが二つの選挙において野党や無所属の候補者に投票した可能性は否定できない。しかし仮にそうであったとしても装置としての国家を彼らにとって使い勝手のよいものにすることはできなかった。というのも彼らは社会的には少数派にとどまるからである。彼らは国家を使うための活動として選挙ではなく、抗議運動（ストライキ、デモ行進）という活動を選択した。この意味において社会的騒乱は、ESAPの影響とSDAの履行における国家の不手際そして行政の機能不全によって大きな不利益を被った都市在住の人々が行なった国家に対する抗議運動であった。しかしながら国家（政府）は権力によってこうした活動を押さえ込んだ。国家（政府）は国家秩序を乱すと判断した活動に対しては、たとえそれが国家の不手際そして行政の機能不全が原因であってもこれを力によって排除するということを示したのがハラレにおける暴動、大学における騒乱、そして公務員のストライキに対する国家の措置であった。これは国家と直接的な関係にある人々（装置としての国家の部品である公務員）、あるいは国家の仕事の直接的な対象となる人々（国立教育機関の学生や失業者）に対してはジンバブウェは強い国家であるということができる。言葉をかえていえばこうした人々が構成する都市社会と国家の関係は非常に密接であり、国家は都市社会に浸透している、ということである。これは国家の仕事によって著しい不利益を受けた一部の国民（彼らは都市部に住み、国家との関係において直接的な位置にある人々）にとってジンバブウェという国家は、きわめて「傲慢な国家」といいかえることもできるであろう。(3)

まとめていうならば農村部に暮らす人々にとって国家との関係は、彼らの生活が基本的には自給自足が可能であるがゆえにきわめて限定的であり、彼らが最低限、国家に期待する仕事は緊急時の援助を除けば、「安全の保障」であろう。この点は、国家のサーヴィスに日常的に依存している都市部の住民とは大きく異なる。都市部の住民も「安全の保障」を求めていることはいうまでもない。しかしながら都市部においては、これ以外の国家によるサーヴィスも人々が日常生活を営む上で欠くことのできないものになっていることに留意する必要があろう。

農村部の人々と国家の限定的な関係は、その経済活動において国家からきわめて自立的なインフォーマル・セクターに属する人々についてもある程度当てはまるであろう。インフォーマルセクターに属する人々と国家の関係については、今後の研究課題となるが、仮説としていえることは彼らがＺＡＮＵ・ＰＦを通じて装置としての国家を使った場合に得られる利益すなわち「安全の保障」という利益が得られるかぎり、「試行錯誤（やり直し）の機会」を積極的に活用する必要はないであろう、ということである。

（1）U.S. Department of State, *op.cit.* and ANC DAILY NEWS BRIEFING (MONDAY 18 MARCH 1999) @ MUGABE-VOTE PRETORIA March 16 1996 Sapa,（ＵＲＬは、gopher: //gopher.anc.org.za:70/00/anc/news-brief/1995/news0318).

（2）パトロン・クライアントそして互酬システムの概念については、拙稿「アフリカ諸国の官僚制に関する試論－官僚制の作動環境と機能不全－」、林晃史編『民主化以後の南部アフリカ』所収、アジア経済研究所、一九九六年、を参照されたい。

（3）*Horizon*, December 1996, p.12.

むすびにかえて

本章は、「装置としての国家」そして「国家の一つの使用方法としての民主主義」という観点から、ジンバブウェ国民（有権者）にとっての国家とその使用方法としての民主主義のあり方について論じてきた。第九章では、九〇年の総選挙と大統領選挙、そして九一年の地方選挙においてみられた人々の政治に対する姿勢を有権者の「政治的無関心」という概念を用いて説明したが、本章は有権者の政治に対する態度を別の観点から説明しようと試みたものでもある。

こうした観点は、一般的に論じられている西欧の歴史的経験に立脚した「民主主義論」とは全く異なる視点である。すなわち仮に「民主主義」を政治的「近代化」の一つの産物としてとらえ、工業化、都市化、中産階級の勃興（市民社会の存在）、そして核家族化などの尺度を持ってジンバブウェの民主主義を論ずるならば、ジンバブウェの民主主義はまさに原初的なものとみなされてしまうであろう。これは「公的な異議の申し立て」そして「政治への参加」という二つの尺度を用いても同じような結論に到達する。

本章においてもう一つ意図的に避けようとした観点は、いわゆる「部族」あるいは「エスニック・グループ」の問題である。ジンバブウェの国民は人口の七割以上を占めるショナ人と二割程度のンデベレ人そしてその他の少数エスニック・グループによって構成されている。こうした観点から「与党ZANU・PFイコール、ショナ人の政党」と捉えるならば選挙における同党の圧勝を容易に説明することができるであろう。しかしながら同党はンデベレ人の居住地域においても圧倒的な勝利を収めているし、またショナ人といっても高度な同質性が存在するわけではなく、ゼズル人、カランガ人、ンダウ人、コレコレ人、カルァンガ人そしてマニカ人という具合にサブ・エスニックグループに分類することができる。さらにZANU（Ndonga）がンダウ人の居住地域であるチピンゲの二つの選挙区で議席を獲得した事実によって「部族主義政党」であると規定するならば、同党がその他の選挙区にも候補者をたて、さらに党首シトレが大統領選挙に立候補した事実はどのように説明しうるのであろうか。このことからも「部族」あるいは「エスニック・グループ」という観点からのみジンバブウェという「国家」を論ずることには限界があろう。論じられるべき点は、複数のエスニック・グループの存在を前提とする社会と国家との関係であり、ジンバブウェという国家の果たしてきた、そして今後果たすべき役割であろう。

本章におけるジンバブウェの民主主義に関する議論は次のようにまとめることができる。すなわちジンバブウェという国家の使用方法として民主主義が定められているが、この民主主義は制度的なものにとどまっており、ジンバブウェの国民（有権者）は「試行錯誤（やり直し）の機会」としての民主主義を積極的に活用しなかった。

その理由は以下の通りである。

(1)　ZANU・PFを通じて装置としての国家を使った場合に国民（有権者）は、国家がそれに特有の仕事である「人々の安全の保障」という仕事が果たされると考えていた。

(2)　(1)に関連して、国民（有権者）が、「試行錯誤（やり直し）の機会」を積極的に活用しZANU・PF以外の選択肢（ZANU・PF以外の政党ないしは無所属候補者）を選択しても、ZANU・PFを通じて装置としての国家を使ったときに得られる利益以上のものを有権者は期待できなかった。言葉をかえていえば、有権者にとってはZANU・PF以外に現実的な選択肢が存在しなかった。

(3)　装置としての国家の仕事の結果として生じる著しい経済的不利益が国民の多数派におよんでいなかった。こうした著しい不利益は、装置としての国家の部品を構成する公務員、国立教育機関の学生、そして失業者など都市部に在住し国家（政府）と直接的な関係にある人々、あるいは国家（政府）の直接的な救済措置の対象となるべき人々に限定されていた。彼らは国家を使うための活動として、選挙以外の活動、すなわちストライキ、デモなどの活動を通じて国家を使い勝手のよいものにしようとした。

(4)　国民（有権者）の七〇%が農村に在住し、農業を専業とする彼らは天候に恵まれるならば生存が基本的に可能な状態にある。また彼らの大半は所得税の免除措置の対象となっている。こうした意味において、都市部と比較すれば国家と農村社会の結びつきは弱く、また農村部の人々の国家の仕事への依存は限定的である。したがって農村部の人々が国家に最低限期待するものは、ジンバブウェという国家が少なくとも「刑法」に盛り込まれた様々な「ルール（規則）」を維持することによって「人々の安全を保障すること」であったといえよう。(1)

(1) 「人々の安全の保障」という目的のための具体的な「ルール(規則)」として、ジンバブウェに関しては本章で指摘した「刑法」に加えて、「治安維持法」そして「非常時権限法」なども考慮すべきであるという議論は可能である。というのもこれらの「ルール(規則)」は、「国家秩序の維持」をその目的としているためである。したがって「国家秩序の維持」が「人々の安全の保障」を実現するものであると考えるならば、これらの「ルール(規則)」も考慮されるべきであろう。

しかしながら本章では次のような理由において「人々の安全の保障」のための具体的方策から「治安維持法」と「非常時権限法」を除いた。すなわち①これらのルールはジンバブウェの独立に先立つ「ローデシア」時代に成立したものであり、その一義的な目的は当時の非民主的な人種差別体制の維持にあった。このため特に「治安維持法」は「ジンバブウェ憲法」に盛り込まれた「権利の章典」に反するという議論がつねに、法曹界においてなされてきたこと(*Horizon*, December 1996)。②これらの「ルール(規則)」は、その適用の仕方によっては民主主義の絶対的要件である「やり直し(試行錯誤)の機会」を大幅に減ずる可能性を有していること、である。

あとがき

アフリカ政治研究、そしてジンバブウェの政治研究をはじめてからすでに二〇年以上の歳月が経過した。この間、我が国におけるアフリカ研究者の数も次第に増え続けた。しかしながら平均的な日本人のアフリカに対するイメージは、依然として「暑い地域」、「暗黒大陸」、そして「野生の王国」といったところではなかろうか。こうしたイメージは、程度の差こそあれ欧米の人々のあいだにも垣間見ることができるように思われる。いずれにせよ本書によってアフリカに興味を持つ人々が少しでも増えるならば、私にとってはこれにまさる喜びはない。

今日、民主化が達成されたといっても、大半のアフリカ諸国は民主主義を制度としていかに定着させるかというさらに困難な課題に直面している。他方、同諸国は、経済的には低迷状態から脱することができず、その一方で貧富の差が次第に拡大するという現象が見られる。政府は、単独では「国民」に対して十分なサーヴィスを提供できず、外部からの開発援助に頼らざるを得ない。さまざまな外国政府機関、公的国際機関、そして国際NGOがアフリカ諸国で活動を展開している。

しかしながら問題なのは、これらのアクターの活動する地域に住む人々はその恩恵を受けることができるが、援助の対象地域以外に住む人々にとってはその恩恵がほとんどない、ということである。少なくとも現在の段階では、すべての「国民」にサーヴィスを提供する義務と責任を課されているのは個々の国家であり、そして装置としての国家を運営する政府なのである。人々が国家に期待する役割と国家が人々に提供できるサーヴィスのあいだには常にギャップが存在する。それではアフリカというセッティングにおいて、このギャップはいかにして埋めることができるのであろうか。あるいはより基本的な問題として現在のアフリカにおいて望ましい国家の役割とは何か、そして少数派を疎外することなしにこの国家を民主主義的に運営するためにはどのような条件が必要なのか。これはアフリカ政治研究者に課された大きな課題の一つであり、私自身の現在の研究テーマでもある。

さて本書は、大学院時代から現在にいたるまでの研究成果をまとめたものである。各章の初出は以下のとおりであるが、本書に収録するにあたりそれぞれ大幅な加筆、修正を行なった。

「転換期におけるローデシアの政治分析―白人右派政権の登場から一方的独立宣言まで―」『アジア経済』第一八巻第一二号　昭和五二年（一九七七年）一二月

「ローデシアにおける少数白人支配の制度化過程とその国際的影響」『アジア経済』第二〇巻第二号　昭和五四年（一九七九年）二月

「移行期におけるローデシアの政治的潮流とその変動」『アジア経済』第二〇巻第一二号　昭和五四年（一九七九年）一二月

「ローデシア白人政権の終焉と多数支配への政治変動」小田英郎編『七〇年代南部アフリカの政治・経済変動』所収、アジア経済研究所、昭和五七年（一九八二年）九月

「ジンバブウェにおける連立政権の誕生と崩壊」『アジア経済』第二三巻第九号　昭和五七年（一九八二年）

九月

「ジンバブウェにおける国民形成―ZANU（PF）の党再建活動と第二回党大会を中心として―」日本国際政治学会編『国際政治』第八八号「現代アフリカの政治と国際関係」所収　昭和六三年（一九八八年）五月

「暫定期間におけるジンバブウェ―平和維持から平和建設への道程―」小田英郎編『アフリカ―その政治と文化―』所収、慶應通信、一九九三年

「ジンバブウェにおける民主化」林晃史編『南部アフリカ諸国の民主化』所収、アジア経済研究所、一九九三年

「ジンバブウェにおける民主主義とその意味―装置としての国家とその使い方―」林晃史編『南部アフリカ民主化後の課題』所収、アジア経済研究所、一九九七年

「ジンバブウェにおける政党の統合―サブカルチャーに即したクリーヴィッジと民主主義―」『法学研究』第七一巻第二号　平成一〇年（一九九八年）二月

これらの論文の本書への収録をご快諾いただいたアジア経済研究所ならびに日本国際政治学会に対して御礼申し上げる。

いうまでもなくこれまでの私の研究活動、そしてその一つの成果としての本書は、多くの方々のご指導とご支援なしにはありえなかった。慶應義塾大学法学部政治学科の研究会をつうじて歴史認識と資料批判の手法を教えてくださった利光三津夫名誉教授、同大学院法学研究科においてアフリカ研究をご指導いただいた小田英郎名誉

教授、同じく大学院在籍当時から地域研究の方法論に関してさまざまなアドバイスをしてくださった山田辰雄教授、そして長年にわたりアジア経済研究所の研究会に若輩者の私を参加させてくださった敬愛大学林晃史教授にこの場を借りて深く感謝の意を表したい。またジンバブウェにおけるフィールドリサーチに際しては、財団法人櫻田會および財団法人野村基金から研究資金の助成を受けることができた。そして一九九〇年から日本大使館専門調査員として二年間のジンバブウェ滞在後、フィールドリサーチとディシプリンの関係について思い悩んでいた私に、政治学の理論について文字通りご指導、ご鞭撻くださった根岸毅、田中宏両教授にあらためて心からお礼を申し上げる。

最後に法学研究会叢書として本書の出版をご承認くださった慶應義塾大学法学研究編集委員会、そして慶應義塾大学出版会の堀井健司氏に対して出版の遅れについてのお詫びとともに感謝の意を表したい。本書は当初の予定では二年前に出版の予定であったが、一年目は私の怠慢のために、そして二年目のサバティカル期間中、エディンバラ大学アフリカ研究センターのセミナーを担当することになったために授業とその準備に追われて今日にいたってしまった。堀井氏の寛容と忍耐なしには本書は日の目を見なかったことであろう。厚くお礼を申し上げる。

最後に本書を父、井上鍈そして母、春子に捧げたい。

二〇〇一年七月

エディンバラ大学アフリカ研究センターの研究室にて

井上一明

跋

学問的価値の高い研究成果であつてそれが公表せられないために世に知られず、そのためにこれが学問的に利用せられずして、そのまま忘れられるものは少なくないであろう。又たとえ公表せられたものであつても、口頭で発表せられたために広く伝わらない場合があり、印刷公表せられた場合にも、新聞あるいは学術誌等に断続して載せられた場合は、後日それ等をまとめて通読することに不便がある。これ等の諸点を考えるならば、学術的研究の成果は、これを一本にまとめて出版することが、それを周知せしめる点からも又これを利用せしめる点からも最善の方法であることは明かである。この度法学研究会において法学部専任者の研究でかつて機関誌「法学研究」および「教養論叢」その他に発表せられたもの、又は未発表の研究成果で、学問的価値の高いもの、または、既刊のもので学問的価値が高く今日入手困難のものなどを法学研究会叢書あるいは同別冊として逐次刊行することにした。これによつて、われわれの研究が世に知られ、多少でも学問の発達に寄与することができるならば、本叢書刊行の目的は達せられるわけである。

昭和三十四年六月三十日

慶應義塾大学法学研究会

人名索引

井上一明（いのうえ・かずあき）
慶應義塾大学法学部教授
1952年生まれ。1980年、慶應義塾大学大学院法学研究科政治学専攻後期博士課程修了。慶應義塾大学法学部助教授を経て、1999年より現職。専攻は現代アフリカ政治論、アフリカ現代史。主要論文に「アフリカ国家の脆弱性の一要因－ジンバブウェ共同体地域における二重の制度－」富田広士・横手慎二編『地域研究と現代の国家』、慶應義塾大学出版会、1998年。「「民主主義のグローバル化」とアフリカ諸国の政治的不安定」日本国際政治学会編『国際政治』第123号「転換期のアフリカ」所収、平成12年（2000年）1月。

ジンバブウェの政治力学

慶應義塾大学法学研究会叢書　70

平成13年10月19日　発行　　定価（本体5400円＋税）

著　者 ©　井《いの》　上《うえ》　一《かず》　明《あき》

東京都港区三田２丁目15-45
発行者　慶應義塾大学法学研究会
印刷所　奥村印刷株式会社

東京都港区三田２丁目19-30
発売所　慶應義塾大学出版会株式会社
電話 03-3451-3584　Fax 03-3451-3122

落丁・乱丁本はお取替いたします

ISBN4-7644-0868-3

慶應義塾大学法学研究会叢書